BERNDT W. WESSLING

GUSTAV MAHLER

EIN PROPHETISCHES LEBEN

HOFFMANN UND CAMPE

Abbildungen auf den Vorsatzblättern: Die k. u. k. Hofoper in Wien (vorne) und das Deutsche Theater in Prag (hinten) im 19. Jahrhundert

Bildnachweis:
Archiv der Universal-Edition A. G., Wien (1), Bildarchiv der Österreichischen Nationalbibliothek, Wien (16), Bildarchiv (Handke) der Staatsbibliothek Berlin (2), Theatersammlung der Universität Hamburg (2), Berndt W. Wessling (5).

1. bis 7. Tausend 1974

Gesetzt aus der Korpus Garamond
Gesamtherstellung Butzon & Bercker, Kevelaer
ISBN 3-455-08160-6 · Printed in Germany

Für
George Alexander Albrecht,
Generalmusikdirektor
der Landeshauptstadt
Hannover

Inhalt

»Die mich suchen, wissen, wer ich war, und die anderen brauchen es nicht zu wissen.«

GUSTAV MAHLER
UND
DER TOD

Auszüge aus einem Rundfunkinterview, das Alma Mahler dem Autor am 13. März 1962 gewährte

Wessling:

Mahler hat kurz vor seinem Ableben geäußert: »Der Tod eines Menschen ist nicht nur eine gefürchtete Tatsache, sondern ein Problem. Und in meinem Falle ein Problem, das mich vom ersten Denken an beschäftigt hat.« Wieso ein Problem?

Alma Mahler:

Es gab keinen Tag, an dem Mahler nicht irgendwie mit dem Tod, mit seinem Tod zusammen lebte. Er hat den Tod als der Sünde Sold angesehen. Er war ein sehr, sehr gläubiger Mensch . . ., und ich glaube, daß er mit vollstem Bewußtsein Katholik geworden ist. Er empfand sich selbst als ein Mysterium; aber viel mehr noch sah er in dem Geschehen um seinen Tod etwas Mysteriöses und . . . Mythisches zugleich.

Irgendwo hatte er gelesen, daß es den Tod erdgeschichtlich noch nicht lange gibt . . . und daß es ihn nur für Lebewesen gibt, die sich geschlechtlich fortpflanzen. Ich habe ihn manchmal spötteln hören – vor allem in den letzten Wochen vor der Übersiedlung von Amerika nach Europa: »Wäre ich doch ein Einzeller, dann könnte ich mich jetzt teilen und fortbestehen, bevor es zu spät ist.«

Solche halbwegs heiteren Phasen während seines Siechtums waren selten. Zumeist war er depressiv, abgekehrt, abseits. Es gab auch Momente der Todessehnsucht . . ., denn er war sich dessen gewiß, daß er durch die göttliche Gnade – er glaubte mit aller Kraft, mit aller Hingabe an ein Jenseits, an eine bessere Welt – auf der anderen Seite der Dinge zu einer Lösung seiner Probleme und seiner Spannungen kommen würde.

Wessling:
Probleme Mahlers – um was ging es da insbesondere?

Alma Mahler:
Er war ein Mensch . . ., besser sollte ich sagen: ein Mann, der mit sich nie ganz fertig war. Das darf man nicht falsch verstehen. Ich meine damit: Mahler hatte keine absolute Zielsetzung. Vielleicht war sein Tod das einzige Ziel seines Lebens. Darin war er gläubig, tief religiös, mit seiner Kirche eins.
Er sah das aber auch im Sinne Rilkes: Laut diesem ist der Tod eine Seinsmöglichkeit, die jeweils das Dasein selbst zu übernehmen hat. Sein Leben und sein Wirken war ein Vorlaufen in den Tod. Mitten im Leben sind wir vom Tode umfangen . . . Das war die Parole Mahlers. Neben diesem Pessimismus der ungeheure Optimismus: Auferstehn, ja, auferstehn wirst du . . . Die Botschaft an der Urne seines Vorbildes und Freundes Hans von Bülow . . .
Zurück zu Ihrer Frage nach den Problemen Gustav Mahlers: Nun, er war ein problematischer Mensch. Und ich frage Sie: Sind nicht alle künstlerischen Menschen problematisch? Ihre Kunst ist doch schließlich ihr Problem . . . Ohne Probleme keine Kunst, ohne Probleme kein Genie!
Ich will aber noch weitergehen: Mahler war genau die problematische Natur, von der wir bei Goethe lesen. Ich habe mir das aufnotiert: Es geht doch da um Charaktere, die im Grunde keiner Lage gewachsen sind, in der sie sich befinden . . . »Denen keine genug tut« – so heißt es wortwörtlich. Und daraus entstand dann, logischerweise, der ungeheure Widerstreit, der das Leben Mahlers weite Strecken hindurch ohne den eigentlichen Lebensgenuß verzehrte. Auch das muß man

richtig verstehen: Er war ein durchaus sinnlicher, tief empfindender, zu wahrer Liebe und Erotik fähiger Mann. Aber: Es fehlte ihm – so sehe ich das im nachhinein – immer, jedenfalls sehr oft, das Tüpfelchen auf dem i.
Es gab Zeiten, da waren wir sehr, sehr eins. Und doch war er mir um die Nasenlänge des Todes voraus. Das klingt merkwürdig, beantwortet aber Ihre Frage nach den eigentlichen Problemen Gustav Mahlers. Alles, was problematisch an und in ihm war, geht auf diese Gründe zurück.

Wessling:
Bruno Walter spricht von der »eingekerkerten Seele« Mahlers, die ihm eine »merkwürdige Art von Unsterblichkeitsidee« suggeriert habe. War Mahler so ein Eingeschlossener im Sinne der modernen Existenzphilosophie?

Alma Mahler:
Auf der einen Seite: ja. Auf der anderen: nein. Er hat oft, vor allem in seinen letzten Stunden, von der Knechtschaft der Seele gesprochen. Er konnte es im Grunde nicht verwinden, daß die Schwächen seines Körpers über die Schönheiten und Ausdrucksfähigkeiten der Seele triumphierten.
Busoni hat den epikureischen Satz überliefert, den Mahler gesagt haben soll: »Was ist denn schon der Tod! Er ist für mich ein Nichts, denn solange ich atme, kann er mir nichts anhaben [. . .] und ist er da, der Tod, sind wir nicht mehr.« Mahler kann diesen Lehrbuchsatz niemals gesagt haben. Niemals! Das wäre wider all seine Natur, wider seine Auffassung von den letzten Dingen gewesen. Möglich, daß er scherzhaft etwas Ähnliches gesagt hat, um sich die Furcht vor dem Ende zu nehmen, um sich die Furcht vor den Ärzten vom Herzen zu reden; denn er hatte eine enorme Angst vor den Medizinern, die ihn quälten und trieben. Man war ja damals noch so entsetzlich dilettantisch! Eine Blutabnahme war fast eine Operation. Einmal kam ein Arzthelfer . . . drüben in Amerika . . . und entnahm ihm Blut. Das ganze Bettzeug war bespritzt, und Mahler hatte starke Schmerzen. Er wollte nie wie-

der eine Blutabnahme zulassen. Und wie oft hat er dann doch noch diese Prozedur über sich ergehen lassen müssen!
Ich weiche ab! Also . . . der Satz, den Busoni da aufgeschrieben hat, der ist niemals über die Lippen Mahlers gekommen. Dafür verbürge ich mich. Die eingekerkerte Seele! . . . Wenn er komponierte, wenn er dort war, wo der gewöhnliche Sterbliche niemals sein kann, war seine Seele frei. Dann war sie, die Seele, längst über die Barriere des Todes hinweg. Dann war sie eigentlich schon da, wo sie jetzt ist . . . und wo sie immer sein wird.
Die Menschen um ihn herum, diejenigen, von denen er materiell abhängig war, sperrten ihn ein, fesselten ihn, marterten ihn: den ganzen Gustav Mahler, nicht nur seine Seele. Was er an physischen Anstrengungen in Wien und New York zu leisten hatte, das war ungeheuerlich. Er war in . . . – wie nennt man das heute? – . . . ständigem Streß. Er war nie ohne Streß. Und dieser Streß hat ihn in den Tod getrieben. Manchmal litt sein armer Körper mehr darunter als die Seele, obwohl natürlich beide immer in einem Zusammenhang stehen.
Und nun die Sache mit der Unsterblichkeitsidee . . . Aus dem Blickwinkel, aus dem heraus ich das soeben Formulierte sagte, mochte er wohl in seinem Tod einen Brückenschlag zur Unsterblichkeit sehen. Der Auszug der Seele aus dem geschundenen Leib . . . hinein ins Paradies.
Das war alles romantisch-idealistisch. Aber so war er eben!

Wessling:
Mahler hat in den letzten Wochen seines Lebens Eduard von Hartmanns Hauptschrift »Das Problem des Lebens« gelesen. Sie sagen in Ihren »Erinnerungen an Gustav Mahler« dazu wörtlich: »Dieses Buch war zum Schluß nur noch ein Gerippe, weil er es vollkommen zerrissen hatte, um es leichter lesen zu können, und immer nur ein paar Seiten in seinen kraftlosen Händen halten konnte. Es ist das letzte Buch, das er gelesen hat.«
Hartmann wird der Philosoph des Unbewußten genannt; sein System ist eine Synthese Hegels und Schopenhauers, die unter Aufnahme des Begriffs des Unbewußten aus Schellings Philosophie, der Leibnizi-

schen Individualitätslehre und des modernen naturwissenschaftlichen Realismus zu einer dynamischen Metaphysik gestaltet wurde. Was fesselte Mahler an dieser Art von Metaphysik?

Alma Mahler:
Er hatte wohl eingesehen, daß zur Ergründung der Wirklichkeit eine metaphysische Betrachtungsweise notwendig ist. Mahler sagte mir einmal, daß er gern ein widerspruchsfreies Weltbild gehabt hätte. Es gehört irgendwie zu seinem Wesen, nach Möglichkeit alles bis ans äußerste Ende zu durchdenken. Seine Symphonien sind bis ins äußerste durchdacht. Es gibt kein Detail, das sich als Floskel, als Füllsel eingeschlichen hat. Alles war bewußt, wenn es auch aus dem Unbewußten kam.
Ich kann auch sagen, daß er sich ständig selbst analysierte; er wollte die rätselhaften Tiefen seines Seins ergründen . . . und auch die jener Menschen, die ihn umgaben: also auch die Tiefen meines Ichs . . .

Wessling:
Rührte das von seinem Besuch bei Sigmund Freud her?

Alma Mahler:
Ich messe diesem Besuch keine große Bedeutung bei. Der Eindruck Mahlers von Freud war gering. Ich glaube nicht, daß Freud ihm hat helfen können. Ihm war nicht zu helfen! Er mußte seinen Weg gehen. Mahler konnte nicht aus seiner Natur ausbrechen. Was da alles über diese Begegnung zwischen den beiden gesagt und geschrieben wird – ich halte nicht viel davon, denn ich kannte Gustav Mahler, meinen Mann, besser. Selbst analysiert hat er sich von frühester Jugend an. Dazu bedurfte es nicht des Rates eines Sigmund Freud.
Lassen Sie mich noch einmal auf Eduard von Hartmann kommen . . . Im »Problem des Lebens« entdeckte Mahler ein Lehrbuch für das, was er in sich und aus sich heraus erarbeiten wollte. Hartmann wendet sich gegen alle Pseudomoral, die auf das Glück des Menschen ausgerichtet ist. Die Entlarvung solcher Pseudomoral war für Mahler . . . eine Offenbarung! Darum ging es ja auch ihm: Er wollte die Wahrheit, das

Reine, das Schöne. Er wollte es so, daß er durch diese Dinge befreit würde vom Elend des Wollens – wie es bei Hartmann heißt. Losgelöst von diesem Elend, von diesen Zwängen . . . wollte er die Welterlösung erfahren.

Wessling:
Das Judentum war Hartmann wesensverwandt. Hat sich Mahler in der letzten Zeit mit dem Judentum auseinandergesetzt, aus dem er ja schließlich kam?

Alma Mahler:
Gustav Mahler war ein Christ. Er war es so überdeutlich, so gewissenhaft, so umfassend, daß ich heute noch vor diesem Phänomen in Ehrfurcht verharre. Ja, er kam aus dem Judentum . . ., und er hat dieses nie verleugnet. Er empfand das Judentum als Mutter, als Mutter der christlichen Idee. Wenn er den Begriff »Mutter« verwendete, so war sicherlich zuerst seine leibliche Mutter damit gemeint, an der er sehr, sehr hing . . . und deren tieftrauriges Schicksal ihn ständig verfolgte. Dieses Schicksal hat ihn geprägt, hat mitbestimmt, wie sein Weg aussah . . . Dann war damit aber auch meine Mutter gemeint, an der er abgöttisch hing und die in seinen letzten Lebenswochen zu einer geradezu engelhaften Pflegerin heranwuchs. Sie hat es vollbracht, daß Mahler viele Stunden seines Leidens ohne Angstgefühl überwand. Aber es gab auch diesen übergeordneten Begriff »Mutter«, und damit war das Judentum gemeint. Aus dem Schoß dieser »Mutter« kam das Christentum. Ein herrliches Bild!

Wessling:
Die letzten Worte Gustav Mahlers waren: »Mozart! Mozart!« Hat er zu diesem Komponisten ein besonders gutes Verhältnis gehabt?

Alma Mahler:
Wer sollte zu Mozart kein besonders gutes Verhältnis haben?! Der Mensch, der an diesem Genie zweifelt, muß die verlorenste Seele im ganzen Universum sein. Anders kann ich es nicht sagen. Letzte Worte

sind so eine Sache . . . Was geht in dem Menschen vor, der abstirbt? Mahler hat sich oft mit der Krankengeschichte Mozarts befaßt. Und als er wußte, daß seine Tage gezählt waren, muß er manche Identität zwischen seiner Wesensart und der Mozarts festgestellt haben. Ich glaube, daß beide so sehr Musik waren, daß sie gleiche Seelenschwingungen gehabt haben müssen. Mahler sah die Schicksalhaftigkeit im Sterben Mozarts. »Er hat es so ertragen müssen«, sagte er. »Warum also nicht auch ich?«
Und außerdem: Mahler hat nicht gesagt: »Mozart! Mozart!«, sondern »Mozartl! . . .«. Ich habe nie etwas Zärtlicheres, Innigeres, Herrlicheres gehört als dieses verströmende, hingehauchte, überirdische »Mozartl! . . .«. Er war eins mit diesem Genius. Er erwartete ihn drüben . . .
Wenn einer das so sagt, wie es Mahler gesagt hat, muß er mit all seinen Fasern, mit all seiner letzten, großen Liebe an dieser Sache gehangen haben. Mahler hatte ein ganz besonderes Verhältnis zu Mozart. Er sah in diesem Frühvollendeten einen heiligmäßigen Menschen. Auch Mahler war so ein heiligmäßiger Mensch. Sein ganzes Leben war heiligmäßig. Und sein Sterben war es . . . Er hatte einen entsetzlich langen Todeskampf. Ich hörte das grausame Röcheln aus dem Nebenzimmer, in das mich die Ärzte verbannt hatten. Und dann war es plötzlich still, unheimlich still. Das Röcheln hatte aufgehört. Mahler hatte aufgehört zu sein . . . Die herrliche Seele war dem zerschundenen Körper entflohen . . . nach Stunden grausamsten Kampfes. Ich war wie betäubt . . . und doch irgendwie gelöst, daß dieses Martyrium vorbei war. Eine entsetzliche Agonie war vorausgegangen . . .

Wessling:
Nach dem heutigen Stand der medizinischen Wissenschaft wäre Mahler zu retten gewesen . . . durch eine minimale Injektion Penicillin.

Alma Mahler:
Solch ein Gedanke ist unnütz. Auch Mozart hätte womöglich gerettet werden können und Schubert und Weber. Es ist nun einmal anders gekommen. Die Absichtlichkeit im Schicksal Mahlers hat es so gefügt. Es

hätte anders kommen können . . . Es hätte! Aber: Es ist nicht. Und damit muß man sich abfinden.
Schicksalhaft, wie dieses große Leben endete . . . Das Ausgeliefertsein an höhere Macht tut uns weh, stört uns. Ich aber will behaupten, daß Mahler über dieses Ausgeliefertsein triumphierte. Sein Sterben hatte Größe.
Er war bis zum Skelett abgemagert. Einmal waren wir alle zugegen, als zwei Wärter ihn umbetteten. Sie hielten seinen nackten Körper in ihren Armen. Sein Gesicht war totenblaß, aber seine Augen waren ein einziges Feuermeer. Er war unendlich schön! . . . Das war Christi Grablegung! So war es. Ein Heiland mußte dahin . . ., ein Heiland der Musik und der Wahrheitsseligkeit!

Wessling:
Was war Mahlers Vermächtnis an die Nachwelt?

Alma Mahler:
Das ist in einem Satz schwer zu sagen. Ich will aber von einem Vermächtnis reden, das er uns allen aufgetragen hat. Er sprach in den letzten Wochen seines Lebens sehr viel über Arnold Schönberg. Er bangte um die Zukunft des Freundes und sagte: »Helft ihm. Wenn ich gegangen bin, hat er niemand mehr!« Wir versprachen ihm, alles zu tun, was in unseren Möglichkeiten stehen würde. Er hing an Schönberg. Er liebte ihn. Und vielleicht hat er, Mahler, vorausgeahnt, was durch Schönberg in der Musik geschehen würde. Ich weigere mich, dem beizupflichten, daß Mahler der allerletzte große Romantiker gewesen sei. Er war ein Romantiker, ein Idealist . . ., aber er hat – und das ist sicher – die Brücke zur Musik der Zukunft gebaut.

Wessling:
Es hat ihn zeitlebens betrübt, daß er sich nicht verstanden sah . . .

Alma Mahler:
Ich glaube, daß er um den Sieg seiner Sache gewußt hat. Jeder schöpferische Mensch, jedes Genie hat so eine Ahnung: Sie wissen, was von

ihnen bleibt. Die Günstlinge der Natur, die Günstlinge Gottes haben andere Antennen als wir.

Natürlich hat es Mahler oft und schwer getroffen, daß man seinen gewaltigen Symphonien hier und da mit großer Skepsis begegnete. Und dann sagte er wohl mit Resignation im Unterton, daß er den Sieg seiner Sache nicht mehr erlebe. Aber: Indem er das sagte, war er ja von einem zukünftigen Sieg überzeugt. Er reagierte eben wie alle Ausnahmemenschen.

Ich kann es für mich als eine besondere Gnade des Schicksals verbuchen, daß ich den Sieg seiner Sache erlebe. Ich war sein zweites Ich. Ich bin in ihm aufgegangen . . . und er in mir. Was ich heute erlebe, erlebt er mit . . ., wenn auch in einem anderen Sinne, als Sie es sich vorstellen mögen. Gustav Mahler lebt weiter: durch mich, durch seine Freunde, durch seine Verehrer, deren es immer mehr in der Welt werden. Seine Zeit ist nun gekommen.

»ICH WILL MÄRTYRER WERDEN!«

Es ist sonderbar und zeugt von einem unnatürlichen Gefühl der Verbundenheit, Abhängigkeit und der Verpflichtung gegenüber einer geheimnisvollen, haltgebenden und verehrungswürdigen Macht, wenn ein achtjähriger Knabe auf die Frage eines Erwachsenen, was er denn einmal zu werden gedenke, spontan antwortet: »Ich will Märtyrer werden!«

Von zwei Persönlichkeiten der abendländischen Geschichte ist uns solch ein Ausspruch aus dem Kindesalter überliefert:

François Pierre Maine de Biran (1766–1824), der eine Psychologie der Selbstbeobachtung entwickelte, in der die Seele trotz ihrer an sich unerreichbaren metaphysischen Natur doch in ihren Äußerungen zugänglich ist, verblüffte mit diesem »Berufswunsch« die französische Majestät, die den Kardinal von Paris beauftragte, den »offenbaren Fall infantiler Heiligmäßigkeit« durch ein wissenschaftliches und theologisches Gremium untersuchen zu lassen.

Fall Nummer zwei ereignete sich 1868 im mährischen Iglau. Ein Klavierlehrer namens Brosch erklärte seinen Schüler Gustav Mahler für »extrem hirnweich und altklug«, als ihm dieser die ungewöhnliche Eröffnung machte.

Der Pianoforte-Professor konnte sich tagelang über die »Ketzerei« nicht beruhigen und machte schließlich dem Direktor des Gymnasiums von Iglau einen »intimen« Bericht, in dem es hieß, man müsse auf den jungen Eleven Mahler aus Kalischt achtgeben, denn dieser verletze in entschiedenem Maße die »gesetzliche Katholizität« des Landes.

Wenn ein Knabe aus christlichem, insonderheit aus römisch-katholischem Hause solch einen Wunsch äußere, so sei das ganz gewiß ein Zeichen göttlicher Gnade, eine Berufung, ein Glaubensphänomen. Aber dieser Gustav Mahler sei ein Beschnittener, der Sohn eines gewöhnlichen Handlungsjuden, und daher sei der Ausspruch etwas so Verwerfliches, daß eine gründliche Bestrafung des Lästerers dringend anzuempfehlen sei.

Meister Brosch schlug »zehn Tage verschärften Karzer mit streckenweisem Nahrungsentzug und vollkommener Demütigung vor der gesamten Klasse« vor. Der Direktor des Gymnasiums ging jedoch auf diesen Vorschlag nicht ein. Was Herr Professor Brosch denn wolle? Es sei ein Zeichen besonderer Weisheit, Erleuchtung und Devotheit, wenn ein junger Mensch auf »so edle und rare« Gedanken komme. Mahler sei ein Musterbeispiel für Tugendhaftigkeit und verinnerlichte Moral und verdiene es, vor seinen Klassenkameraden belobigt zu werden.

Gustav Mahler wurde vor seinen Schulkollegen belobigt, und das war eine weitaus schlimmere Bestrafung, als wenn er verschärften Karzer bekommen hätte, denn fortan wurde er wegen seines »Märtyrertums« gehänselt und gefoppt. Der »Märtyrer« bekam Klassenkeile und wurde von allen Veranstaltungen der Jungen ausgeschlossen. In wenigen Wochen war er so vereinsamt und eingeschüchtert, daß sich nicht nur psychische Schäden bemerkbar machten, sondern auch körperliche.

Mahlers Schwester Justine schreibt darüber: »Er kam sehr bald in eine Phase großer Abgespanntheit und Zerrüttung. Ein Magenleiden mußte auskuriert werden; auch hatte er an einer Nierenentzündung und Herzkrämpfen zu leiden, so daß man schon glaubte, er habe die Konstitution der armen Mutter übernommen.«

Mutter Marie Mahler, eine geborene Hermann, mag den Anlaß für die Sucht des Jungen gegeben haben, ein Martyrium zu erdulden, denn sie ertrug eines. Sie war klein und verhutzelt von Gestalt, hinkte und litt ständig an Herzkrämpfen. Sie hatte ihrem Ehemann, Bernhard Baruch Mahler, zwölf Kinder geboren; Gustav war das zweite. »Jedes Kindlein, das sie hervorbrachte, nahm von ihrer Kraft. Am Ende war sie nichts als eine geschundene Kreatur, in erbärmlichem Zustande, von einem Mann gepeinigt, der sie nicht verstand und den sie nicht verstehen konnte. Sie lebte wie in einem Käfig, sah die Sonne wegen der vielen Arbeit nur wenig, verkümmerte und starb, nachdem sie schon Jahre zuvor kaum noch Atem und Lebenskraft gehabt.« Als Gustav Mahler, dreißigjährig, diesen Bericht über die Leiden seiner Mutter niederschrieb, war er sich durchaus im klaren darüber, was seine Weltflucht, seinen Pessimismus, seine Depressionen bewirkte: die Erinnerung an das Martyrium der Mutter.

Er haßte seinen Vater und scheute sich nicht, ihn »Tier«, »Bestie«, »Wollüstling«, »Schänder«, »Sadist« oder »Verbrecher« zu nennen. Das war überzeichnet, denn Bernhard Baruch Mahler neigte zwar dem Sinnengenuß zu, versuchte aber dennoch, sich von allem »Kleinlichen, Widerlichen, Unsauberen, Gewöhnlichen und Ungeistigen« zu trennen. Das ist einem Bericht des Klavierpädagogen Julius Epstein zu entnehmen, der sich mehrfach ausführlich mit Bernhard Baruch Mahler unterhielt, nachdem der junge Gustav in seine Meisterklasse aufgenommen worden war.

Epstein: »Der Vater machte einen bescheidenen, nicht ganz zufriedenen Eindruck . . . Er wußte sich in der Literatur zurechtzufinden und war mit Eifer dabei, sich von dem zu emanzipieren, das ihn früher umgeben hatte. Ich jedenfalls konnte mich des Eindrucks nicht erwehren, in ihm einen sorgetragenden, wohlmeinenden, strebsamen und wirklich guten Vater und Gatten vorzufinden.«

Auf dem Wege zur bürgerlichen Emanzipation benahm sich Bernhard Baruch Mahler absolutistisch. Sein Wort galt; niemand anders hatte ihm ins Geschäft zu reden. Die Frau mochte sich um die Kinder sorgen und um die Küche, ansonsten durfte sie nicht in Erscheinung treten. Oft genug kam ihm der Rebbe, der Rabbiner, wegen der schlechten Behandlung des Eheweibes ins Haus. Dann versprach Vater Mahler Besserung seines Verhaltens, war reumütig und bußfertig, stellte sich unter das Gesetz und klagte sich unter Tränen und Weheschreien des Eigennutzes und der Habgier, der Unmenschlichkeit und Treulosigkeit an. Kaum aber war der Rebbe aus dem Häusel, ging es im gewohnten Stile weiter: Marsch in die Küche, du Hinkefuß, du nichtsnutziges Weib, du Lumpengretel . . .!

Manchmal warfen sich die kleinen Kinder dazwischen, wenn der Vater gar zu hart mit der Mutter umging. Gustav Mahler beichtete später Sigmund Freud, daß er jene Szene nicht verwinden könne, die er als Sechsjähriger miterlebt habe: Der Vater hatte sich in angetrunkenem Zustand auf die im Bett liegende Mutter geworfen, die, gerade von einem Herzkrampf befallen, ihn zurückstoßen wollte. Die um Schonung flehende Mutter, der tierisch-geile Vater, der die Armselige schlug und vor den Augen der Kinder bestieg . . .

Nur ein Mensch konnte den cholerischen, triebhaften Händler Mahler zur Räson bringen: seine Mutter. Diese resolute, lebenstüchtige Hausiererin kriegte ihn kirre, wenn er seine »tyrannischen Wochen« hatte und die Familie schikanierte, wo er nur konnte. So lange Mammeh Mahler lebte, konnte Bernhard Baruch Mahler hin und wieder an die Leine gelegt werden. Sie scheute sich nicht, ihn aus dem Wirtshaus zu holen und ihm mitten auf dem Marktplatz kräftige Maulschellen zu verabreichen. Sie stand auch auf seiten ihrer Schwiegertochter, der sie manch einen Taler heimlich zusteckte, damit sie und die Kinder satt essen konnten und nicht von dem »Lüderjahn« abhängig waren, der hunderttausend Berufe anfing, sich prahlerisch Fabrikant oder Faktor nannte und am Schluß kaum einen Heller besaß, um sich und die Seinen zu ernähren.

Die Großmutter sorgte dafür, daß die Mahlers das kleine Häuschen in Kalischt bekamen, das Gespann und schließlich die Schnapsbrennerei, die zuvor einem angeheirateten Vetter gehört hatte.

Mammeh Mahler scheute vor nichts zurück: Noch mit achtzig Jahren zog sie durch die Lande, die Kiepe auf dem gebeugten Rücken, um Messer, Bleistifte, Nähzwirn, Papier, Tinte und Weihrauch zu verkaufen. Ein Landjäger hatte sie eines Tages aufgegriffen. Da sie keinen Gewerbeschein besaß, wurde sie zu einer empfindlichen Geldstrafe verurteilt. Falls das Geld bis dann und dann nicht bei der Amtskasse eingezahlt worden sei, werde man sie ersatzweise ins Gefängnis sperren. Die alte Frau fühlte sich in ihrer persönlichen Ehre gekränkt, zog ihr Festtagskleid an und entnahm dem Geldstrumpf eine Reihe blanker Dukaten. Zum Kaiser nach Wien wollte sie. Der würde Verständnis für sie haben und ihr die Strafe erlassen. Bernhard Baruch Mahler erklärte seine Mutter für verrückt und versuchte mit allen Mitteln, die kostspielige Reise zu verhindern. Er sperrte sie auf dem Haussöller ein; sie aber entwich und erschien bei einer »allgemeinen« Audienz vor Franz Joseph, der sie »allergnädigst« anhörte und die Bestrafung aussetzte.

Wie ein Triumphator kehrte Mammeh Mahler zu ihrer Sippe zurück, bestellte Wein und süße Brote und lud die gesamten Jiddischleut' von Kalischt und Umgebung zu festlichem Umtrunk.

»Daß meine Kindheit auch lichte Flecken aufweist, verdanke ich ihr in erster Linie«, schreibt Gustav Mahler. »Die beiden Frauen, meine selige Mutter und meine Großmutter, waren die guten Leitbilder dieser grauen Kindheit, die mich schrecklich geprägt hat!«

Bernhard Baruch Mahler änderte sich ein wenig, als er 1860 unter dem Eindruck des sogenannten Oktoberdiploms, das ihm und seinen Glaubensgenossen die »niedrigsten Bürgerrechte« einräumte, nach Iglau übersiedelte. Aus der Hinterlassenschaft seiner Mutter und seines Onkels, der als Bader in Ostrau gelebt hatte, konnte er sich ein neues Anwesen kaufen und als »Faktor von gehobener Existenz« wirken.

Die Mahlers bekamen Umgang mit den »gesättigten« Juden der reichen Industriestadt, deren Bestreben es war, durch »beste, jedem ins Auge stechende Verdienste für Krone und Vaterland« sämtliche Bürgerrechte zu erwerben. Nicht nur Emanzipation wurde in jeder Weise betrieben, sondern auch Assimilation. Nicht wenige der »gesättigten« Juden waren inzwischen zum Christentum übergetreten. Einige hatten sich sogar durch erhebliche Dotationen und Investitionen den erblichen Adel erkauft, so der Besitzer der einzigen »ärarischen« Tabakfabrik am Orte, der allein dreitausend Arbeiterinnen beschäftigte und einen Jahresumsatz von vierzehn Millionen Kronen hatte.

Dieser Baron Schey von Koromla nahm sich Bernhard Baruch Mahlers und seiner Familie sehr bald an, und die Beziehungen brachten es mit sich, daß auch Marie Mahler »nach Maßen und Möglichkeiten« avancierte. Sie bekam zum ersten Male in ihrem Leben eine »Staatsrobe« (in der sie später auch beerdigt wurde) und durfte an den Konversationen im Salon der Schey von Koromla teilnehmen.

Gustav Mahler: »Ihre einzige Zutat war ein heftiges Nicken zu den Ausführungen ihres Mannes, wenn dieser über seine vielen Bücher redete, die er in der Tat eifrig studiert hatte, von denen die anderen keine Ahnung hatten [. . .] oder nur so taten, als kennten auch sie diese Objekte der allgemeinen Bildung.«

Die Scheys sorgten dafür, daß die Kalischter Mahlers »auf Stand« herausgeputzt wurden. Mit anderen Worten: Sie unterstützten die Zugewanderten auch finanziell. Und sicherlich ist es ihrem Einfluß zuzuschreiben, daß Bernhard Baruch Mahler sich entschloß, seinen Filius auf das Iglauer Gymnasium zu schicken.

Baron Schey hatte sich genauestens über die Fähigkeiten des jungen Gustavs unterrichtet. Epstein meint: »Er witterte in ihm ein Wunderkind vom Schlage Meyerbeers oder Mendelssohns. So ein Wunderkind hätte ihm großartig in seine Emanzipationspläne gepaßt.«

Es wird freilich nirgendwo darüber berichtet, daß Schey sich als Mäzen angeboten habe. Er starb, als Gustav Mahler zehn Jahre alt war. Seine Witwe heiratete sehr bald wieder, und zwar einen Fabrikanten in Mezimosti; so kam sie mit den Mahlers außer Kontakt. Nur einmal trat sie noch in Erscheinung, als es darum ging, das »Wunderkind« am Wiener Konservatorium unterzubringen. Sie war eine entfernte Verwandte Julius Epsteins und setzte sich »mit warmen, herzlichen« Worten für das »Junkerl« ein.

Epstein: »Als Mahler zu mir kam, hatte ich bereits einen Brief von meiner Cousine aus Mezimosti erhalten, in welchem sie sich mit denkbar geschickten Worten, sehr warm und herzlich, für den Kleinen einsetzte, den sie als zweiten Mozart und zweiten Liszt pries. Solche Weiberberichte sind von mir stets mit viel Skepsis aufgenommen worden. Und meine Cousine hat von der Kunst, besonders von der Musik, eine Ahnung wie ein Schaf vom Regieren, aber sie hatte diesmal – ohne es zu wissen – etwas Richtiges vorausgesagt, denn der junge Mahler erwies sich als ein außergewöhnliches Talent, welches zu fördern ich mir in

den Kopf gesetzt hatte.«
Unter den Augen der Schey von Koromla hielt sich Bernhard Baruch Mahler zurück. Ein einziges Mal wagte er es, seine Frau in der Gegenwart der »Noblen« abzukanzeln. Er mußte sich daraufhin eine Strafpredigt des alten Schey gefallen lassen, der ihn »ganz gehörig und in der Manier eines Predigers aus der Wüste« darauf hinwies, welche Achtung die Frau im Judentum genieße.
Mutter Marie kränkelte dahin. Fünf ihrer zwölf Kinder starben im zarten Alter; Ernst, der ältere Bruder Gustavs, wurde im dreizehnten Lebensjahr das Opfer einer Infektion. An ihm hing der sensible Junge besonders. Als er den ausgemergelten Leichnam seines Ernstels sah, brach er »fiebernd, abgrundtief verletzt, todesbereit« zusammen. Die Eltern befürchteten, auch ihren Gustav zu verlieren. Mehrere Ärzte wurden konsultiert, »die vom schwachen Zustand der Mutter auf den des Sohnes schließen« (Alma Maria Mahler).
Der Tod des Bruders stachelte den jungen Gustav Mahler zu künstlerischer Betätigung an. Inzwischen war er soweit, daß er musikalische Einfälle, die ihn überkamen, verwerten konnte. So beschloß er, eine Oper zu komponieren: *»Herzog Ernst von Schwaben«*.
Später schrieb er über dieses Projekt an seinen Schulfreund Josef Steiner: »Da ziehen die blassen Gestalten meines Lebens wie der Schatten längst vergangenen Glücks an mir vorüber [. . .] dort steht der Leiermann und hält in seiner dürren Hand den Hut hin. Und in den verstimmten Tönen hör' ich den Gruß Ernst von Schwabens, und er kommt selbst hervor und breitet die Arme nach mir aus und wie ich hinsehe, ist's mein armer Bruder.«
Eine leidvolle Kindheit. Die Vorstellungskomplexe aus dieser frühen Erlebniswelt versuchte Mahler später mit Macht zu verdrängen; aber es gelang ihm nicht. Sie wirkten unter allerlei Masken und Verkleidungen in seinem Bewußtsein weiter und bedrohten die seelisch-geistige Einheit seines Ichs. Erst sehr spät – zwei, drei Jahre vor seinem Tode – vermochte er diese Komplexe unter Kontrolle zu bringen, »sich ihrer im positiven Sinne zu bedienen« (Alfred Adler).

DER
GEBORENE
MUSIKER

Bei Mammeh Mahler stand ein Pianino auf dem Speicher. Die einen sagten, sie habe es als Pfand von einem kleinen Beamten genommen, der nie in der Lage gewesen sei, seine Schulden zu begleichen. Die anderen meinten sich zu erinnern, daß es in der Betstube der Kowatschandels gestanden habe, in der die Männer sich am Schabbes, am Sabbat, versammelten, um zu lernen. Die Kowatschandels waren mit sieben Töchtern vom Höchsten geschlagen und hatten Mühe, einer jeden die vorgeschriebene Mitgift auszusetzen. Bei der Jüngsten fehlten die entsprechenden Silberlinge; so bekam sie etliche Ballen Linnen, eine Hausiererkiepe und das Pianino aus der Betstube.

Mammeh Mahler verachtete das Instrument und verbannte es auf ihren Speicher. Sie wollte ungern daran erinnert sein, daß sie keine Silberlinge von zu Hause mitbekommen hatte, sondern nur dieses nutzlose Plunderwerk – und sie hielt nicht viel von Musik, die nach ihrer Ansicht den Charakter eines Menschen verdarb.

Kein Wunder, daß sie ihren Enkel Gustav kräftig ausschimpfte, als er das alte Pianino auf dem Speicher entdeckt hatte und von diesem schäbigen Utensil ihrer Aussteuer nicht wegzubringen war. Bockig wurde er, schlug mit Händen und Füßen um sich, als sie ihn in die Stube bringen wollte, wo die Mameloschensupp' auf dem Eßtisch dampfte.

Er schluckte den Sud erst hinunter, als ihm die Alte bei Ehre und Gewissen versprochen hatte, anderntags das Pianino vom Boden zu holen, es in der Stube aufzustellen und ihn nach Herzenslust darauf herumklimpern zu lassen. Von nun an hatte der kleine Gustav keine Ohren mehr für die Ratschläge und die langatmigen Einführungen der Mammeh in die Kunst des Hausierens.

Die Großmutter machte ihrem Sohn Bernhard Baruch bitterste Vorwürfe: Eine Quetschkommode hast du ihm geschenkt. Da war er schon ganz aus dem Häuschen und hat alle Welt mit seiner jämmerlichen Musik verrückt gemacht. Jetzt ist er von diesem unseligen Klavier nicht mehr wegzukriegen. Ein Musiker wird er werden und kein Händler, der auf gerechten Gewinn sieht und dem es um Mehrung und Ansehen seiner Sippe zu tun ist. Lirum, larum . . . An Gustavs nächstem Geburtstag stand das Pianino in seinem Zimmer, und er hatte das Gefühl, als habe ihm dieses prächtige Geschenk »der Himmel in seiner Güte selbst« gemacht.

Es dauerte nicht lange, da war der kleine Gustav in der Lage, auf dem Pianino alle Märsche und Polkas nachzuspielen, die er der Iglauer Regimentskapelle abgehört hatte. Stundenlang hockte er am Rande des Paradeplatzes, wenn Meister Tuscek mit seinen Musici übte. War das »Konzert« zu Ende, lief der Knabe schnurstracks nach Hause und fantasierte am Klavier über die Themen, die er soeben aufgenommen hatte. Mutter Marie Mahler weinte über die »Kunst« ihres Zweitältesten, während Bernhard Baruch bereits überlegte, wie aus dieser Begabung Kapital zu schlagen sei.

Eines Tages bat der Vater den Theaterkapellmeister Viktorin zu einem Gespräch unter vier Augen. Ein Wunderkind in Iglau? Viktorin strahlte. Her mit dem Buben! Den werden wir groß herausstellen! Ein Sonderkonzert, rühmliche Presseberichte, Konservatorium, Beziehungen, Wien . . .! Vater Mahler schwindelte es bei diesen Gedanken. Viktorin ließ den Buben zu sich kommen. Das Vorspiel erregte den Maestro dermaßen, daß er sofort zu Professor Brosch lief, um ihn über das »Wunder aus Kalischt« zu informieren. Viktorin und Brosch übernahmen den Unterricht, denn der kleine Gustav kannte bis dahin weder Noten, noch hatte er jemals zuvor die Namen Beethoven, Mozart oder Bach gehört.

Von nun an wurde der Knabe in eine Welt »gestoßen«, von der er nichts zuvor gewußt hatte, die er aber – wie er später formulierte – in seinem Innersten vorausahnte.
Mahler: »Von nun an war ich in der neuen Welt gefangen. Sie hat mich nie mehr entlassen [. . .] und es gab wohl kaum Stunden in meinem weiteren Leben, da mich die Musik nicht begleitet hat: Stunden der Trauer und der Freude. Die Musik war mir alles. Ich war die Musik selber.«
Viktorin hatte das Niveau eines Kurkapellmeisters aus der hintersten Provinz. Nach wenigen Wochen hatte der Schüler den Lehrer überflügelt, der sich (»nach Erkenntnis des eigenartigen Zustandes«) damit beschied, dem Jungen Fakten aus der Musikgeschichte vorzutragen. Brosch hatte dem Eleven sehr bald die Fundamente des Klavierspielens beigebracht. Der kleine Gustav war so begierig, so lernwütig, daß der betagte Pädagoge bei den Eltern vorstellig werden mußte, um von ihnen das Mittel zu erfahren, »mit dem man den Wüterich bändigen« könne.
Brosch war ein höchst eigenwilliger Mensch, der sein »Handwerk« verstand, ansonsten aber engstirnig und nicht selten auch ungerecht handelte. Je weiter der junge Gustav in die musikalische Materie eindrang, desto mehr Honorar forderte der Pädagoge. Oft wurde es Bernhard Baruch schwer, die monatlichen »Klavierschulden« zu begleichen. Als Gustav, acht Jahre alt, von diesem Übelstand erfuhr, beschloß er kurzerhand, selber Klavierunterricht zu erteilen, um sich »a Göld« zu verdienen. Er unterwies einen siebenjährigen Nachbarsjungen gegen ein Salär von fünf Kreuzern die Stunde. Das ging vier Wochen gut. Der Schüler war faul und hatte keine Lust, irgendwelche Skalen zu üben. Schließlich wurde er von seinem gestrengen Lehrer verdroschen und lief brüllend davon. So endete die »erste Unterrichtsphase« im Leben Mahlers.
Es scheint Professor Brosch gewesen zu sein, der dem jungen Gustav Mahler eingab, sich vom Judentum abzukehren, um als »ehrbarer Christ« Karriere zu machen. Als Gustav erstmals davon in seiner Familie berichtete, waren die Erwachsenen außer sich. Sie beschlossen sofort, den Unterricht bei Brosch abzubrechen und den Rebbe zu kon-

sultieren, damit dieser den »Flausen« des Jungen ein Ende setze.
Der Iglauer Rabbiner belehrte den Knaben »nach allen Regeln der traditionellen Weisheit« und forderte ihn auf, dem Unterricht in der Schul' mit allem Fleiß zu folgen, damit aus ihm ein starkes, gläubiges und verantwortungsbewußtes Mitglied der jüdischen Gemeinde würde. Gustav Mahler folgte den Ratschlägen des weisen Mannes und war, als die Zeichen der Mannbarkeit sichtbar wurden, ein kluger, aufgeweckter Barmizwah, »eine Zierde der israelitischen Jeunesse in Iglau«.
Dennoch hatten die Worte des alten Brosch auf Gustav Mahler gewirkt. Jude zu sein war ein Hindernis, um Karriere zu machen. Mendelssohn hatte sich taufen lassen, desgleichen Heinrich Heine; in Paris war der berühmte Jacques Fromental Halévy dem Ruf der alleinseligmachenden Kirche gefolgt, und in Moskau hatte Rubinstein, Schöpfer des *›Dämons‹* und der *›Bräute von Kaschmir‹*, die Gnade der christlichen Taufe empfangen. Brosch erzählte Wunderdinge über das Mysterium der Erlösungsidee. Und: Er pflanzte dem jungen Mahler ein hartnäckiges Gefühl von Sündhaftigkeit ein.
Mahler: »In irgendeiner Form war mein religiöses Bedürfnis geweckt. Viele Jahre später erfuhr ich dann durch Schleiermachers Satz, daß ich auf einen Weg geraten war, der mir bestimmt gewesen ist: Alles im Gefühl uns Bewegende in seiner höchsten Einheit als eins und dasselbe zu fühlen und alles Einzelne und Besondere nur hierdurch vermittelt, also unser Sein und Leben als ein Sein und Leben in und durch Gott zu erkennen.«
Der Wunsch nach Katholizität scheint also in Mahler schon früh aufgekeimt zu sein. Bernhard Baruch und, mehr noch, die Mutter Marie fühlten ihren Sohn »gewissenlos entwurzelt«. Sie sannen darauf, wie sie ihren Sohn aus der »verruchten« Einflußsphäre Broschs führen könnten. Der Rebbe schlug vor, die Schule zu wechseln – das Prager Gymnasium schien ihm günstiger zu sein als das Iglauer, um den kleinen Gustav »gutjüdisch« zu erhalten; außerdem würde Prag ganz andere Möglichkeiten bieten, um aus dem Wunderkind einen Virtuosen von Weltrang werden zu lassen.
Inzwischen aber begab sich folgendes: Brosch und Viktorin hatten ein

»großes, erstes und allgemeines Benefizkonzert« für Gustav angesetzt, das dann tatsächlich am 13. Oktober 1870 in Iglau stattfand. Unter anderem spielte der Knabe Beethovens Opus 81 a und verblüffte damit nicht nur die anwesenden Pressevertreter, sondern auch den Hofrat Gustav Janowitz aus Prag, der als musikalische Autorität galt und über großartige Beziehungen verfügte.

Janowitz sammelte die Kritiken (»großer und ehrenvoller Erfolg für den Sohn eines hiesigen israelitischen Geschäftsmannes«, »ein künftiger Klaviervirtuose, von dem die Welt sprechen wird!«) und schickte sie mit einer Empfehlung an Professor Julius Epstein vom Wiener Konservatorium, der jedoch – ohne den Knaben gehört oder gesehen zu haben – zunächst abriet. »Im Alter von zehn Jahren ist ein Unterricht am Konservatorium so gut wie ausgeschlossen«, meinte Epstein. »Die Konstitution des Knaben wird nicht ausreichen, um das geforderte Pensum zu erledigen. Außerdem wird die Spannweite der Hände nicht ausreichen. Kommen Sie später gern zurück, wenn sich zeigen sollte, daß die Entwicklung weitergeht.«

Janowitz beriet sich mit Vater Bernhard Baruch, dem Rebbe und dem jungen Baron Schey von Koromla. Es kam eine Sammlung zustande, die es Gustav Mahler ermöglichen sollte, das Prager Gymnasium zu besuchen. Janowitz hatte Verbindungen zu einer Familie Grünfeld, bei der Gustav in Pension bleiben sollte. »Eine kunstbesessene, hochgebildete und überaus geachtete Familie!« Aber diese Grünfelds waren überaus habgierig und nahmen die ihnen anvertrauten Zöglinge aus, wo und wann sie nur konnten. Schickte Mutter Marie Mahler ihrem Sohn ein Päckchen mit Nahrungsmitteln, die sie sich vom Munde abgespart hatte, so kassierte es Madame Grünfeld an der Tür vom Postboten und verwendete den Inhalt für ihre Familie.

Wassersuppen, alte Brötchen, Kartoffelbrei und harte grüne Erbsen – davon mußte sich der junge Gustav Mahler fast ein Jahr lang ernähren. Er magerte zum Skelett ab. Seinen Sonntagsrock hatte man eingezogen, und das einzige Paar Stiefel, das er besaß, trugen die Söhne der Grünfelds. In Holzpantinen mußte er zur Schule und auf die Straße gehen.

Eines Tages ereignete sich ein Vorfall, den uns Alma Maria Mahler in ihren Erinnerungen so darstellt: »[. . .] nicht nur, daß man seine Kleider, seine Schuhe dort trug, während er hungerte und bloßfüßig gehen mußte; dies bemerkte er kaum, und als er es mir erzählte, fügte er hinzu: ›Ich meinte, es müsse so sein.‹ Aber daß er einst, in einem finsteren Zimmer sitzend, ungewollter Zeuge einer brutalen Liebesszene zwischen dem Stubenmädchen und dem Sohn des Hauses wurde, blieb ihm in unangenehmster Erinnerung. Der kleine Gustav machte sich bemerkbar, indem er dem Mädchen beisprang, um ihm zu helfen. Aber er wurde sowohl von dem Jüngling Alfred als auch von dem Mädchen, dem er hatte helfen wollen, gleicherweise beschimpft und zu schweigen verpflichtet. Diese kleine Episode hatte einen merkwürdig starken Eindruck auf Mahler gemacht. Wie man oft auf Menschen den ganzen Tag böse sein kann, so verzieh Gustav diesen Choc dem jungen Pianisten nie.«

Irgendwie kam Vater Bernhard Baruch dann doch dahinter, wie die Grünfelds seinen Sprößling behandelten. Und da dessen Zensuren am Prager Gymnasium äußerst schlecht waren, ein Vorankommen in diesem Bildungsinstitut also auch nicht gewährleistet erschien, mußte es als Bestes gelten, die Rückversetzung ans Iglauer Gymnasium zu beantragen.

Seit dem Prager Aufenthalt war eine merkwürdige Passivität an dem Knaben zu beobachten: Alles Negative, das ihm widerfuhr, schien an ihm abzuprallen. Scheltworte des Vaters oder der Lehrer nahm er teilnahmslos zur Kenntnis. Dieser Passivität unterlag auch das weitere Verhältnis zur Mutter. Er liebte sie nach wie vor abgöttisch, vermochte seine Liebe aber nicht mehr zu artikulieren. Später hat er sehr darunter gelitten, daß er sie damals »plötzlich nicht mehr umarmen konnte«, obwohl sie es »in all ihrer Leid- und Liebhaftigkeit verdient gehabt hätte«. Mit schroffen Blicken verwies er sie aus dem Zimmer, wenn er am Klavier übte. Das alles hatte mit seinem pubertären Zustand nichts zu tun. Leiden, ohne es zeigen zu können, leiden können, ohne es zu zeigen – das wurde ein Charakteristikum Mahlers.

Die Mutter drückte das so aus: »Er ist vor der schlimmen Erfahrung dieser Welt verstummt. Er trägt es wie ein Engel und nimmt alles in sich hinein. In ihm lebt sich alles aus, sein Herz blutet [. . .], aber nach außen hin ist er ein Feind.« Der Philosoph Paulsen, der Mahler in späteren Jahren sehr nahestand, hat den besonderen Grad der Selbstbeherrschung bei Mahler so definiert: »Er besaß in hohem Maße die Kraft, durch vernünftig-sittlichen Willen das Eigenleben im Sinne menschlicher Vollkommenheit zu gestalten, unabhängig von den Naturtrieben und Affekten. Dieses alles erschien in ihm in zwei Formen, die bereits in seiner Jugend festgelegt waren: Es waren dieses die besonderen Formen der Tapferkeit und der Mäßigkeit. Tapferkeit [. . .] gegenüber der Umwelt [. . .] eine Art von Widerstandsfähigkeit gegen Unlustreize aller Art und die entsprechenden Affekte der Furcht und Scheu vor Gefahr, vor Kampf, Leiden, Anstrengung da, wo das Ertragen und Bestehen durch die wesentlichen Lebensaufgaben gefordert wird.«

Die auffallende Zurückgezogenheit, in der bereits der junge Mahler lebte, bedeutete freilich nicht geistige Untätigkeit, geistige Passivität. Im Gegenteil: Der Knabe schleppte Berge von Partituren ins Haus, die er aus dem Theaterarchiv lieh, er las musiktheoretische Schriften en masse, er schaffte es sogar, sich zweimal hintereinander »mit System« durch Meyers Konversationslexikon hindurchzufressen. Noch später wußte er seitenlange Beschreibungen von Begriffen, Personen und Ereignissen aus diesem Nachschlagewerk auswendig vorzutragen. Daneben begeisterte er sich für die Romane der französischen Klassik, er schwärmte für die Oden Lord Byrons und Keats'. In einem Alter, in dem die meisten Kinder noch an Märchen glauben, war er bereits ein studierter Mann – wie er es selber schreibt –, der seine Erfahrungen mit der großen Literatur hatte und wußte, wie Beethovens »Neunte« aufgebaut ist.

Der einzige Mensch, dem sich der junge Gustav Mahler öffnete, war sein Iglauer Schulfreund Josef Steiner. Mahler: »Mit ihm verbrachte ich herrliche Stunden tiefster Jugendträume. Mit ihm erfuhr ich zum ersten Male, was Liebe bedeutet . . . Er besaß mein Herz. Und es dauerte lange, lange, ehe es jemand anders besitzen konnte.«

Mit Steiner verbrachte Mahler die Schulferien. Sie durften auf mährischen Gutshöfen mit Gleichaltrigen herumtollen, wurden vorzüglich versorgt, sie konnten unbeschwert, konnten Kinder sein.

Bei einem dieser Aufenthalte – es war auf dem Gut Morovan – lernte der junge Gustav Mahler seinen künftigen Förderer und väterlichen Freund Gustav Schwarz kennen. Schwarz war Verwalter des Gutes und ein großer Musikliebhaber. Er spielte selbst vorzüglich Klavier und zählte den weithin berühmten Komponisten und Pädagogen Robert Fuchs in Wien zu seinen Freunden. Schwarz war hingerissen von dem Klavierspiel des kleinen Mahler, der die schwierigsten Virtuosenstücke »wie ein zweiter Franz Liszt« vom Blatt spielen konnte, und teilte seine Meinung Robert Fuchs in einem Brief mit. Dieser antwortete, er wolle den Wunderknaben in Wien »gehörig besehen«. Außerdem verwies auch er auf Julius Epstein; er schrieb: »Wenn das Kind ein Klaviertalent ist, gibt es keinen besseren Lehrer für ihn.«
Vater Bernhard Baruch war damit einverstanden, daß Schwarz seinen Filius »in die Karrier' bringt«. Der Gutsverwalter finanzierte die Vorstellungsreise nach Wien, an die sich Gustav Mahler später erinnerte: »Ich kam mir vor wie der junge Franz Liszt auf der Fahrt nach Paris mit seinem Vater und einigen Freunden zu Cherubini. Nur ein Unterschied: Wir wurden nicht von der Tür gewiesen, sondern vorgelassen und angehört. Solche Prüfungen müssen wohl sein. Ich überstand sie und bestand sie, obwohl diejenigen, die mich prüften, es hart und objektiv taten und mir nichts ersparten.«
Epstein war also von allen Seiten vorbereitet, als die Mahlers bei ihm eintrafen. Er mochte Protektionskinder nicht besonders, war aber über den Gesichtsausdruck des »Hospitanten« erschrocken: Reife und Energie, Selbstvertrauen und Siegesgewißheit sprachen aus den Kinderaugen. Das alles stand in Widerspruch zu der schmächtigen, krank anmutenden Gestalt des kleinen Gustav. Epstein: »Mir war unwohl zumute. Der junge Mensch machte mich betroffen. Ich hatte eine Vorahnung davon, daß hier ein Außenseiter vor mir stand. Ich war nicht sogleich entschlossen, ihn anzuhören, bat aber dann doch Platz zu nehmen, führte den Knaben an den Flügel und ließ ihn einige Terz- und Quartgänge spielen.«
Das Vorspielen dauerte drei Stunden. Gustav Schwarz und Vater Bernhard Baruch wurden immer unruhiger, weil sie glaubten, Epstein sei mit den Fähigkeiten des Kleinen nicht zufrieden. Schließlich stand

Schwarz nach dem Vortrag von Liszts ›*Mazeppa*‹ auf und fragte Epstein: »Nun Professor, was meinen Sie?« Epstein überlegte nicht lange. »Es fehlt noch viel«, erwiderte er, »aber ich habe die Gewißheit, dieser Gustav Mahler ist der geborene Musiker.«
So wurde Mahler im Herbst des Jahres 1875 Schüler des Wiener Konservatoriums. Das Studium und die Pension bezahlten Vater Bernhard Baruch, Gutsverwalter Gustav Schwarz und der Mäzen Gustav Janowitz aus Prag gemeinsam. »Was zusammenkam, reichte gerade aus, um mich über Wasser zu halten«, heißt es in einem Brief Mahlers an Arnold Rosé zu diesem Thema. Bevor das eigentliche Studium begann, mußten noch zwei sogenannte Anstandsprüfungen abgelegt werden. Der alte Hellmesberger, Direktor des Konservatoriums, machte Stichproben, um sich vom »Stand des Allgemeinwissens« der Neuaufgenommenen zu überzeugen. Sein Urteil über den Bildungsgrad des fünfzehn Jahre alten Gustav Mahler: »Erstaunlich! Kennt sogar Byron und Dumas! Benimmt sich zufriedenstellend moralisch.« Die andere Prüfung nahm Robert Fuchs, der künftige Harmonielehrer Mahlers, ab. Auch er staunte über die Vorkenntnisse, die sich der Junge »aus eigenem Antrieb und Bildungssucht« angeeignet hatte.
Kompositionslehrer wurde Professor Theodor Krenn, der Einblick in die Skizzen der Oper »*Herzog Ernst von Schwaben*« genommen hatte, an der Mahler damals komponierte. Krenn bat ihn, die Arbeit abzubrechen, da sich noch zuviel »unausgegorene Probleme« zeigten. Immerhin bekannte er, daß die Skizzen von einer »bemerkenswerten Erfindungsgabe und Musikalität« zeugten.

MIT LUST
IM WIENERWALD
UMHERGEWANDELT

Gustav Mahler begann sein Studium in Wien. Zuerst glaubte er, die Prachtbauten der habsburgischen Metropole würden über ihn herfallen »wie Ungetüme aus der Vorzeit«. Er hatte Heimweh und nagte in »ungezählten Zager- und Dulderstunden« an dem trockenen Brotlaib, den ihm die Mutter mit auf den Weg gegeben hatte. Es dauerte lange, ehe er sich einigen Kommilitonen anschloß.

Anton Krisper: »Man mußte um den jungen Mahler buhlen [. . .] Er war so schwer davon zu überzeugen, daß man in Wien nicht mit irgendwelchen Scheuklappen umherzulaufen brauchte. Mahler genierte sich, daß er nicht so fein gekleidet war wie die anderen. Er mußte seine Armut überwinden. Das legte sich erst, nachdem Epstein und Fuchs für ihn ein Halbstipendium herausgeschunden hatten. Als er sich den ersten guten Anzug kaufte, war das ein Manöver, als ginge es darum, um die Hand einer Frau Prinzessin anzuhalten. Mahler war rot und blaß im Gesicht und wagte es nicht, allein in das Kaufhaus zu gehen. Ich mußte ihm assistieren. Als wir wieder draußen waren, sagte er: ›Das war der bisher schwierigste Gang, den ich in meinem Leben habe tun müssen.‹ Dabei war er von Natur aus ein durchaus geselliger Mensch. Aber die Erlebnisse seiner Kindheit brachten es mit sich, daß er sich nur ganz allmählich aufschloß. Als es dann geschafft war, konnte man Mahler als einen der geselligsten und freudvollsten Menschen dieser Erde bezeichnen.«

Anton Krisper, Guido Adler, die Brüder Krzyzanowski und Hugo Wolf gehörten zu den Menschen, denen sich Gustav Mahler in seiner Studienzeit öffnete. Aus Briefen und Erinnerungen dieser Männer läßt sich das Wesensbild des jungen Musikers rekonstruieren.

Mahler war körperlich frühreif und litt darunter. Er besaß jedoch nur wenig Bindungsfähigkeit und hatte ein übertriebenes Schamgefühl, so daß er in jungen Jahren nur höchst selten mit einer weiblichen Person in Kontakt kam.

Rudolf Krzyzanowski nannte ihn einen »priapischen Asketen«, und bei Guido Adler findet man den Satz: »Durch sein starkes erotisches Feuer, das aber niemals nach außen hin Nahrung fand, verbrannte der Studiosus Mahler beinahe innerlich.« Einmal diskutierten die Freunde über das Dekameron. Hugo Wolf erklärte, jeder der Anwesenden habe sicherlich die eine oder andere Geschichte schon einmal in ähnlicher Form erlebt, worauf die jungen Herren sich mit ihren Liebesabenteuern zu brüsten begannen. Nur Mahler saß stumm in der Runde, errötete ab und an, wenn die Gespräche zu direkt wurden, und entschuldigte sich schließlich mit irgendwelchen Ausflüchten. Als er gegangen war, meinte Wolf: »Ich kenne nur zwei Menschen, die so keusch wie der liebe Gott sind: Anton Bruckner und Gustav Mahler!«

Nur einmal durchbrach Mahler die Schambarrieren: als er im Hause des Fabrikanten Goldschmidt dessen jüngste Tochter, Amélie, kennen- und lieben lernte. Das Mädchen war zwei Jahre älter als Mahler und wird die Führung – um nicht zu sagen: Verführung – in dieser kurz währenden Freundschaft übernommen haben. Jedenfalls hat Mahler seiner späteren Frau gestanden, als Siebzehnjähriger durch die hübsche Amélie seine Unschuld verloren zu haben.

Nach dem Bruch mit der Fabrikantentochter, die bald darauf einen reichen Pariser Industriellen ehelichte, kapselte sich Mahler in sexueller Hinsicht noch mehr ab. Hinzu kam, daß er damals gerade »unter Anleitung des Gottes Richard Wagner« beschlossen hatte, Vegetarier zu werden. Er las Schriften über den Zen-Buddhismus und fühlte sich »in der allgemeinen Mönchshaltung denkbarst wohl«.

Vegetarismus und sonstige Enthaltsamkeiten verflüchtigten sich erst, als Mahler am Ende seines Studiums die Bekanntschaft der Sängerin Mizzi Planegg machte, die seine Sehnsüchte, Bedrängungen und Vorstellungen »auf derbe Art und Weise in die natürlichen Bahnen lenkte« (Rudolf Krzyzanowski).

Diese Mizzi war zuvor die Geliebte des Kapellmeisters und Komponisten Eduard Strauß – aus der Walzerkönig-Dynastie – gewesen und hatte ein Techtelmechtel mit Anton Krisper hinter sich, als sie sich auf den »kleinen« Mahler stürzte und ihn, wie sie hinterlassen hat, in wenigen Nächten zu einer »alleweil geschickten Mannsperson« machte.

Von Mahlers »neuestem Umgang« erfuhr Meister Anton Bruckner, der ihm »ungnädig« kam und ihm riet, sich lieber mit der Frau Musica zu vermählen als mit der Vorstadtchanteuse, die seine Moral untergrabe und seinem öffentlichen Ansehen schade. Bruckner hatte gerade begonnen, sich etwas näher mit dem Studiosus Mahler zu beschäftigen, den er des öfteren in seinen Privatvorlesungen gewahrte. Mahler hatte mehrfach versucht, an den Kursen Bruckners im Konservatorium teilnehmen zu dürfen. Dieses war dem Halbstipendiaten jedoch mit dem Hinweis verwehrt worden, in Robert Fuchs finde er eine »sichtbar geeignetere« Persönlichkeit, um die Grundbegriffe des Komponierens zu erlernen, als in dem »überlasteten« Meister der Symphonie.

So begab sich Mahler, eingeführt durch Hugo Wolf, zu den Privatzirkeln, die Bruckner in einem Saal des Musikvereins abhielt. Ob Mahler wirklich von den naiven, oftmals geradezu unerträglich langweiligen Vorträgen Anton Bruckners profitierte, mag dahingestellt bleiben. Auf jeden Fall aber bekam er bei Fuchs das Rüstzeug, das er brauchte. Man ließ ihn zum »Konkurs« am Ende des ersten und des zweiten Semesters zu und verlieh ihm beide Male den ersten Preis im Klavierspiel und in der Komposition. Auch nach Beendigung des dritten Semesters war Mahler der Erste. Man prämiierte das Scherzo eines Quartetts für Streicher und Klavier. (Die Urschrift dieses Quartetts, das bisher wie alle Frühwerke Mahlers als verschollen galt, wurde 1973 von dem Hamburger Komponisten Peter Ruzicka in den USA wiederentdeckt und ein Jahr später im Hamburger Verlag Sikorski herausgebracht.)

Am 11. Juli 1878 bescheinigte man dem Absolventen Gustav Mahler,

daß er alle »ordinairen und speciellen« Fächer der Anstalt »mit sehr gutem Erfolg« abgeschlossen habe. Mit diesem Diplom konnte er nun seine freie Tätigkeit als Musiker entfalten.
Mahler hatte längst nicht alle »ordinairen und speciellen« Vorlesungen und Übungen des Wiener Konservatoriums besucht. Schon nach den ersten vier Wochen mußte er eine Rüge Professor Krenns einstecken: Er sei allzuoft unentschuldigt ferngeblieben, und man habe registriert, daß er, Mahler, statt dessen mit Lust im Wienerwald umhergewandelt sei. Das stimmte. Krenns Unterricht war grenzenlos langweilig. Worum der Dozent in vielen Doppelstunden rang, fiel dem Eleven Mahler wie im Schlafe zu. Auch die Harmonielehrekurse bei Fuchs wurden von dem »Dreimalneunmalklugen« nur dann frequentiert, wenn der Meister aus eigenen Werken vortrug, zum Beispiel aus der Oper *›Die Königsbraut‹*, an der Robert Fuchs gerade arbeitete.
Mahler wollte sich nämlich »via Oper« orientieren. Das Geld, um irgendwelche Vorstellungen in der Hofoper zu besuchen, hatte er nicht. Seinen Wagner studierte er aus den Partituren. Er konnte es sich ohnehin nicht vorstellen, wie der *›Ring des Nibelungen‹* szenisch zu lösen sei, »ohne, daß einem Lustbarkeitsfrieseln über den Rücken laufen«. Einmal sah er einen Hofopernsänger, der sich verspätet hatte, in voller Montur als Lohengrin aus der Berline steigen. Mahler bekam einen Lachkrampf, und Guido Adler mußte ihn mit beiden Armen umklammern, »damit auf der Straße und vor dem ff.-Publikum nichts Aufrühriges vonseiten des tollen Gustavs geschieht«. Fuchsens Elfriede-Oper interessierte Mahler. Er selber arbeitete an zwei Opernprojekten: *»Die Argonauten«* und *»Rübezahl«*.
Fuchs bat Mahler mehrfach, ihm Skizzen vorzutragen, doch dieser weigerte sich konsequent. Nur Guido Adler durfte ganz gelegentlich die Partiturentwürfe einsehen. Er behauptete später, daß Mahler manch ein Thema aus den frühen Opernfragmenten in die Symphonien hinübergerettet habe.
Mahler vernichtete die Skizzenblätter zu den beiden Opern, als er sich anschickte, seine Kantate *»Das klagende Lied«* zu komponieren, die er später als Opus 1 anerkannte.
Im zweiten Semester hatte Direktor Hellmesberger davon abgesehen,

Mahler weiterhin in die »ordinairen« Kontrapunktkurse zu schicken. Hellmesberger in einer Dienstanweisung: »Hiermit wird konstituiert, daß Gustav Mahler den Lehrgang für Contrapunktus II nicht zu besuchen braucht. Die Kenntnisse desselben sind ihm bereits hinlänglich zu eigen. Er kann seine Fähigkeiten anderweitig nutzen.«

Und das tat der talentierte Eleve: Er besuchte einige Privatkurse, um seine Wissenslücken in Mathematik, Deutsch, Materialwissenschaften (Chemie, Physik, Biologie) und Latein auszufüllen. Dann meldete er sich am Gymnasium zu Iglau und legte dort sein Abitur als Externer ab. Anschließend schrieb er sich an der Wiener Universität in musikhistorische, philosophische und kunstästhetische Kollegien ein.

Während der drei Studienjahre waren es jedoch im wesentlichen zwei Ziele, denen Gustav Mahler zustrebte: sich innig mit den Werken Richard Wagners vertraut zu machen und die Bekanntschaft Anton Bruckners zu suchen. Wagners Musikdramen billigte Mahler ohne Abstriche: »In ihnen vollzieht sich künstlerisches Wähnen in so ausgeprägter, einmaliger, philosophischer und beglückender Form, daß ich nur sagen kann: Wagner, Wagner über alles!«

Sein Verhältnis zu Bruckner und dessen Werk war anders ausgerichtet: »Bei Bruckner wird man durch Größe und Reichtum der Erfindung hingerissen, aber auch jeden Augenblick durch ihre Zerstücktheit gestört und wieder herausgerissen. *Ich* kann das sagen, da ich Bruckner trotzdem verehre, und was in meiner Macht steht, werde ich immer tun, daß er gespielt und gehört werde.«

Der Studiosus Mahler nahm an der Uraufführung von Bruckners dritter Symphonie teil, die Richard Wagner gewidmet ist. Schon allein das Bekanntwerden dieser Widmung genügte dem Brahms-Apologeten und heftigsten Widersacher des Bayreuthers, Eduard Hanslick, um den biederen, naiven »Gottesdiener Bruckner« in seiner Zeitung nach Strich und Faden zu verreißen. Ein Gaukelwerk, ein drittklassiges Machwerk, die Arbeit eines Dorfschulhilfslehrers, das Opus in »gezeterten Wagnerchromatiken«, kurzum: Wer den Mut besäße, um dieser Uraufführung beizuwohnen, dem gebühre das Diplom, ein »negativer Zuhörfetischist« zu sein. Der arme Bruckner traute sich fast nicht in den Musikvereinssaal, weil er fürchtete, daß man ihn und sein Werk

schon auspfeifen werde, bevor der Dirigent überhaupt den Taktstock gehoben hätte.
Wolf, Adler, Löhr und Mahler gehörten zu den Bruckner-Jüngern, die den Meister trösteten und seinem Werk eine große Zukunft voraussagten. Rudolf Krzyzanowski und Krisper geleiteten den nervösen, »einer allgemeinen Ohnmacht nahen« Symphonienschöpfer in den Saal, der nur spärlich besetzt war. Mahler nahm hinter ihm Platz. Die Aufführung wurde ein Fiasko, aber die »Jünger« applaudierten ohne Unterlaß und geleiteten den vielgeliebten Meister zu einer Feier »in kleinstem Rahmen«. Bruckner saß weinend vor seinem Schöppchen Nußdorfer und beklagte sich und das Geschick, das ihn zur künstlerischen Unfähigkeit verurteilt habe.
Daraufhin hielt Krzyzanowski eine Laudatio auf Bruckner, der sich tief gerührt bedankte und erklärte, er, Krzyzanowski, und Mahler dürften den Klavierauszug der Symphonie für den Verlag Bösendorfer herstellen. Es war der erste Arbeitsauftrag, den Gustav Mahler in seinem Leben erhielt. Bruckner war von der Ausführung der Transposition sehr angetan. Er schenkte Mahler die handgeschriebene Partitur der »Dritten«, die Alma Maria Mahler auf ihrer abenteuerlichen Flucht vor den Nazis als einzigen Gegenstand unter dem Arm trug.
Bruckner darf also nicht als Lehrer Mahlers bezeichnet werden; er war – wie es Guido Adler formuliert hat – sein Adoptiv-Lehrvater.
Kam Gustav Mahler zu Lebzeiten des »Musikheiligen« nach Wien, pilgerte der Alte mit dem Jungen in den Wienerwald hinaus, die Rechte mit dem großen schwarzen Hut auf dem Rücken haltend, gelegentlich stehenbleibend und die Groschen zählend, die sorgsam für die zwei Viertel Nußdorfer abgezählt worden waren, die Bruckner seinem lieben Gast zu spendieren pflegte. Bruckner war ein wenig geizig. »Was ich habe, gehört dem lieben Gott«, pflegte er zu sagen. »Und da kann ich nicht immer die großen Spendierhosen anhaben, denn was würde er sagen, wenn ich mit seinem Vermögen so herumschludern täte.« Dafür ließ sich Bruckner um so lieber von seinem »Freunderl« Mahler bewirten, der sich einen Spaß daraus machte, den Alten »in einer Stunde an die vier Backhenderln verzehren zu sehen«.
Über was redete man? Über Richard Wagner, über die großen Sym-

phonien des Ansfelder Meisters, die keiner aufführen wollte, und über die Komposition, die »das Gustaverl« begonnen hatte: *»Das klagende Lied«* und die Bearbeitung und Vollendung von Carl Maria von Webers nachgelassener Oper *›Die drei Pintos‹*. Bruckner: »Wenn der Herr Mahler zur mir kommt, habe ich das Gefühl, ein Engel tritt über meine Schwelle. Er ist so gut und so lieb und hat mich lieb. Das ist sehr selten in dieser Weltgeschichte, aber wahr. Und ich wünsche mir, daß dieser Engel für mich betet [. . .] und für mein armseliges Werk, wenn ich nicht mehr in diesem Jammertal Erde bin.«

Mahler: »Ich stehe für Anton Bruckner und seine genialischen Symphonien rückhaltlos ein. Sie sind die gewaltigsten Bausteine auf diesem musikalischen Gebiet und das Höchste, das nach den Symphonien Beethovens geschaffen worden ist. Es sind die musikalischen Bekenntnisse eines Heiligen. Ich achte sie hoch und verneige mich vor ihnen in aller Ehrfurcht.«

1910, ein Jahr vor seinem Tode, stiftete Gustav Mahler ein Kapital von 50 000 Kronen, damit der Anfang für eine Gesamtausgabe der Brucknerschen Werke gemacht werden konnte.

Drei Tage vor seinem Ableben sagte Mahler zu seiner Schwiegermutter: »Wer mich da oben erwartet, weiß ich. Zuerst Anton Bruckner. Und dann Richard Wagner. Der eine als mein Vater, der andere als die Erscheinung höchster Glorie!«

GUSTAV MAHLER UND ANTON BRUCKNER

Auszüge aus dem Rundfunkinterview des Autors
mit Alma Mahler vom 13. März 1962

Wessling:
Was verband Mahler in so besonderem Maße mit Anton Bruckner?

Alma Mahler:
Dazu muß ich zuerst einmal sagen: Ein großer Aberglaube! Als Bruckner daranging, seine »Neunte« zu entwerfen, stand er unter dem alles beherrschenden Eindruck, mit diesem Werk sein »Beethovensches Ziel« zu erreichen. Beethoven war nach der »Neunten« gestorben, Bruckner konnte die seine nicht mehr vollenden. Mahler geriet ebenfalls in Panik. Hinter ihm lag ein Berg von Arbeit! Bis zur »Achten« waren die Symphonien geschrieben. Die Gesänge und Skizzen zum *»Lied von der Erde«* waren fertig, drei Kindertotenlieder waren entstanden . . . Jetzt also mußte die »Neunte« kommen. Und was kam danach? Der Tod, das Ende? Mahler war von Grausen erfüllt. Er hatte begonnen, seine »Neunte« zu instrumentieren; doch da strich er die Ziffer durch und schrieb darüber: »Das Lied von der Erde«. Als er dann seine wirkliche »Neunte« komponiert hatte, sagte er: »Es ist ja eigentlich meine ›Zehnte‹, weil die ›Neunte‹ das ›Lied von der Erde‹ ist.« Seine »Zehnte« konnte er nicht mehr vollenden. Wenn man so will, ist Mahler also auch nicht über die »Neunte« hinausgekommen, wenngleich ich das Vorhandene der »Letzten« nicht missen möchte.

Wessling:
Hat Mahler sich als Schüler Bruckners bezeichnet?

Alma Mahler:
Bruckner hat sich mehrfach geäußert, er sei der Lehrvater Mahlers gewesen. Nun, er ist 1896 gestorben. Mahler hat den 11. Oktober, also Bruckners Todestag, in jedem Jahr als Trauertag verbracht. In seinem Gepäck führte Mahler stets ein kleines Medaillon mit dem Porträt Bruckners mit. Ich habe ihn oft beobachtet, wie er – vor allem in Amerika – vor einer Aufführung dieses Medaillon aus der Tasche zog und es küßte. Mahler verehrte den Genius Bruckners ungemein. Er war der teilweise entzückenden Naivität des Ansfelder Lehrersohns verfallen. Und er wußte, daß man nur mit Naivität, mit dem Gemüt eines Kindes in einer Welt bestehen konnte, die überaus morsch und brüchig geworden war, die nichts als Korruption und Verfolgung kannte. Gleichzeitig aber wußte Mahler auch, daß der, der sich diese Kindlichkeit bewahren würde, an der Welt der Heuchelei zerbrechen mußte. Mahler ist daran zerbrochen. Er war – wie Anton Bruckner – zu gut für diese Welt. Heilige sind Märtyrer, auch wenn sie nicht unbedingt den Märtyrertod sterben. Das Grabmal von Sankt Florian ist ein heiliger Ort: Wer die Stille und die Glorie dieser Stätte begreift, hat etwas von der Macht und Kraft erfahren, die dem Gläubigen in Lourdes oder Fatima widerfährt.
Bruckner hat nie eine Mahler-Symphonie im Konzertsaal gehört. Er ließ sich jedoch zwei Jahre vor seinem Tode Auszüge aus der »Ersten« und der »Zweiten« zeigen, als Mahler den liebenswerten Greis in Wien besuchte. Die »Erste« war am 3. Juni 1894 in Weimar uraufgeführt worden. Bruckner ließ sich von Fritz Löhr berichten. Er sagte: »Der Vogel beginnt zu fliegen. Ich weiß, daß der Himmel für ihn offensteht.«
Als Bruckner 1896 gestorben war und dann Mahler seine Berufung für Wien erhielt, sagte er: »Jetzt bin ich um ein paar Monate zu spät gekommen und werde von Brucknern die letzten Weihen nicht mehr erhalten.«
Gustav Mahler hat Bruckner verehrt, geliebt. Sein Schüler war er nicht

im eigentlichen Sinne; aber er war sein Jünger. Was Mahler an Bruckner faszinierte, war die rücksichtslose Vergeistigung und die ungeheure Religiosität in den Symphonien des Ansfelders. Genau das war die Triebkraft Gustav Mahlers: rücksichtslose Vergeistigung. Und das unterscheidet ihn von seinen Zeitgenossen, von Richard Strauss, von den Franzosen . . . Sentimentalität, doch niemals um des Sentiments willen! Mahlers Musik ist Musik einer geistigen Selbstordnung, wie es sie zuvor niemals gegeben hat. Formen werden zertrümmert, aber nicht aus Lust am Zerschlagen, am Zerstören, sondern: um eine Neuaufschichtung, eine Neuorientierung zu erreichen . . ., um zu ästhetischen Gesetzmäßigkeiten vorzudringen, die dem etablierten Tonschöpfer des 19. Jahrhunderts unbekannt waren.
Bruckner schuf Neues instinktiv. Bei Mahler kamen sein starkes Bewußtsein, sein kühner Experimentierdrang, sein »modernes Genie« hinzu. Bei Bruckner: von der Masse der Menschen weg zu Gott, zu einem höheren Sein, zur Erlösung von weltlichen Nöten. Bei Mahler: von Gott zur Masse der Menschen, diesen zu einem höheren Sein zu verhelfen, damit ihnen Erlösung zuteil werde. Der eine religiös-introvertiert, der andere religiös . . ., ich möchte sagen: naturreligiös-extrovertiert. Das ist zu erkennen. Und ich habe es nie begreifen können, daß viele Kollegen Mahlers das nicht sahen oder sehen wollten. Sie scheuten sich vor allem davor, die Religiosität eines Juden mit der eines Erzkatholiken vom Schlage Bruckners zu vergleichen. Reger . . .

Wessling:
Sie erlauben, daß ich einen Brief Max Regers an den Herzog Georg II. von Sachsen-Meiningen zitiere. Er wurde am 14. Juni 1912 geschrieben: »Diese Mahleraffäre ist schon bedenklich geworden, alle Leute, denen unser Herrgott eine semitische Nase hat wachsen lassen, sind natürlich ›begeisterte‹ Anhänger Mahlers, weil die Juden eben unbedingt einen großen Komponisten haben wollen! Zum großen Komponisten fehlt aber Mahler vor allem: Stil! Und ohne Stil, den Mahler nun absolut nicht hat, ist keine große Kompositionserscheinung denkbar. Mir erscheint – und sehr vielen ebenfalls – Mahler als der Meyerbeer unserer Zeit! Es ist bei beiden die echt semitische große Intelligenz, bei

beiden das Arbeiten mit Affektmitteln äußerlicher Natur und bei beiden das Fehlen jeglichen Stils. Wie sagt das Goethe: ›Wehe der Kunst, deren Lob auf allen Gassen gesungen wird!‹« Soweit der Reger-Brief.

Alma Mahler:

Es ist gut, daß Sie diesen Brief des – pardon! – versoffenen Genies Reger zitieren. Er bringt zum Ausdruck, was man in vielen Fällen von Mahler und seiner Musik hielt. Dieser Brief ist in den Zeitungen und Zeitschriften der Nazis nach 1933 unendlich oft abgedruckt worden. Wo immer es um Mahler ging, wurde Reger zitiert. Damit glaubte man sich genügend legitimiert, Mahler Mangel an Geistigkeit und ethischem Streben nachsagen zu können. Das Judentum in Mahler sollte es angeblich bewirken, daß das Gleichgewicht zwischen Form und Inhalt in seiner hochentwickelten Polyphonie nicht erreicht worden sei. Hirnverbrannt!

Ich kann es einem Reger nicht ankreiden, daß er nicht besser über seinen Kollegen Mahler Bescheid wußte. Aber es gibt auch heute noch viele »Regers«, die ähnlich denken. Man muß wissen, pilgert man zum Werke Gustav Mahlers, durch welch spezifische Materie die Seele dieses Mannes infiziert war. Man muß wissen, daß sie gezwungen war, durch immer neue Existenzen seines Erdendaseins zu wandern. Die Weltlichkeit, die Erdgebundenheit, das Menschliche in Mahler bedurfte ganz bestimmter Steuerungen, um nicht ins Chaotische abzugleiten. Was sich da auftürmt in seinen Symphonien, ist ja nicht nur Abbild seines Wesens, sondern auch gleichzeitig ein Bollwerk gegen seine Natur des Allzunatürlichen. Das Stoffliche, das ihn umklammerte, mußte gleichzeitig dargestellt und vom Begrifflichen losgelöst sein. Der Gipfel der Welt in reiner Geistigkeit . . . Das war auch, wenn man so will, der religiöse Anspruch Mahlers, der Anspruch auf undogmatische Religiosität. Zusammenfassend: Was Mahler in seiner Musik darstellt und für sich gewinnt, ist eine Weltanschauung von größter subjektiver und objektiver Fülle.

Reger und seine Anhänger sahen diese Zusammenhänge nicht, die für sie ungewohnt, unnatürlich, ungesetzlich waren. Sie klammerten sich an Details: hier die Kirchen-, dort die Marsch- oder Tanzmusik, hier der Leierkastenmann, dort der kunstvollste Polyphonist. Sie vermochten nichts auf einen Nenner zu bringen. Das versteht man erst heute, da Mahlers Zeit gekommen ist. Distanz und moderne Schau der Kunstsituation haben das vollbracht. Mahler hat mit seinem Werk keinen Torso hinterlassen, sondern einen Dom, an dem man allerdings von Ewigkeit zu Ewigkeit bauen muß . . . Der christlich inspirierte Dom eines durch und durch jüdischen Menschen, wenn man unter seinem Judentum die Kraft und die Fähigkeit versteht, nicht an Weltschmerz, an Pessimismus und Naivität zugrunde zu gehen, obgleich dieses beherrschende Elemente seines Wesens sind.

Wessling:
Anton Bruckner war auch ein Antisemit . . .

Alma Mahler:
Sie meinen das deswegen, weil er die Studenten in seiner Umgebung, die jüdischen Glaubens waren, stets mit »meine Herren Israeliten« anredete . . . Eine solche Auslegung würde ich ungern zulassen. Bruckner war gewiß in seinem Katholizismus engstirnig, aber er war kein Eiferer, der seinen Glauben »ferro ignique« zu verbreiten und zu verteidigen trachtete. Antisemitismus war auch in der zweiten Hälfte des 19. Jahrhunderts nichts Ungewöhnliches. Denken Sie an Richard Wagner und seine Kreise. Merkwürdig, nicht wahr, daß immer die Juden Wagners größte Bewunderer waren!
Gewiß: Anton Bruckner mochte im tiefsten Grunde seines Herzens einem Juden nicht grün sein. Die Juden hatten seinen Heiland ans Kreuz geschlagen so argumentiert ja noch die gesamte Theologie des verfluchten 19. Jahrhunderts. Und wer seinem Heiland etwas antat, der war schon ein Erzgauner . . . in seinen Augen. Aber ich glaube: Die »Herren Israeliten«, die er um sich hatte – und darunter eben Mahler und Guido Adler –, mochte er sehr gern. Er wußte, daß sie auf dem Gebiet der Kunst etwas leisten würden. Und das versöhnte ihn und ließ ihn die Tatsache übersehen, daß er mit Andersgläubigen an einem Tische saß. Apropos ›bei Tische saß‹: Die Schüler und Jünger versammelten sich meistens mittags um den verehrten Meister in einem bürgerli-

chen Gasthaus. Bruckner ließ sich herab, für alle das Bier auszugeben. Suppe und Semmeln mußte jeder selbst zahlen. Mahler hatte natürlich wenig Geld. Für Semmeln reichte es nicht. So hörte sein Lunch bereits nach dem Bier auf . . .

Wessling:
Welches Werk Bruckners mochte Mahler am liebsten?

Alma Mahler:
Die »Dritte«! Schließlich hatte Mahler mit Rudolf Krzyzanowski den 1878 erschienenen Klavierauszug hergestellt, den ursprünglich die Brüder Schalk – zwei Schüler Bruckners – anfertigen sollten. Mahler kam dann eines Tages mit dem fertigen ersten Satz der »Dritten« bei dem Meister an. Und der war aufs höchste erfreut. Er rief aus: »Jetzt brauch' i die Schalks nimmer!« Mahler war der Ansicht, daß sich in der »Dritten« Bruckners Wesen am deutlichsten kundtue: das energische Wollen am Beginn, die Steigerung zu erregender Leidenschaftlichkeit und am Schluß die gottergebene, stille Resignation.

Wessling:
Der Dirigent Gustav Mahler hat die »Dritte« von Bruckner an die dreißigmal aufgeführt und sich an dem Wagner-Register der brausenden Riesenorgel delektiert. Wie hat Mahler dieses Werk dirigiert?

Alma Mahler:
Mit der ganzen schwelgerischen, sich bis zum Letzten aufopfernden Hingabe, zu der ein romantisches Gemüt fähig ist. Hier galt es ja doch, Elementen nachzuspüren, die auch im Komponisten Mahler wirksam waren: die laute Diesseitigkeit, der Sinnentaumel . . . und die mystische Entrückung in einen Kosmos jenseits unserer Begriffswelt. Der Dirigent Mahler fand in dem Meditativen dieser Symphonie seine Erfüllung. Mahler pflegte nach der Beendigung des Dirigates jeweils ein kurzes, stilles Gebet zu sprechen.

Wessling:
Die Partitur der Brucknerschen »Dritten« besitzen Sie . . .

Alma Mahler:
Mahler bewahrte sie wie ein heiliges Buch. Er nannte sie seinen Codex argenteus. Als er die Partitur erhielt, wußte niemand, auch Mahler nicht, daß der »Anderthalb-Narr« Bruckner – in den Augen der Wiener war Wagner ein ganzer Narr – das wichtigste Bindeglied im symphonischen Genre zwischen Beethoven/Schubert und der Neuzeit sein würde. Ich konnte diese herrliche Partitur auf der Flucht vor den Nazis mitnehmen. Als ich mit Franz Werfel nach Spanien zu fliehen versuchte, trug ich das kostbare Gut unter den Armen. Alles übrige, was uns im Augenblick sicherlich mehr genutzt hätte, hatte ich fortgeworfen. Bruckners »Dritte« durfte nicht untergehen!

Wessling:
Außer der »Dritten« schätzte Mahler Bruckners ›*Tedeum*‹ . . .

Alma Mahler:
Mahler hatte ein Handexemplar dieses herrlichen Werkes. Auf die Titelseite, worauf zu lesen ist: »Für Chor, Soli und Orchester, Orgel ad libitum«, schrieb er: »Für Engelzungen, Gottselige, gequälte Herzen und feuergeläuterte Seelen!« Hat jemand verständlicher, inniger und zutreffender dieses Werk charakterisiert? Mahler fügte es nicht als letzten Satz der unvollendeten »Neunten« an. Er ließ es ohne Zusammenhang mit anderen Bruckner-Arbeiten aufführen, denn er sagte: »Ich bin mir klar darüber, daß dieses Werk nicht der letzte Satz einer Symphonie ist. Es ist und bleibt das Testament eines Mannes, den der liebe Gott unter seinen persönlichen Schutz gestellt hatte.«

DER JÜNGER SCHOPENHAUERS UND WAGNERS

Im Hause des Regierungsrates und Bibliothekars des Wiener Abgeordnetenhauses Siegfried Lipiner gab es wöchentlich einen »Jour«, an dem sich das »Häufelein der Vierzehn« traf, »um in Philosophie, allgemeiner Ästhetik und Literatur zu machen«. Lipiner: »Es hatte sich seit Jahren ein fester Kreis herangebildet, der – diskutierfreudig und aufgeschlossen – sich nicht scheute, die heikelsten Probleme der modernen Erkenntnislehren und Wissenschaften zu erörtern. Zu diesem Kreise gehörten u. a. der Archäologe Fritz Löhr, der Musikwissenschaftler Guido Adler, der so tragisch und früh verstorbene Musiker Hans Rott, der Dirigent Rudolf Krzyzanowski, dessen schriftstellernder Bruder Georg Heinrich und Gustav Mahler, angehender Komponist. Die gewaltigsten Streithähne in dieser Gruppe waren Rott und Mahler: Ersterer ein glühender Verfechter der Brahmsschule, letzterer Wagnerianer bis aufs Blut und durch diesen ein Jünger Arthur Schopenhauers, dessen Thesen zu diskutieren uns alleweil die höchste Lust brachte.« Schopenhauers Erkenntnisse, daß allein das Genie in der Kunst durch reine Kontemplation und ungewöhnliche Kraft der Phantasie die ewigen Ideen aufzufassen und darzustellen in der Lage sei und daß die Musik in diesem Zusammenhang eine ganz besonders hohe Stellung einnehme, da sie nicht nur wie die anderen Kunstgattungen die Ideen abbilde, sondern die unmittelbare Objektivation des Weltwillens im

Menschen sei, hatten auf Mahler eine tiefgehende Wirkung.
Er bekannte: »Die Gewißheit, daß mein Wille als ein Ding außer aller Zeit und allem Raum liegt, gibt mir einen ungemeinen Auftrieb. Und daß er zunächst außerhalb aller Kausalität liegen soll, macht die Sache noch interessanter. Setze ich ihn zur Ergründung objektiver Erkenntnis ein, bedeutet das nichts anderes als Wille zum Leben. Und diesen Willen habe ich, auch wenn sich in mir sehr häufig die Verzweiflung breitmacht. Ich will sehen, wie ich davonkomme.«
Mahler glaubte, in erster Linie durch intensive Arbeit »davonzukommen«. Er komponierte ein Werk nach dem anderen; zum Beispiel eine Violinsonate, die er dem ungarischen Geiger Eduard Remenyi einreichte und von ihm mit dem Bemerken zurückerhielt, sie sei »unfertig, dilettantisch und von Mendelssohn abgesehen«. In Gegenwart Rotts verbrannte Mahler Partitur und Skizzen dieser frühen Arbeit. Ebenso verfuhr er mit der *»Nordischen Symphonie«*, von der er auch einen Klavierauszug zu vier Händen hergestellt hatte. In Anwesenheit von Robert Fuchs, Julius Epstein und dem »Häufelein der Vierzehn« spielte er mit Rott in der Villa Lipiners daraus. Allgemeine Ablehnung. Daraufhin: »Feierliches Dafé einer armen, an Schwindsucht und Auszehrung leidenden Symphonie im Garten ihrer Freunde.« Die in Stabreimen gedichtete Oper *»Die Argonauten«*, von der Mahler den ersten Akt und das Finale des dritten Aktes fertigschrieb, wurde ebenfalls eingeäschert, als die Freunde Libretto und »erste musikalische Ausführung« für unreif und unwürdig erklärten.
Guido Adler: »Mahler ging sehr rigoros mit seinen Schöpfungen um. Kleinste Einwände brachten ihn derartig auf, daß er vor unseren Augen die Notenseiten vernichtete. Wie schade, denn diese Arbeiten wären sehr aufschlußreich zur Ergründung des jungen Mahlers gewesen! So ließ er nur ein paar Lieder und dann das *»Klagende Lied«* bestehen, obwohl er auch diese Komposition für untauglich hielt.«
Den Plan, Lipiners Dichtung »Der entfesselte Prometheus« zu vertonen, gab Mahler sehr bald wieder auf. Er schrieb: »Diese Dichtung ist so großartig, vom Worte her so fertig und unantastbar, daß ich mich geschämt hätte, dazu noch Musik anfertigen zu wollen. Ich erlebte durch den Vortrag dieser Dichtung einen wahren Weihetag. Wenn der

Dichter nicht ein Genie ist, so weiß ich nicht mehr, was eins ist: alles ist wunderbar, und mir ist, als ob ich meinem erhöhten und verhimmlischten Selbst darin begegnete. Ich beuge mich tief vor einem, der so etwas in sich erleben und herausstellen kann.«

Lipiner, der am 30. Dezember 1911, also kurz nach Mahler, in Wien starb, hat in einem Brief den jungen »Komponistenepheben« so beschrieben:

»[. . .] es lebt und wirkt in ihm der große, fruchtbare Geist der Unruhe und des Zwiespaltes. Er will alles zugleich und ist es nicht zufrieden, nicht alles auf einem Male zu können. Er schwankt ständig zwischen Depression und Ekstase und gleicht in diesem – leider! – unserem guten Hugo Wolf, obwohl ich glaube, daß das Genie Mahlers ein gesundes ist und nicht der Manie verfallen kann. Er ist der Typus des Künstlers schlechthin, besitzt die Dämonie des von der Kunst besessenen Menschen und auch die Fähigkeit, sich im Ausleben seiner Kunst gänzlich fallenzulassen, so daß er seine Umgebung nicht mehr wahrnimmt und eben ein Phantast ist, der er aber auch sein muß, um in seiner Kunst bestehen zu können.

Mahler fliegt auf das Alltägliche, um in ihm das Besondere zu ergründen. Nicht immer gelingt es ihm, sich der gewöhnlichen Fesseln zu entledigen, denn er ist schließlich und endlich auch nur Mensch und hat Allzu-Menschliches an sich: große Schwächen, die es ihm erschweren werden, sich gegenüber der Umwelt durchzusetzen. Er ist ein musikalischer Poet, ein wahrer Dichter der Töne [. . .] Es möge ihm vergönnt sein, stets die Menschen zu finden, die ihn stützen und am Leben erhalten, denn ohne sie ist er ein Blütenkorn im Winde, das überall hintreibt, aber nicht den geeigneten Boden findet, um zu keimen und zu großer, herrlicher Blüte aufzutreiben. Mahler ist in seinem künstlerischen Empfinden ein Kind und möge es immer bleiben! Er ist das genialische Kind wie Mozart. Und daraus kommt seine Kraft, die Schönheit seiner Kunst.

Er schlingt alles in sich hinein, ist maßlos in seiner Gier nach Wissenschaft und Ethik. Er nimmt Schopenhauer für bare Münze und betet Wagner an und merkt nicht, daß auch diese Götzen ihrer zeitlichen Umstände sind! Er hat aber auch einen guten Hang zu Jean Paul, dem

er in vielerlei Hinsicht gleicht, wobei berücksichtigt werden muß, daß Mahler nicht dieses Naturkind ist, das Paul es war. Mahlers Poesie ist weltgerichteter, gesellschaftlicher, städtischer.
Ich glaube an seine Zukunft, denn er hat die Art und Weise der Auserwählten. Er leidet um der Kunst willen; es ist das Leiden der Großen um des Leidens willen.«
Paul Stefan ergänzt das Bild des jungen Suchenden:
»Am schönsten gab er (Mahler) sich am Klavier. Vom Spiel des jungen Künstlers sprechen alle, die es gehört haben, mit Ehrfurcht. Am Konservatorium sagte man ihm, daß ein Pianist von glänzenden Gaben in ihm verborgen sei, der zu den Größten, ja zu Liszt und Rubinstein in die Schranken treten könne. Aber nicht am Können lag es, sondern am Geist. Der ungeheure Wille, der Genius, der das Wesen der Musik erschöpft, er brach aus der Seele des Spielers wie später aus der Macht des Dirigenten bezwingend hervor. Alle Schauer des mystischen Abgrunds wehten um seinen Beethoven und die letzten Sonaten sind seinen Freunden nie wieder so erklungen.
Zu Beethoven flüchtete er aus dem Elend des Theatertreibens, zu ihm und zu Bach. Und wenn er noch so viel in Proben und Aufführungen geplagt worden war, Kammermusik konnte er immer spielen: je mehr, je lieber. Die Spielfreudigkeit des rechten Musikers lockte, und der ewig gestaltende, ewig schenkende Enthusiasmus strömte seine Gaben hin.
Ins Theater ist er damals selten gekommen und es ist richtig, daß er die meisten Opern, die er später dirigierte, dabei erst kennengelernt hat. So war es seiner Verachtung der Tradition, die in der Regel nur Fehler übernimmt und übergibt, Vorzüge nicht mehr erreicht und abbröckeln läßt, recht und angemessen.«
Wir besitzen aus jenen Jahren aber auch ein hervorragendes Dokument ethischer Eigenbestimmung aus der Feder des jungen Künstlers selbst. Es handelt sich um den Brief, den Mahler 1879 an seinen Freund Steiner schrieb. Darin heißt es: »Die höchste Glut der freudigsten Lebenskraft und die verzehrendste Todessehnsucht: beide thronen abwechselnd in meinem Herzen – eines weiß ich: so kann es nicht mehr fortgehen! Wenn mich der scheußliche Zwang unserer modernen Heuchelei

und Lügenhaftigkeit bis zur Selbstentehrung getrieben hat, wenn der unzerreißbare Zusammenhang mit unseren Kunst- und Lebensverhältnissen imstande war, mir Ekel vor allem, was mir heilig ist, Kunst, Liebe, Religion, ins Herz zu schleudern, wo ist dann ein anderer Ausweg als Selbstvernichtung? Gewaltsam zerreiße ich die Bande, die mich an den eklen schalen Sumpf des Daseins ketten, mit der Kraft der Verzweiflung klammere ich mich an den Schmerz, meinen einzigen Tröster . . . Da lacht die Sonne mich an – und weg ist das Eis von meinem Herzen, ich sehe den blauen Himmel wieder und die schwankende Blume, und mein Hohnlachen löst sich in das Weinen der Liebe auf. Und ich *muß* sie lieben, diese Welt mit ihrem Trug und Leichtsinn und mit dem ewigen Lachen. O, daß ein Gott den Schleier risse von meinen Augen, daß mein klarer Blick bis an das Mark der Erde dringen könnte! O, ich möchte sie schauen, diese Erde, in ihrer Nacktheit, ohne Schmuck, ohne Zierde, wie sie vor ihrem Schöpfer daliegt; ich wollte dann hintreten vor ihren Genius. ›Nun kenne ich dich, Lügner, hast mich nicht getäuscht mit deinem Heucheln, mich nicht geblendet mit deinem Schein! O, sieh her! . . . Aus dem Tal der Menschheit tönt's zu dir herauf, zu deiner kalten, einsamen Höhe! Begreifst du den unsäglichen Jammer, der sich da drunten durch Äonen zu Bergen gehäuft hat? Wie willst du dich einst vor dem Rächer verantworten, der du nicht einmal den Schmerz einer einzigen geängstigten Seele zu sühnen vermagst!!!‹«

Einen Tag später fügt Mahler diesen Zeilen ein Postskriptum an: »Nun hat meine wild erregte Stimmung von gestern einer weit milderen Platz gemacht; mir ist zumute wie einem, dem nach langem Zorne die Tränen der Erleichterung ins Auge treten [. . .] Wenn ich des Abends hinausgehe auf die Heide und einen Lindenbaum, der dort einsam steht, ersteige, und ich sehe von dem Wipfel meines Freundes in die Welt hinaus: vor meinen Augen zieht die Donau ihren altgewohnten Gang, und in ihren Wellen flackert die Glut der untergehenden Sonne; hinter mir im Dorfe klingen die Abendglocken zusammen, die ein freundlicher Lufthauch zu mir hinüberträgt, und die Zweige des Baumes schaukeln im Winde hin und her . . . Überall Ruhe! Heiligste Ruhe! . . . Ich suche Ruhe für mein einsam' Herz. Die liebe Erde überall – blüht auf im

Lenz und grünt aufs neu! – Allüberall und ewig blauen licht die Fernen! Ewig . . . ewig . . . O meine vielgeliebte Erde, wann, ach wann nimmst du den Verlassenen in deinen Schoß; sieh! Die Menschen haben ihn fortgewiesen von sich, und er flieht hinweg von ihrem kalten Busen, dem herzlosen, zu dir! O nimm den Einsamen auf, den Ruhelosen, allewige Mutter!!«

Mit diesem Brief steht bereits der ganze Mahler vor uns: Sein Gefühls- und Triebleben wird transparent. Halb Fauve, halb Intellektueller, der sich in einer Art von Pseudomelancholie austobt, die Sartre ein Produkt des Sinnhaften in der Sinnlosigkeit unseres Daseins nennt. Der »Wilde« ist kein Revolutionär nach unten, er hat keinen Bakunin-Komplex wie Richard Wagner, er will keinen Kommunismus, keine neue Sozialordnung oder Umstrukturierung künstlerischer Überordnungen. Was er erreichen will, ist eine zweckvolle Mannigfaltigkeit oberhalb der bestehenden Ordnung.

Adorno umschreibt das so: »Die Kunstwerke, die er schuf, träumen von der Abschaffung der Kunst durch jenen erfüllten Zustand, den seine Symphonien unermüdlich abwandelnd beschwören [. . .] Gebilde obersten Anspruchs aber gelingen, indem sie ihre Schwächen in Stärke umschaffen. Wie Mahler subjektiv aus seiner Neurose oder vielmehr der realen Angst des armen Juden seit dem letzten Gesellenlied die Kraft eines Ausdrucks zog, dessen Ernst alle ästhetische Nachahmung, alle Fiktion des stile rappresentativo überstieg, so hat er den Mangel an Unmittelbarkeit, auch an primärem Geschick und kompositorischer Virtuosität, als Fermente seinem Komponieren zugebracht. Aus der unpolierten Kargheit seiner Anfänge wurde jene Deutlichkeit, jene schmucklose Ökonomie des Komponierens, die schon vor einem Menschenalter Erwin Stein mit Recht Mahlers Sachlichkeit nannte.«

Das Unzulängliche wurde also in Mahler Ereignis. Es schuf Widerspruch, Ablehnung, Verurteilung, aber auch Zuneigung und enthusiastische Zustimmung. Gerade die günstige Verkettung dieser Extreme bewirkt aber den Reiz, den wir beim Anhören der gewaltigen Symphonien empfinden, schafft die Bedeutung, die dieser Weltanschauungsmusik beizumessen ist.

DAS WANDERN,
DAS WANDERN...

Die Wiener Pensionsleute flüsterten sich untereinander zu: »Wenn so ein kleiner, dünner Schwarzhaariger namens Gustav Mahler nach einer Unterkunft fragt, um Gottes willen ablehnen!« Zwölfmal zog Mahler während seiner Studienzeit in Wien um, und Paul Stefan meinte, daß es wohl auch zwanzigmal gewesen sein könne. Der Untermieter Mahler war gefürchtet: Nächtelang hindurch spielte er auf einem gemieteten Klavier, das seine Freunde wenige Tage nach dem »ruhigen« Einzug in die Wohnung schmuggelten; er briet sich morgens und abends Kartoffeln in einer infernalisch riechenden Knoblauchsoße; wenn er seine »Zuständ'« hatte, ging er stundenlang in seinem Zimmer auf und ab und brachte die Darunterwohnenden zur Verzweiflung; zahlen konnte er auch nicht . . ., und wenn's ganz hart kam, pumpte er die Quartiersleute an

Schwierig wurde das Zimmerproblem, als Mahler nach Beendigung der Studien am Konservatorium mit dem Unterrichten begann, denn er hatte sich nun einmal in den Kopf gesetzt, Komponist zu sein »und sonst gar nichts«. Die Witwe Löchl warf ihn hinaus, als er sich erdreistete, »an einem Tage hintereinander elf Buben und Mädel am Pianoforte durchzuhauen«. Mahler war ein penibler, ungnädiger Unterrichter: Wer nicht geübt hatte, wer keine Lust zum Klavierspiel zeigte, wurde entweder davongejagt oder geohrfeigt. Oftmals kamen die Eltern der Gepeinigten ins Haus: Man werde ihn anzeigen, er müsse vor die Sittenkommission, man werde in den Zeitungen über seinen Sadismus berichten . . .

Eines Tages war Mahler dieses »unwürdige, aufreibende« Leben leid. Er sprach bei einem Agenten vor, um in der Provinz eine Stellung als Kapellmeister zu bekommen. Man brauchte damals keine Vorbildung im Taktschlagen zu haben; es genügte, daß man »akkurat« mit dem Klavier umzugehen wußte, damit man auch Korrepetitionsaufgaben erfüllen konnte. »Ein Dirigent ist der, der jede Stimme auf dem Klavier imitieren kann und weiß, wann die betreffenden Instrumentengruppen im Ablauf einer Partitur dran sind.« Dieser »Lehrsatz« Carl Maria von Webers galt noch immer. Und der alte Hellmesberger fügte hinzu: »Jeder Mensch, der einigermaßen musikalisch ist, vermag einem Orchester jeder Größenordnung vorzustehen. Er ist gar nicht so wichtig. Wichtig hingegen sind die Konzertmeister, die ihre Gruppen wohl zu führen haben und dann einspringen können, wenn der Dirigent mit dem Umblättern der Partitur nicht nachgekommen ist.«

Dabei hatte sich Richard Wagner längst über die »Kunst des Dirigierens« ausgelassen, hatten Carl Eckert in Berlin und Joseph Joachim in Hannover »Schulen der Dirigierkunst« herausgegeben. Die Agenten hielten damals von dieser »Kunst« offenbar nicht viel. Als Mahler bei dem »Commissaire« Gustav Lewy vorsprach, wurde er gefragt, wie es mit seinem Klavierspiel stünde und ob er Ahnung von menschlichen Stimmen habe. Nachdem Mahler erklärt hatte, daß er in diesen Fächern »wirklich kundig« sei, kam sein Name in eine Kartei. Lewy ließ sich von Epstein und Fuchs eine Bestätigung der Aussagen des »Herrn Amtsuchenden Mahler« geben und benachrichtigte diesen alsbald, daß im oberösterreichischen Bad Hall die Stelle des Kurkapellmeisters ausgeschrieben worden sei. Mahler könne sofort beginnen.

Er begann. Am 12. Mai 1880. Mit einer Gage von dreißig Gulden und einem Spielhonorar von fünfzig Kreuzern hatte er auszukommen. Possen und Operetten waren einzustudieren. Schon nach einer Woche hatte er einen »untilgbaren Haß« auf die beliebten Offenbachiaden. Er schrieb an Löhr: »Ich habe die Possenkrankheit. Was ich hier alles zu tun habe! Schade, daß ich nicht auch noch in Chargenrollen auftreten muß. Es stünde mir hier an [. . .] und ich könnte eine Menge nie mehr Einzuholendes dazulernen.«

Im Herbst konnte der Herr Kurkapellmeister seinen Hut nehmen. Die Kur-Cassa war leer, für ein Orchester »nichts mehr zu beißen da«. Mahler kehrte nach Wien zurück, »arm am Beutel, krank am Herzen«. Er hatte in den wenigen Wochen nicht einen Kreuzer sparen können, und in Hall saß eine »kleine, süße, fesche Saaltochter«, die ihm den Kopf verdreht hatte. Natürlich war er froh, dem »grausigen« Kleinstadtleben entflohen zu sein. Aber wovon sollte er sich in Wien ernähren? Krzyzanowski verschaffte ihm einige Schüler, für Robert Fuchs durfte er gegen »angemessene« Bezahlung ein Orchesterwerk ins reine schreiben. Der Fabrikant Janowitz aus Prag schickte ihm einen »Gratifikationsscheck« für die erste, »erfolgreich abgeschlossene Beamtung in Hall«. Gustav Schwarz, der väterliche Freund, sandte »Schwarzgeräuchertes und Landbrot«, damit der »Kleine« nicht vor Hunger umkäme. Wieder war es eine Saaltochter, die sich für den glutäugigen Mahler erwärmte und ihm die »Männerschmerzen« nahm. Gab es einen Augenblick der Freizeit, widmete sich der emeritierte Herr Kurkapellmeister seiner Oper *»Rübezahl«* und dem *»Klagenden Lied«*, das er 1880 für den Beethoven-Preis der Stadt Wien einreichte.

Die Jury konnte sich für die Kantate nicht erwärmen. Man entdeckte in ihr zuviel Wagnerismen. Dem Jury-Vorsitzenden Johannes Brahms war die Komposition »zu eckig, zu nachempfunden, zu qualvoll süßlich«. Der zweite Vorsitzende war Kritikus Eduard Hanslick, der seinem Freund Brahms »in jeder Hinsicht« beipflichtete. Das *»Klagende Lied«* fiel durch. Mahler war enttäuscht. Im rechten Augenblick tauchte der Agent Lewy wieder auf. Diesmal bot er Mahler einen Dirigentenposten am »Landschaftlichen Theater« in Laibach an. Mahler griff zu. Später schrieb er: »Dieses Angebot wurde von mir begrüßt, wie der Ertrinkende den berühmten Strohhalm über sich sieht, nach dem er begierig greift, um seine Existenz zu retten.« Die Freunde rieten ihm ab. Hatte nicht Julius Epstein bereits anläßlich des Haller Engagements gesagt: »Nehmen Sie an, Mahler. Es ist gleichgültig, wo und wie immer zu beginnen. Sie werden bald andere Stellungen finden.«? Mahler erinnerte sich der Worte seines Lehrers auf der Fahrt nach Lai-

bach. Er begann sein »Theater-Höllenleben», das er zeit seines Lebens verfluchen sollte, ohne davon loszukommen. Mahler: »Mein Dasein nahm die Ausrichtung, die es nehmen mußte. Ich sah ein, daß es zwecklos geworden war, sich gegen den vorgeschriebenen Auftrag zu stemmen. Ich mußte meinen Weg gehen, ich ging ihn: über Dornen und spitzes Gestein, über den Abgrund der Hölle . . . hin zum Ziel, zur Erfüllung, zum Ausgelebthaben. Es lohnt sich, diesen Weg zu gehen, auch, wenn er steinig und unbequem ist. Ein Opfergang.«
Laibach wurde wieder nur eine Episode im Leben Gustav Mahlers. Das Orchester des »Landschaftlichen Theaters des Herzogtums Krain« bestand aus achtzehn Musikern. Der Chor umfaßte vierzehn Mitglieder. Der Direktor war gleichzeitig Oberspielleiter und Erster Charakterkomiker des »Einzigen und Ersten Institutes am Platze«. Getragen wurde das Unternehmen von der »Philharmonischen Gesellschaft«, deren Mitglieder den Ehrgeiz hatten, auch »kühnste« Novitäten serviert zu bekommen.
Man forderte Verdis Opern und wagte sich sogar an den ›*Lohengrin*‹ heran (mit 18 Musikern!). Das Hauptkontingent der zu dirigierenden Werke bestand natürlich aus Possen und Operetten, deren sich – wie es aus einer Rezension des »Laibacher Wochenblattes« hervorgeht – Mahler mit »sehr viel Wärme und Charme« annahm. Die erste Oper, die er in Laibach – und überhaupt – dirigierte, war Friedrich von Flotows allseits beliebte Oper ›*Martha oder Der Markt zu Richmond*‹. Doch die Verhältnisse, sie waren nicht so. Einmal mußte Mahler in Ermangelung eines Sängers die »Letzte Rose« vom Pult aus mitpfeifen. Ein andermal, zwecks Honorarersparnis, hatte sich der Herr Direktor ausgedacht, daß seine Gattin in der ›*Fledermaus*‹ gleichzeitig die Partie der Rosalinde und die der Adele singen könne, während er sowohl den Eisenstein als auch den Frosch darstellen würde.
Diese Spezial-›*Fledermaus*‹ war das Kurioseste, was Mahler je in einem Theater erlebte: Entweder gab es keine Rosalinde auf der Bühne, wenn die Dame dran war, oder es gab keine Adele, die sich koloraturenwütig beim Prinzen Orlofsky über ihre Tugenden und Untugenden hätte auslassen können. Vom zweiten Akt an beteiligte sich das gesamte Publikum an der Aufführung: Hier trug in seiner Loge ein Amtsrat

schlüpfrige Couplets vor, dort bildeten sich ein Chor und ein Laienballett. Was auf der Bühne geschah, ging niemanden mehr etwas an. Der Herr Direktor rieb sich die Hände. Ein rauschender Erfolg!
Er beglückwünschte Mahler zu der »erlesenen« Leitung des Ganzen und offerierte ihm drei Gulden zusätzlich. Jedesmal wenn Mahler in späteren Jahren Straußens Meisteroperette dirigierte, mußte er sich an die Laibacher »Gala-Vorstellung« erinnern. Gegenüber Bruno Walter äußerte er sich: »Ein großartiges Werk, aber es ist mir total verleidet worden. Womit man sich einmal den Magen gehörig verdorben hat, damit kann man sich nicht mehr befreunden.«
Nach der Sommerpause wurde Mahler nicht wieder an die Krainer Oper berufen. Der Herr Direktor hatte einen »Stabfürsten« gefunden, der für die Hälfte des Honorars arbeitete, das sein Vorgänger monatlich ausgezahlt bekommen hatte.
So kehrte Mahler abermals »in die Arme der Freunde« nach Wien zurück. Der *»Rübezahl«* wurde wieder in Angriff genommen. Aber bereits im Oktober hatte Agent Lewy ein neues Engagement parat, diesmal am königlich-städtischen Theater im mährischen Olmütz.
Das Haus hatte eintausend Plätze, und die »Olmützer Philharmoniker« sollten »für größte Aufgaben« prädestiniert sein. Mahler war guten Mutes. Dieser sank wie ein Thermometer bei plötzlichem Kälteeinbruch. Am 12. Februar 1883 schrieb Mahler an Fritz Löhr:
»Von dem Moment, da ich die Schwelle des Olmützer Theaters übertrat, war mir zu Mute wie einem, den des Himmels Strafgericht erwartet. Wenn man das edelste Roß mit Ochsen vor einen Karren spannt, so kann es nicht anders, als im Schweiße mitziehen. Ich wage fast nicht, vor Dich zu treten – so beschmutzt fühle ich mich [. . .]
Bis jetzt habe ich – Gott sei Dank! – beinahe ausschließlich Meyerbeer und Verdi dirigiert. Wagner und Mozart habe ich standhaft aus dem Repertoire hinausintrigiert – denn das könnte ich nicht ertragen, hier etwa den *›Lohengrin‹* oder *›Don Juan‹* herunterzutaktieren. Morgen ist *›Joseph aus Ägypten‹*. Ein ungemein liebenswürdiges Werk, in dem etwas von Mozarts Anmut steckt. Ich habe es auch mit wahrer Freude einstudiert. Und ich muß sagen, trotz der unsäglichen Gefühlslosigkeit meiner Leute, tun sie mir doch manches zulieb und haben diesmal et-

was mehr Ernst eingesetzt; freilich nur eine Art Mitleid mit diesem ›Idealisten‹ –; dies ist nämlich eine sehr verächtliche Bezeichnung; denn das können sie nicht fassen, daß ein Künstler ganz aufgehen kann in dem Kunstwerk.

Oft, wenn ich so mitten im Feuer bin und sie mitreißen möchte zu einem höheren Schwung – und sehe die staunenden Gesichter dieser Menschen, wie sie sich gegenseitig verständnisvoll anlächeln –, da sinkt wohl mein schäumendes Blut auf eine Weile zusammen, und ich möchte für immer davonrennen.

Nur das Gefühl, daß ich für meine Meister leide und doch vielleicht einmal einen Funken ihres Feuers in die Seele dieser armen Menschen werfen kann, stählt meinen Mut – und da gelobe ich mir in manchen besseren Stunden, mit Liebe auszuhalten – selbst gegen ihren Spott.«

In Olmütz lernte Mahler zwei Opernmanager großen Stils kennen: Angelo Neumann, den Herold Wagners, der mit einem riesigen Ensemble durch die Lande zog, um den *›Ring des Nibelungen‹* populär zu machen (er war der erste, der sich die Eisenbahn zunutze machte und die gewaltigen Kulissenteile, Kostümkisten und die Instrumente auf dem Schienenwege von einem Ort zum anderen transportieren ließ), und Bernhard Pollini (Baruch Pohl), der das Hamburger Stadttheater »gepachtet« hatte und nebenbei als Agent von dreiundzwanzig Stars internationaler Opernbühnen ein Vermögen verdiente.

Sowohl Neumann als auch Pollini versprachen Mahler, seinen weiteren Werdegang zu verfolgen und sich »nach Erarbeitung eines guten Repertoires« für ihn zu verwenden, was sie dann auch taten. Pollini berichtete damals dem mit ihm befreundeten Dirigenten Raffael Maszkowski: »Ich habe da in dem undiscutablen Haus von Olmütz einen jungen Mann erwischt, welchen Du bei nächster Gelegenheit zwecks Unterbringung an Eurem Hause anhören solltest. Er heißt Gustav Mahler und besticht durch einen enormen Eifer und das Wollen um absolute Präcision, die dorten wohl niemand mit ihm teilt. Er ist der Typ des Großartigen und Weltmannes und könnte jeder Bühne zur Ehre gereichen. Wenn er sich so weiter bildet, ist es nicht ausgeschlossen, daß ich ihn für Hamburg gewinne. Vielleicht aber könntest Du ihn zuvor benutzen.«

Maszkowski »benutzte« ihn nicht, empfahl ihn aber dem Kasseler Hoftheater, an dem es eine Vakanz in der Chordirektion gab. Das Engagement in der hessischen Residenzstadt begann am 1. Oktober 1883. Der Vertrag war für drei Jahre abgeschlossen worden. Da das Olmützer Haus bereits im Frühling 1883 den Betrieb einstellen mußte, bat Mahler den Agenten Lewy, ihm für die Zwischenzeit eine »sich lohnende Überbrückungstätigkeit« zu besorgen. Diese fand Mahler am Wiener Carltheater, in dem eine italienische Truppe für drei Monate gastierte. Im Anschluß daran besuchte er seine Eltern und Geschwister in Iglau, »deren materielles Niveau aufs Schlimmste stand«.

Und dann folgte jenes Erlebnis, »das in ihm die Wagnersucht zum Wagnerexceß steigerte« (Löhr): Mahler »pilgerte« nach Bayreuth. Am 13. Februar war der »oberste aller Musikgötter« in Venedig gestorben. Mahler: »Die Meldung von seinem plötzlichen Ableben war so schrecklich, so blitzartig, so nachhaltig, daß meine Freunde und ich wochenlang glaubten, von nun an sei die Welt der Musik für alle Zeiten verfinstert.«

Mahler erlebte den ›*Parsifal*‹. Er war zutiefst erschüttert. An Löhr schrieb er: »Als ich, keines Wortes fähig, aus dem Festspielhaus hinaustrat, da wußte ich, daß mir das Größte, Schmerzlichste aufgegangen war, und daß ich es unentweiht mit mir durch mein Leben tragen werde.«

In einem Gasthaus der Franken-Metropole stieß er auf Angelo Neumann, der freundlich seinen Gruß erwiderte und ihn bat, sich für ein Bier an seinen Tisch zu setzen. Neumann sprach von seinen Plänen, sich über das Verbot Wagners hinwegzusetzen und den ›*Parsifal*‹ auch außerhalb Bayreuths aufzuführen. Gegen eine »horrende« Summe werde Witwe Cosima ganz gewiß bereit sein, die Rechte abzutreten. Mahler war innerlich entrüstet, daß man »nach der soeben erlebten gewaltigen Trauerfeier« gleich wieder von Geschäften sprechen konnte. Mahler: »[. . .] aber diejenigen, die am Werk nur verdienen wollen, sind kaltblütig und setzen sich über jede Regung des Herzens hinweg, obwohl Neumann als ein ausgesprochener Kunstkenner und Kunstgenießer gilt, dem Wagners Ideen heilig sind.«

Den lauten Rummel des Festspielbetriebes floh Mahler. Erstens hatte er nur wenig Geld, und die Pension war teuer; zweitens wollte er einem »anderen Gesinnungsfreund dieser Region« Reverenz erweisen: Jean Paul, der neben seinem Sohn auf dem Bayreuther Stadtfriedhof an der Erlanger Straße ruht. Mahler erfaßte den »Strom der Liebe aus diesem edelsten Herzen«, die »feste, tiefe, philosophisch verankerte Frömmigkeit« des Dichters, den »hohen Humor« und den »Reichtum seiner Phantasie«.

Er besuchte die Rollwenzelei, in der Jean Paul zuletzt lebte, wanderte nach Wunsiedel und Bad Berneck und atmete »in vollen Zügen die Luft des Fichtelgebirges« ein, die ihm »Kraft und Gesundheit für das neue Amt zu Kassel« geben sollte.

Mahler ahnte nicht, daß er in Kassel einer früheren Geliebten gegenübertreten mußte: Johanna Richter, zuvor »Anfängerin am Laibacher Theater«. Mahler an Löhr: »Kaum, daß ich das Pflaster Kassels berührte, hat mich der alte schreckliche Bann ergriffen, und ich weiß nicht, wie ich das Gleichgewicht in mir wieder herstellen soll. Ich bin *ihr* wieder entgegengetreten, sie ist so rätselhaft wie immer. Ich kann nur sagen: Gott helfe mir!«

Er zeigte dem Freund seine »Wegtafeln« auf:

»Ich habe einen Zyklus Lieder geschrieben, vorderhand sechs, die alle ihr gewidmet sind. Sie kennt sie nicht. Was können sie ihr anders sagen, als was sie weiß [. . .]? Die Lieder sind so zusammengedacht, als ob ein fahrender Gesell, der ein Schicksal gehabt, nun in die Welt hinauszieht, und so vor sich hinwandert [. . .] Das Schmerzlichste hat noch kommen müssen [. . .] Du mögst nur wissen, daß ich der schönsten Erfüllung nahe war und dann mit einem Male alles verloren habe – ohne Schuld eines Menschen. Eine lange Zeit habe ich nicht ein und aus gewußt – ein einziger dumpfer Wunsch war in mir: schlafen – ohne Traum!

Meine Sphinx hört nicht auf, mir rätseldrohend in die Augen zu starren – und sonst wird mit mir als einem Halbwahnsinnigen verfahren – teilweise wohlwollend mitleidig, teilweise hämisch neugierig [. . .]

Meine Verhältnisse und Lebensfäden werden hier immer verwirrter – es hilft nur mehr das Schwert Alexanders. Wenn ich Dir vorlängst schrieb, daß mein Verhältnis zu *ihr* in ein neues und letztes Stadium getreten, so war dies nur der Coup eines schlauen Theaterdirektors, der ankündigt: Letzte Vorstellung, um am nächsten Tag noch eine allerletzte anzubieten. Aus dem letzten ist ein allerletztes geworden, und da mich vom Abschied für immer nur noch drei Wochen trennen, so ist es nicht wahrscheinlich, daß noch ›auf allseitiges Verlangen‹ ein aller-, allerletztes daraus wird.

Doch stehe ich für nichts [. . .]

Von *ihr* werde ich wahrscheinlich ohne ein Wort des Abschieds gehen! Seit einem Monat habe ich sie nicht mehr gesehen, außer in der Probe [. . .] Manchmal, wenn ich aus dem Schlaf aufkomme, kann ich es gar nicht glauben.«

Die Tätigkeit in Kassel konnte Mahler nicht befriedigen. Der Intendant, Kammerherr Emil Freiherr von und zu Gilsa, war ein unangenehmer Pedant, ein preußischer Beamter, der nur darauf sah, daß er das von der königlichen Generalintendanz in Berlin geforderte Kultur-Soll erfüllte. Seit der Einverleibung Hessen-Kassels in Preußen (1866) unterstanden Oper und Schauspiel dem preußischen Innenministerium. Gilsa war ohne notwendige Vorbildung und empfing Mahler mit den Worten: »Jüdische Hast ist hier fehl am Platze, was wir brauchen ist Ordnung, Ordnung und nochmals Ordnung!« Seine Ordnungsliebe verbannte alle Novitäten aus dem Kasseler Opernbereich. Die Lieblingsstücke der »Allerhöchsten Majestäten zu Berlin« wurden häufig angesetzt. Dazu gehörten ›*Robert der Teufel*‹ und ›*Die Hugenotten*‹ von Meyerbeer, Ignaz Brülls ›*Das goldene Kreuz*‹ und ›*Lucia di Lammermoor*‹ von Donizetti. Kaiserin Augusta hatte Gilsa wegen seiner »musikalischen Königstreue« mehrere hohe Orden zukommen lassen und war bestrebt, ihrem Untertan den Titel »Generalintendant der hessischen Hoftheater« verleihen zu lassen. Im Hinblick auf die »Hessen-Darmstädtische Nachbarschaft« konnte dieser Plan jedoch nicht durchgesetzt werden. Mahler kam in einem denkbar ungünstigen Augenblick nach Kassel: Der Obersthofmarschall der Kaiserin Augusta hatte dem subordinierten Intendanten gerade die »höchst unangenehme Botschaft« überbracht, daß die »allerhöchste Verwendung« keinen Nutzen gebracht habe.

Mahler fand einen gallenkranken, überaus nervösen und aggressiven

Chef vor, der ihm ohne Umschweife das künftig zu dirigierende Repertoire zuteilte: *›Der Freischütz‹*, *›Carmen‹*, *›Lucia di Lammermoor‹*, *›Undine‹*, *›Der Wildschütz‹*, *›Hans Heiling‹*, *›Der Rattenfänger von Hameln‹*, *›Robert der Teufel‹*, *›Der Nordstern‹* und schließlich *›Der Trompeter von Säckingen‹*, der 1884 herauskam und das Publikum geradezu unheimlich begeisterte. Es gab Wochen, da mußte Mahler Neßlers Jung-Werner-Stück fünfmal dirigieren. Er fand die naiv-kitschige Opernplatitüde »banal, aber eben so volkstümlich, daß man sie nicht auslassen darf«. Aber auch diese Vielzahl von Aufführungen der Trompeter-Oper genügte den Musikenthusiasten in Kassel nicht: Im Schauspiel gab es »lebende Bilder« nach Scheffels Bestseller, zu der Mahler die Musik komponieren mußte. Er schrieb sie in drei Tagen nieder und hatte einen großen Erfolg damit, so daß auch andere Theater – in Mannheim, Karlsruhe und Wiesbaden – das Notenmaterial von ihm erbaten. Mahlers Trompeter-Lied soll eine »starke Konkurrenz« für Neßlers »Behüt' dich Gott« gewesen sein. Als ihm Freunde rieten, »der Gassenhauerromantik« schnellstens ein Ende zu bereiten, vernichtete Mahler die Noten. Und als Paul Stefan ihn später nach dieser Schauspielmusik befragte, antwortete Mahler: »Über Jugendsünden spricht man am besten nicht!«

Interessant ist allein die Tatsache, daß neben dieser Jung-Werner-Musik die ersten *»Lieder eines fahrenden Gesellen«* entstanden und die ersten Skizzen zur ersten Symphonie.

Den ersten Krach mit Intendant Gilsa gab es, als Mahler sich weigerte, eine Parodie auf Wagners *›Tannhäuser‹* zu dirigieren. Mahler wies diese Aufgabe mit den Worten ab: »Es bleibt dem Ersten Herrn Kapellmeister und Hofkapellmeister Treiber vorbehalten, alle Werke der Klassik und der Neuen Schule aufzuführen. Es wäre eine Art Stilbruch, wenn ich es nun wäre, der sich vordrängen würde, um die Parodie zu leiten. Auch dieses Werk einer ›Neuen Schule‹ sollte von dem dirigiert werden, der hier den Ton in Sachen Wagner angibt.« Das war einerseits kühn, andererseits diplomatisch.

Hofkapellmeister Treiber, dem Mahler von Beginn seiner Kasseler Tätigkeit an ein Dorn im Auge gewesen war, intrigierte nunmehr »mit breitester Front« gegen den Kollegen. Er setzte nicht nur durch, daß

Mahler *›Der Freischütz‹* und *›Carmen‹* weggenommen wurden, sondern er spielte auch der Presse schmutzige Berichte zu, in denen vom »Lotterleben« des »Königlichen Chordirektors« die Rede war, »der nichts weiter als ein billiger, dreister und amoralischer Jude aus dem böhmischen Hinterland« sei und von seinem Handwerk soviel verstehe »wie der Hahn vom Eierlegen«.

Zuerst war Mahler tief gekränkt. Er schrieb an Löhr und Guido Adler, wie er sich denn verhalten solle »bei soviel Schmutz und Geifer«. Löhr riet ihm, die Stellung aufzukündigen und mit Hilfe des Agenten Lewy einen neuen Posten zu finden.

Da gastierte Hans von Bülow in Kassel. Mahler hörte sich das Konzert »dieses Sternengenies« an und schrieb an Bülow einen Bittbrief, in dem es hieß: »Lassen Sie mich Ihren Schüler werden, und wenn ich das Lehrgeld mit Blut bezahlen sollte!«

Wie enttäuscht muß Mahler gewesen sein, als er erfuhr, daß Hans von Bülow diesen Brief an den Intendanten von und zu Gilsa weitergeleitet hatte, der eines Tages zu Mahler sagte: »Daß Sie ein Jude sind, weiß ich. Daß Sie aber ein jüdischer Heimtückler sind, habe ich erst jetzt erfahren!«

Mahler war verzweifelt. Er entsann sich der beiden Gespräche mit Angelo Neumann in Olmütz und Bayreuth. So setzte er sich hin und schrieb dem gerade zum Direktor des Deutschen Theaters zu Prag ernannten Opernmanager einen offiziellen Bewerbungsbrief, in dem es hieß: »Können Sie über kurz oder lang einen jungen, energischen Dirigenten brauchen, der – ich muß nun wohl mein eigener Lobredner sein – über Kenntnis und Routine verfügt und auch nicht ohne Fähigkeit ist, einem Kunstwerke und den mitwirkenden Künstlern Feuer und Begeisterung einzuhauchen?«

Gleichzeitig bewarb sich Mahler um die Position des zweiten Kapellmeisters der Meininger Hofkapelle, der Hans von Bülow vorstand. Bülow lehnte ab, während Angelo Neumann zugriff. Neumann an Pollini: »Es hat sich wieder dieser Gustav Mahler gemeldet. Ich habe mir berichten lassen, wie gut er geworden ist. Nun will ich ihm in Prag eine große Chance geben, kann dieses aber erst, sobald meine Ernennung voll ausgesprochen ist.«

Die Wartezeit war qualvoll für den Unzufriedenen, der in Löhr den einzigen Menschen sah, der im Augenblick treu zu ihm stand. Er schrieb ihm: »Auf der ganzen Welt bist Du der einzige, den ich lieb habe, und der mich doch noch nicht verwundet!« Und: »So blickst Du also mit Deiner unerschütterlichen Liebe durch die wüste Hülle der Gegenwart so tief in mein Herz und glaubst an mich, der ich es selbst schon verlernt!«

Und dann kam Neumanns Ruf: »Es ist vollbracht, ich kann Ihnen die Ernennung aussprechen. Kommen Sie, wenn es losgeht. Es sind gewaltige Aufgaben, die auf Sie warten.«

Mahler sah neue Ufer. Er schrieb an Löhr: »Im Laufe des Jahres studiere ich daselbst die Nibelungen ein – Tristan – Meistersinger ... Wie Du siehst, mache ich schnell ›Carrière‹! Das Theater wird unter Neumann sehr bedeutend werden – und mir ein außerordentlich bedeutender Wirkungskreis geboten werden.«

Im April 1885 bat Mahler um eine Unterredung mit Gilsa, der ihn zunächst nicht empfangen wollte, verschnupft über die Zusage Mahlers, die Leitung eines großen Musikfestes zu übernehmen, an dem mehrere Chöre aus der Umgebung Kassels teilnehmen sollten, unter ihnen auch der Mündener Gesangverein, den Mahler seit eineinhalb Jahren nebenbei betreute. Hofkapellmeister Treiber fühlte sich übergangen und wurde bei seinem Intendanten vorstellig, der eine »Hausdepesche« an Mahler absandte, in der es hieß, »der junge Herr Kollege« möge doch »zugunsten des arrivierten, vorgesetzten Kollegen« auf die Leitung des Musikfestes verzichten.

Mahler antwortete, er denke gar nicht daran und empfinde die »Hausdepesche« als einen »nicht wieder gutzumachenden Affront«. Die daraufhin anberaumte Unterredung bei Gilsa dauerte keine fünf Minuten. Der Herr Intendant stand vor einem Kolossalgemälde Wilhelms I. Er hielt es nicht für nötig, seinem zweiten Kapellmeister und Chordirektor die Hand zu geben. »Sie wünschen?« Mahler straffte sich. »Meine alsbaldige Entlassung, spätestens mit Ende der Saison«, erwiderte er. Von und zu Gilsa ließ sein Monokel fallen, rang nach Luft und schrie: »So etwas Unverschämtes ist mir noch nie vorgekommen!« Darauf Mahler: »Ich darf wohl Ihren Worten entnehmen, daß Sie meine Entlassung billigen, Exzellenz . . .« Gilsa nickte. Mahler verließ wortlos das Intendanzzimmer.

Zu Hause fand er ein Schreiben des Intendanten der Leipziger Oper, Max Staegemann, vor, der ihn ab August 1886 als zweiten Kapellmeister zu engagieren gedachte. Dem Schreiben war ein Postskriptum hinzugefügt: Der Erste Kapellmeister des Hauses, Maestro Arthur Nikisch, gedenke alsbaldigst seine Wirkungsstätte zu verlassen, woraus sich für Mahler die Chance ergeben würde, in Hinkunft Chef der Leipziger Kapelle zu werden.

Mahler korrespondierte mit Agent Lewy und mit Angelo Neumann und bat um Stellungnahmen. Lewy setzte sich mit dem Prager Opernchef zusammen. Sie machten Mahler folgenden Vorschlag: Ab August 1885 für ein Jahr Prag, dann Leipzig, »um Ihnen nicht den Aufstieg zu einer ersten und sehr bedeutsamen Stellung zu verbauen«. Das war von Neumann ein enormes Entgegenkommen. Mahler bedankte sich überschwenglich und nannte Neumann einen »wahren Erzengel unter den Intendanten Europas«.

Das Musikfest, von dem bereits die Rede war, wurde für Mahler ein großer Erfolg. Er hatte mit den Chören Felix Mendelssohn-Bartholdys Oratorium ›*Paulus*‹ einstudiert. Unter den Solisten waren Kammersängerin Rosa Papier-Paumgartner aus Wien und der Bassist Paul Bulß aus Dresden, den Mahler kennengelernt hatte, als er im Februar des Jahres in der Residenzstadt des sächsischen Königs eine Aufführung von Wagners ›*Tristan*‹ unter der Leitung Ernst von Schuchs besuchte. Lorbeerkränze und eine Ehrengabe wurden dem erfolgreichen Dirigenten überreicht, der an seinen Freund Löhr schrieb: »Ich bin ordentlich populär geworden, eine Art Löwe des Tages.« Auch Julius Epstein und Robert Fuchs erhielten Erfolgsmeldungen. Fuchs antwortete: »Schießen Sie nicht zu schnell ins Kraut, junger Freund!« Epstein jedoch sorgte dafür, daß auch die Wiener Presse über das Ereignis berichtete.

Mit dem Prager Engagement waren die eigentlichen Wanderjahre Gustav Mahlers vorbei. Endlich konnte er die Werke Mozarts und Wagners dirigieren und »als Streiter für das Heiligtum in die Schranken treten«. Sein Weg ging steil aufwärts. Nicht ohne Selbstgefälligkeit schrieb er seinen Freunden: »Sollen sich die Herren Direktoren nur um mich streiten!«

Julius Epsteins Kommentar: »Von nun an waren die Opernchefs gezwungen, sich den Namen Gustav Mahler einzuprägen. Ein Stern ging auf, ein ganz großer und gewaltiger. Gott segnete ihn [. . .] und in den Herzen seiner Freunde und Lehrer hinterließ er eitel Wonne.«

VON PRAG ÜBER LEIPZIG NACH BUDAPEST

»Nun können wir endlich, endlich beginnen!« Mit diesen Worten schloß Angelo Neumann seinen zweiten Kapellmeister in die Arme, als dieser am 2. August 1885 in der »goldenen« Stadt eintraf. Zum Empfang Mahlers hatte sich im Deutschen Theater ein Komitee gebildet, dem der erste Kapellmeister des Hauses, Professor Anton Seidl, und Kapellmeister Slanský vorstanden. Seidl richtete eine kurze Ansprache an Mahler, in der es hieß, das jüngste Mitglied des Instituts möge sich von vornherein »wie in den Schoß einer Familie« aufgenommen fühlen.

Nach dem Empfang ließ Neumann seinem zweiten Kapellmeister einen Cassa-Scheck überreichen, dem ein Handschreiben beigefügt war. Darauf war zu lesen: »Bitte vertauschen Sie umgehend die grausam provinzlerische Garderobe aus Kassel mit modischen Ingredienzien unserer ff. Ladenlocale!«

Mahler wanderte durch Prag und staffierte sich neu aus. Er besah sich die böhmische Königsmetropole, in der er bereits als Knabe einige Monate zugebracht hatte. An Fritz Löhr schrieb er, daß er jetzt Dinge sähe, die ihm früher, in der ersten Jugend, völlig entgangen seien: »Warum habe ich zum Beispiel vorher nicht gewußt, daß es dieses Juwel, dieses Ferdinandeische Lustschloß im Garten der Kaiserburg gibt? Wieso fallen mir jetzt erst die Sgrafittobemalungen im Schwarzenbergschen Majoratshause auf? Ich habe neue Augen bekommen, die Welt neu zu sehen. Oder . . . hat sich der Horizont verändert, die Perspektive?«

Das musikalische Leben Prags stand in jenen Jahren gänzlich im Zeichen der Jung-Tschechen, zu denen man Friedrich Smetana, Anton Dvořák, Zdenko Fibich, Karl Brendl, Josef Suk und Eduard Naprawnik zählte. Deren Werke wurden allenthalben aufgeführt und von der tschechisch sprechenden Bevölkerung bejubelt. Die habsburgtreue, österreichische und deutsch sprechende High-Society lehnte die genialischen Werke Smetanas und Dvořáks ab. Als Mahler während seiner Wiener Direktionszeit mit dem Obersthofmarschall Fürsten Montenuovo einen Spielplan besprach, kreidete der Chef der Hoftheater dem Kapellmeister an, daß er allzu viele Werke »aus dem böhmischen Hinterland« aufzuführen gedenke. Montenuovo: »Diese Musik ist für uns Aristokraten unerträglich. Sie ist billig, ordinär und durch allgemeine Banalität fast stinkend!«

1881 hatte man in Prag im Zuge der panslawistischen Bewegung das tschechische Nationaltheater errichtet, das im gleichen Jahre niederbrannte, 1883 dann aber als »Hofburg des Nationalbewußtseins« (Dvořák) seine Aufbauarbeit begann.

Ein Jahr bevor Mahler nach Prag kam, war Smetana zu Grabe getragen worden. Dieser großartige Meister, der für die tschechische Musik von epochaler Bedeutung wurde, hatte sein Leben in einer Irrenanstalt geendet. Mahler hörte zum ersten Male *›Dalibor‹* und *›Die verkaufte Braut‹* und im Konzertsaal die symphonischen Dichtungen *›Tábor‹*, *›Blanik‹* und *›Vyšehrad‹*. Er war so erfüllt von dieser Musik, daß er an Bernhard Pollini schrieb: »Erlauben Sie mir, daß ich sie auf wahre Schätze unserer Musik aufmerksam mache. [. . .] Mit den Arbeiten Smetanas eröffnen sich ganz neue Sektoren in der Opernmusik. Sie müssen sich diese Werke anhören und sie aufführen. Bitte, tun Sie das! Ich beschwöre Sie, denn ich weiß, daß Sie offene Ohren haben. Was ist dieses ein reiches Land an Musik [. . .] und ich darf mit größter Freude hinzufügen: auch ich entstamme diesen musikalisch so reichen Gegenden.«

Pollini war nicht der einzige, der solche Briefe von Mahler erhielt.

Schuch in Dresden wurde mit Smetana- und Dvořák-Hymnen aus der Feder Mahlers geradezu bombardiert. Aber die Bemühungen hatten Erfolg: ›*Libussa*‹, ›*Dalibor*‹, und ›*Die verkaufte Braut*‹ erschienen alsbald im Spielplan der sächsischen Hofoper. Mahler an Fritz Löhr: »Was so ein kleiner, unscheinbarer zweiter Provinzkapellmeister nicht alles zu erreichen vermag, hat er nur genügend Ausdauer und die notwendige Courage, für eine gute Sache einzustehen!«

Ernst von Schuch an seinen Biographen Sakolowski: »Vergessen Sie mir nicht, die vielen Bemühungen Mahlers zu erwähnen, seine Landsleute aufgeführt zu sehen. Seine Briefe waren stets so intelligent, so kenntnisreich und menschlich verfaßt, daß ich sie mir alle zu Herzen nahm und – wie Sie wissen – nicht ganz selten den Anregungen gefolgt bin, obwohl mich nichts im Prinzip dazu hätte veranlassen können. Es war die Aufrichtigkeit in diesen Briefen [. . .] Ich besaß einen guten Instinkt [. . .] und ging auf Mahlern ein. Und ich tat richtig damit, denn Smetana hat seinen Rang innerhalb der Welt der großen, ewigbleibenden Opernwerke.«

Neumann war von der Begeisterung seines zweiten Kapellmeisters über die tschechischen Opernnovitäten nicht gerade angetan. Es gab ab und an Reibereien über dieses Thema. Neumann: »Jeder hitzige Disput aber endete damit, daß irgendjemand hereinkam, um uns zu ermahnen, daß dieses oder jenes in unserem turbulenten Hause müsse dringlich getan werden. Sofort war alles vergessen, und wir gingen mit Lust an unsere Aufgaben.« Das neue Deutsche Theater an der Ostseite des Stadtparks sollte eine wirkungsvolle Konkurrenz zum florierenden tschechischen Nationaltheater darstellen. Alle bisherigen Pächter waren jedoch an der Aufgabe gescheitert, einen internationalen Spielplan zu erwirken, der einerseits der High-Society, die das Theater trug, behagte, andererseits jenes Niveau aufwies, an dem man in Wien, Berlin, München oder Dresden die Güte eines Opernhauses maß.

Als Angelo Neumann das Deutsche Theater übernahm, glaubte niemand so recht daran, daß es ihm gelingen würde, in Prag Opern von Weltgeltung zu bieten. Es gelang ihm in wenigen Monaten. Bereits im Januar 1886 schrieb Eduard Hanslick in Wien: »Es ist ganz erstaunlich, was Angelo Neumann in Prag in so wenigen Monaten auf die Beine gestellt hat. Es gelang ihm, mit einem hervorragend zusammengestellten Ensemble, mit frischen, jungen, zum Teil überaus talentierten Kräften, das Repertoire des Hauses grundlegend zu revidieren. Man kann jetzt wieder nach Prag fahren, um einen Mozart, einen Cherubini, einen Wagner (obwohl dieses am wenigsten wichtig wäre!) oder Gluck so zu hören, wie man es von einem Ersten Institut verlangt. Angelo Neumann hat das großartig geschafft [. . .]! Nicht zuletzt durch den unermüdlichen Einsatz zweier bedeutsamer Dirigenten: Anton Seidl, welcher nun Europa für immer verlassen will, um sich im fernen Amerika anzusiedeln, und Gustav Mahler, ein Mann in der Jugendblüte, voll Eifers und tiefer Gläubigkeit an der Sache, der er dient.«

Eine der ersten Opern, die Mahler in Prag dirigierte, war Mozarts ›*Don Giovanni*‹, einst für das Theater dieser Stadt komponiert, von den Pragern bis dahin aber nie so recht gewürdigt. Neumann hatte zunächst den alten Slanský mit dem Dirigat betrauen wollen, doch der hatte entrüstet abgelehnt. »Was soll ich mich mit diesem verstaubten Schinken abquälen, den doch keiner hören will!« hatte er gemeint. Slanský bekam Neßlers ›*Trompeter*‹ und hatte seine »reine Freud'« daran, während der »junge Herr Pultgewinnler Mahler« den Mozart einstudieren mußte. Mahler tat dies mit solchem Eifer und mit solcher Akkuratesse, daß die Orchestermusiker stöhnten und sich bei Neumann beschwerten. »Wenn der uns so weiter schikaniert«, sagte ihr Sprecher, »verlangen wir eine Zulage!« Darauf der Direktor: »Sie werden noch viel mehr schikaniert, meine Herren, wenn Herr Mahler mit Ihnen erst mit dem ›*Rheingold*‹ und dann mit der ›*Walküre*‹ beginnt. Es wird Zeit, daß Sie einmal lernen, wie eine Partitur richtig gespielt wird.« Der Orchestervorstand: »Und der Herr Mahler weiß das?« Neumann: »Wenn der's nicht weiß, weiß es niemand!«

Die Musiker maulten eine Weile, sahen dann aber ein, daß sie nur davon profitieren konnten, wenn sie zu Mahler hielten, denn er wurde offenbar nicht nur vom allmächtigen Angelo Neumann, sondern von der gesamten High-Society Prags protegiert. Solch einen Auflauf vor dem Dirigentenzimmer, soviel Besuche, Glückwunschadressen und Huldigungsschreiben wie nach der Premiere von ›*Don Giovanni*‹ hatte es in der Geschichte des Deutschen Theaters noch nicht gegeben.

Die Presse war einhellig der Meinung, daß Mahler mit seinem Dirigat und Neumann mit seiner Inszenierung (»dazu das Heer großmächtiger, höchst intelligenter, wunderbar anzuschauender, wenn auch größtenteils aus Wien und Dresden geliehener Gesangskräfte«) dem Nationaltheater gezeigt hätten, »wie man's machen muß«. Einen weiteren Erfolg hatte Mahler mit Cherubinis Oper ›*Les Deux Journées*‹, in der die Sängerin Hermine Spieß als Gast auftrat. Sie hat über die Aufführung berichtet: »[. . .] das Feuer aber kam auf uns alle von Mahler, der am Pult wie ein Vulkan arbeitete. Er achtete in erster Linie auf eine sehr deutliche Zeichengebung, ist aber so inspiriert und von der Sache angetan, daß er auch unsere Dynamik, ja, den Elan des Ganzen entfacht und somit ohne Umschweife zum Herz der Dinge wird. Seine Verausgabung ist ungemein [. . .] dämonisch verschleiert der kluge Blick, der niemand Bestimmten auf der Bühne sucht, sondern das Ideal der Musik, die er gerade interpretiert. Noch niemals in meinem Leben habe ich einen Dirigenten so erlebt: bebende, in jedem Winkel seines Körpers lebende Musik!« Hermine Spieß sang auch in der von Mahler neu einstudierten, von Anton Seidl noch vor seinem Weggang aus Prag »mit größter Logik und Unvoreingenommenheit« retuschierten Fassung von Beethovens ›*Fidelio*‹. Die Sängerin: »Mahler hat eine teuflische Leidenschaft für die Ausfeilung jeden Details. Unter ihm zu singen bedeutet: die Qual der Höchstleistung zu durchstehen.«
Und dann kamen ›*Das Rheingold*‹ und ›*Die Walküre*‹. Die Presse überschlug sich. Man überlegte, wie man den jungen Dirigenten in Prag halten könne. Dauernd wurden irgendwelche Persönlichkeiten aus Politik und Kunst bei ihm vorstellig, die ihn inständig baten, seinen Leipziger Kontrakt rückgängig zu machen. Titel wurden ihm in Aussicht gestellt, eine erhebliche Aufbesserung seines monatlichen Gehalts . . .
Nach der ›*Rheingold*‹-Premiere war es dann Angelo Neumann selber, der sich für ein Verbleiben Mahlers in Prag aussprach. Er war bereit, sofort nach Leipzig zu reisen, um die Dinge mit Intendant Staegemann und Kapellmeister Nikisch zu klären. Zu dem Zeitpunkt wußte aber Mahler bereits, daß Nikisch von Leipzig fort wollte. Das bedeutete: Hatte er, Mahler, sich für eine Weile als zweiter Kapellmeister an der

großartigen Bühne bewährt, konnte er binnen kurzem Generalmusikdirektor eines der größten deutschen Operntheater sein.
Mahler bat Neumann, nicht nach Leipzig zu reisen. Es gab auch private Gründe, die Mahler davon abhielten, sich »weitere Monate nervenzehrenden Ablaufs« in Prag aufzuhalten. An Löhr formulierte er das so: »Ich habe mir ein Süppchen eingebrockt, an dem ich wieder eine Zeitlang zu essen haben werde.« Sein Hang zum Opernpersonal hatte Mahler das »unselige und lähmende« Techtelmechtel mit der Sopranistin Minnie Schkraup eingebracht. Diese mischte sich in alle Angelegenheiten Mahlers ein und wurde eines Tages im Büro Angelo Neumanns bei dem Versuch ertappt, Kontrakte zu fälschen. Mahler war außer sich. Die Schkraup wurde aus dem Institut entfernt. Neumann deckte alles »mit dem Mantel der Liebe« zu. Aber die Dame blieb in Prag und behauptete nun, Mahler habe ihr die Ehe versprochen. Neumann und ein sehr geschickter Anwalt brachten es schließlich fertig, die »Demoiselle aus der Brandeisgassen« mundtot zu machen. Mahler konnte aufatmen; aber die Prager Luft war ihm inzwischen allzu »brustlägerig und beschwerlich« geworden. Bevor er nach Leipzig übersiedelte, hatte er mit einer Aufführung von Beethovens neunter Symphonie und einem Konzert »gemischten Programms«, bei dem ein Fräulein Frank vom Deutschen Theater einige seiner Lieder sang, auch als Konzertdirigent Erfolg. Es dürfte sich um die erste öffentliche Aufführung von Mahler-Kompositionen gehandelt haben.
In Leipzig ließ sich zunächst nicht alles so günstig an, wie es sich Mahler erträumt hatte. Direktor Staegemann war ihm gewiß wohlgesinnt; aber der eigentliche Herr im Hause war Arthur Nikisch, der ein strenges Regime führte und keine Götter neben sich duldete. Mahler wartete darauf, daß Nikisch demissionieren würde, um nach Amerika zu gehen – wie es ihm von verschiedenen Seiten zugeflüstert worden war. Doch nichts dergleichen geschah. Warten war nicht eine der Stärken Mahlers. Er wurde nervös, fahrig und überwarf sich sehr bald mit Staegemann, der immer wieder zu Besonnenheit riet.
Was Mahler von dem Intendanten verlangte, war nichts weniger als das Dirigat von Wagners *›Ring des Nibelungen‹*. Den aber hatte Nikisch von Beginn seiner Leipziger Tätigkeit an »gepachtet«, und Staegemann

dachte nicht daran, sich wegen der »exaltierten Wünsche des Herrn Mahler« mit seinem berühmten Pultfürsten zu entzweien. Immerhin blieben Mahler *›Tannhäuser‹*, *›Rienzi‹*, *›Der Freischütz‹*, *›Die Jüdin‹*, *›Der Fliegende Holländer‹*, *›Euryanthe‹*, *›Fidelio‹*, *›Mignon‹* und *›Robert der Teufel‹*.
Mit dem *›Tannhäuser‹* hatte sich Mahler den Leipzigern vorgestellt. Nikischs Kommentar: »Die ganze Konzeption des jungen Mannes zeigte mir, daß wir eine gute Wahl getan haben!« Es kam aber zwischen Nikisch und Mahler nie zu einem näheren Verhältnis. Sie gingen sich aus dem Wege, »weil einer in dem anderen instinktiv den Rivalen fürchtete« (Guido Adler).
Nach einer *›Götterdämmerung‹*, die Nikisch mit glänzendem Erfolg dirigiert hatte, wurde Mahler abermals bei Staegemann vorstellig. »Ich verlange einen Ring pro Jahr, sonst gehe ich!« forderte er. Staegemann: »Ausgeschlossen!« Mahler redete wild auf ihn ein. Er könne nun einmal vermöge seiner Fähigkeiten unmöglich in einer Stellung bleiben, in der er von Aufgaben dieser Art ausgeschlossen wäre. Staegemann: »Dann müssen Sie leider gehen!«
Da erkrankte Nikisch schwer, und Mahler fiel es nun zu, das gesamte Repertoire zu verwalten. So kam er schneller zu seinem ersten *›Ring‹*-Dirigat, als er es erwartet hatte. Und er mußte hinterher kleinlaut eingestehen: »Um diesen Block zu bewältigen, braucht man noch viel mehr als die Partitur im Kopfe haben!«
Mahlers Ansehen bei den Leipziger Musikfreunden wuchs. Der aufstrebende Dirigent wurde in die Salons eingeladen und machte eines Tages die Bekanntschaft der Gattin des sächsischen Hauptmanns Carl von Weber. Mahler war Feuer und Flamme und registrierte, daß die verheiratete Dame auf ihn »mit Liebeseile« flog. Staegemann hatte diverse »Zugeständnisse und eindeutige Einvernehmungen« zwischen den beiden mitbekommen und warnte Mahler dringlich davor, einen Skandal zu riskieren.
Die Webers luden Mahler häufig ein, und er fühlte sich bei den »Traulichen« bald wie zu Hause. Seinen Freunden bekannte er, daß er wieder einmal bis über beide Ohren verliebt sei und neuerlich »einen schönen Menschen« gefunden habe, »einen von denen, durch welche man seine

Dummheiten anstellt«; doch er wolle diesmal vorsichtig sein, wenn es ihm auch »allzu ungestillt« unter den Nägeln brenne und die »hübsche Blume« sich ihm so tief zuneige, daß er nicht einmal die Nase auszustrecken brauche, um ihren Duft einzuatmen . . .

Eines Tages rückte der Hauptmann, ein Enkel Carl Maria von Webers, mit den Skizzen zu einer komischen Oper ›*Die drei Pintos*‹ heraus und fragte Mahler, ob er nicht Lust habe, das nachgelassene Opus seines Großvaters zu vollenden und in Leipzig aufzuführen. Mahler nahm die Skizzen mit und erklärte Carl von Weber bereits nach wenigen Tagen, daß keine Handlung vorhanden sei und daß das vorhandene Notenmaterial keineswegs ausreiche, um daraus ein abendfüllendes Werk zu gestalten.

Intendant Staegemann wurde eingeschaltet, der Mahler dringend zuriet, die Komposition zu vollenden. Er witterte in der Uraufführung eine Sensation für sein Haus.

Mahler sagte zu, nachdem sich Hauptmann Carl von Weber dazu hatte bringen lassen, aus dem Handlungsvorwurf ein anständiges Libretto zu zimmern. Der »Vervollständigungsplan«, den Giacomo Meyerbeer einst entworfen hatte, nachdem Webers Witwe ihn gebeten hatte, die ›*Drei Pintos*‹ zu beenden, wurde verworfen. Siebzehn Nummern hatte Carl Maria von Weber einst für diese Oper vorgesehen; zu sieben davon hinterließ er magere Skizzen.

Mahler stöberte zunächst im Nachlaß des ›*Freischütz*‹-Komponisten herum. Er fand eine stattliche Reihe von Arbeiten, die »so gut wie niemand kannte«. Diese gedachte er in die Partitur einzubringen.

Und dann machte er sich mit Feuereifer ans Werk. In wenigen Wochen war der »Fall Pintos« für ihn abgeschlossen. Dazu bemerkte er: »So zurückhaltend ich anfangs bei der Ergänzung vorging, um so kecker wurde ich im Verlauf der weiteren Arbeit [. . .] und schließlich komponierte ich überhaupt in meinem Sinn darauf los, wurde immer Mahlerischer.«

»Die drei Pintos, komische Oper in drei Aufzügen von Carl Maria von Weber, unter Zugrundelegung des gleichnamigen Textbuches von Th. Hell, der hinterlassenen Entwürfe und ausgewählter Manuskripte des Komponisten ausgeführt: der dramatische Teil von Carl von Weber, der musikalische von Gustav Mahler« ging unter Mahlers Leitung am 20. Januar 1888 erstmals über die Bühne des Leipziger Stadttheaters. Unter den Rezensenten aus aller Herren Ländern befand sich der »Kritikerpapst« Eduard Hanslick aus Wien. Seine Besprechung:

»Was die Musik anbetrifft, so sind zwar die vielen Lückenbüßer und Einlagen sämmtlich von Webers Erfindung, aber keineswegs alle von Weberschem Geist und Glanz. Als entschieden glückliche Griffe erscheinen uns vor allem der dreistimmige Canon im zweiten Acte und die französische Romanze. Mit dem Ganzen wollen sämmtliche Einlagen nicht recht verschmelzen; man fühlt, daß sie willkürlich angebracht sind, um das Ende der mageren Handlung möglichst lange hinauszuschieben. Wäre es dem Meister vergönnt gewesen, das mit so viel Liebe Begonnene in einem Zuge zu vollenden und es mit seiner gewohnten Sorgfalt zu feilen – gewiß besäßen wir ein Werk, das nach den vorhandenen Skizzen zwar kaum dem *›Freischütz‹* oder *›Oberon‹* ebenbürtig, aber doch ein reizvolles Cabinettstück in kleinerem Rahmen geworden wäre [. . .]

Die von Herrn Mahler in die *›Drei Pintos‹* eingelegten Stücke hat Weber zu verschiedenen Zeiten für verschiedene Zwecke komponiert; die einen auf ganz andere Worte, die anderen zu ganz anderen Situationen, aber alle ohne den entferntesten Gedanken an die *›Drei Pintos‹*. Das ist ein mechanisches Verfahren, das sich mit praktischen Zwecken entschuldigen, aber im Interesse ernster Kunst gewiß nicht rechtfertigen läßt [. . .]

Wenn schon bearbeitet werden mußte, Herr Mahler hat es mit unleugbarer Geschicklichkeit getan. Seine Instrumentierung verrät feinen Sinn für Orchesterwirkung und klingt im großen und ganzen verwandt an Weber an. Gewisse Lieblingsfiguren Webers verwendet Herr Mahler mit guter Wirkung, nur wiederholt er gar zu häufig die raschen Sechzehntelpassagen der Violinen; man hört sie fast die ganze Oper hindurch. Die starke Benützung der Blechinstrumente, zumal der Posaunen, dazu der großen Trommel in einer leichten Spieloper ist schwerlich Weberisch. Von der mitunter zu vollen Orchestrierung sticht nur auffallend das leere Accompagnement zu Clarissas Arie ab [. . .]

Sehr stimmungsvoll und fein instrumentiert – schon mit einer Vorausnahme Wagnerschen Klanges – ist Mahlers Zwischenactmusik vor dem zweiten Aufzuge [. . .]«

Unmittelbar nach der Leipziger Uraufführung kamen die *›Drei Pintos‹* in Dresden und Hamburg heraus. Der hanseatische Intendant Pollini lud Mahler zur Premiere in sein Stadttheater ein, um »unter vier Augen« über weitere »Geschäfte mit dem Herrn Avantgardisten directement zu kontactieren«. Mahler mußte wegen Arbeitsüberhäufung absagen.

Pollini: »Lassen Sie mich nicht zu lange warten, denn es wird nun dringlich, daß wir miteinander reden. Ich hege noch immer den Gedanken, Sie zu mir in den Norden zu ziehen.«

Auch aus Karlsruhe und New York kamen glänzende Angebote, die Mahlers Allgemeinbefinden hoben. »Ich bin jetzt irgendwie an der Reihe«, schrieb er. »Man fragt nach mir, ich kann auswählen. Ich werde bereits von dem Ruhm, den ich mir hier erwirkt habe, recht günstig getragen.«

Mahler an Pollini: »Ich könnte mir auch denken, daß wir bald zusammen zum Geschäft kommen, aber erst noch liegt einiges vor mir. Ich komponiere zum Beispiel ständig.« Er komponierte an seiner ersten Symphonie.

Frau von Weber hatte ihm außerdem geraten, unbedingt der Oper treu zu bleiben, die gute Stimmung nach den *›Drei Pintos‹* zu nutzen und ein Bühnen-Drama Otto Roquettes mit Musik zu versehen. Es ist anzunehmen, daß Mahler sich mit Roquettes »Ingwelde« beschäftigte, einiges Szenarium entwarf und sogar mit der Komposition begann. *»Der Schildwache Nachtlied«* soll ein Überbleibsel jener Kompositionsversuche sein.

Das satte Leben in den Leipziger Bürger- und Adelshäusern wurde Mahler bald zuviel. »Was hier an einem einzigen sogenannten Gesellschaftsabend verpraßt wird, davon könnten die Meinigen zu Iglau zwei, drei Monate hindurch anständig leben!« Er hatte Sorgen. Die Eltern waren alt und krank geworden. Schwester Justine, gut zwanzig Jahre alt, mußte sich um die Geschwister kümmern.

Mahler konnte nur höchst selten etwas von seinen Einkünften abzweigen. Die Einnahmen aus den *›Drei Pintos‹* ermöglichten es ihm zum ersten Male, der »überaus lebenstüchtigen« Justine mit einem dicken Scheck unter die Arme zu greifen. Sie kaufte den Eltern einen Wintermantel (»was dieselben noch nie in ihrem Leben besessen«).

Zu den hohen Festen schickte Mahler koschere Spezialitäten nach Iglau. Das meiste mußte er sich vom Munde absparen. Einmal konnte er angesichts der Fülle von Köstlichkeiten in einem reichen Leipziger Bürgerhaus nicht widerstehen: Die Küche war unbewacht, und da standen körbeweise Parmesanschinken, Kalbswürste und Salami . . . Er stopfte seine Manteltaschen voll und füllte seinen Zylinderhut mit Butter, Kaviar und Lachs. Proviant für einen ganzen Monat! Er eilte hinaus und holte sich – es war Januar – eine schlimme Kopfgrippe. Immerhin versetzte ihn »dieser schöne Zufall [. . .] in die Lage, den Meinigen eine schöne Summe Geldes zu überweisen, die ich sonst für meines Leibes Notdurft hätte verwenden müssen«.

Als Mahler wenige Monate später Direktor der königlich-ungarischen Hofoper in Budapest mit einem Jahresgehalt von 10 000 Gulden wurde, war sein erster Ausruf: »Gott sei Dank, nun sind meine armen Iglauer gerettet!«

Natürlich hatte Mahler in Leipzig einen neuen Freundeskreis gewonnen: Henri Petri, Geiger aus den Niederlanden, Max Steinitzer, Kritiker einer angesehenen Zeitung, Kammersänger Carl Perron, Ferruccio Busoni, Musikstudent . . . Aber diese »junge Brut« konnte ihm den alten Wiener Freundeskreis nicht ersetzen. »Wie fremd und einsam komm' ich mir manchmal vor! Mein ganzes Leben ist ein großes Heimweh!« schrieb er in einem Brief.

Der einzige, mit dem er »auf wirklich brüderlichen Nenner« kam, war Busoni. Mahler: »Noch sehr jung, aber ein Eiferer wie ich [. . .], mir in vielen Dingen gleich. Eine große Begabung, ein wahrer Freund, der mir alle Wünsche von den Augen abliest.« Busoni: »Es gibt keinen Menschen auf dieser schnöden Welt, dem ich gegenwärtig so verbunden bin wie eben Mahler. Wir sind ein Herz und eine Seele. Er ist der entzückendste und geradlinigste Mensch, und was er kann! Jetzt schreibt er eine große Symphonie. Sie ist bereits in ihren Anfängen von wirklicher Größe: ein Geniestreich!«

Was die Freunde ansonsten trieben – sie liebten Tarock- und Billardspiel, Tanzveranstaltungen, Tabakkollegien –, interessierte Mahler wenig. »Sie sind oft so laut, so unangenehm lebenslustig, so epikureisch, daß es mich schmerzt und anödet!« Nach außen hin ließ sich Mahler nichts anmerken. Wer ihn jedoch kannte, vermochte in seinen Augen zu lesen. Max Steinitzer: »Mahler verkörperte den Menschen als Ausdruck, unter so vielen, für die der Mensch nur als Form existierte. Er hatte immer den guten Willen, höflich zu bleiben, aber sein Blick, wenn jemand etwas Flaches, Gewöhnliches sagte, das im übrigen vielleicht den Anforderungen des Moments genügte, war gar zu sprechend. Ehe er sich besonnen und seine Mienen wieder in die Falten der konventionellen Verbindlichkeit gelegt, hatte man seine Ansicht schon darin gelesen.«

Mahler flüchtete sich in die Komposition seiner ersten Symphonie. »Hier Trost, hier Entspannung, hier Ruhe, hier Heimat, hier die Wahrheit und nichts als die Wahrheit.«

Bereits in Kassel hatte er mit der Komposition der Symphonie begonnen, als er, »von rastloser Liebe getrieben«, den Zwang zu geistiger Umsetzung seines Erlebens in sich spürte. Mahler: »Ich möchte es betont wissen, daß die Symphonie über die Liebesaffäre hinaus ansetzt; diese liegt ihr zugrunde – respektive sie ging im Empfindungsleben des Schaffenden voraus. Aber das äußere Erlebnis wurde zum Anlaß und nicht zum Inhalt des Werkes.«

Die Inspiration zu diesem Werk hatte Mahler auch aus Jean Pauls Dichtung »Der Titan« bezogen, in der das Selbstzerstörerische einer genialen Natur dargestellt wird. Das literarische Programm übernahm er für die Komposition. Nach einer Aufführung der »Ersten« in Hamburg schrieb er im März 1896 an den Berliner Komponisten Max Marschalk, den späteren Schwager Gerhart Hauptmanns:

»Mit dem Titel ›Titan‹ und dem Programm hat es seine Richtigkeit; das heißt, seinerzeit bewogen mich meine Freunde, um das Verständnis der Symphonie zu erleichtern, eine Art Programm hierzu zu liefern. Ich hatte also nachträglich mir diese Titel und Erklärungen ausgesonnen.

Daß ich sie diesmal wegließ, hat nicht nur darin seinen Grund, daß ich sie dadurch für durchaus nicht erschöpfend – ja nicht einmal zutreffend

charakterisiert glaube, sondern, weil ich es erlebt habe, auf welche falschen Wege hierdurch das Publikum geriet. So ist es aber mit jedem Programm! . . . Beim dritten Satz, Marcia funebre, verhält es sich allerdings so, daß ich die äußere Anregung dazu durch das bekannte Kinderbild [»Des Jägers Leichenbegängnis«, ein beliebtes Genrebild der Chodowiecki-Schule; Anm. d. Verf.] erhielt.
An dieser Stelle ist es aber irrelevant, was dargestellt wird – es kommt nur auf die Stimmung an, welche zum Ausdruck gebracht werden soll, und aus der dann jäh, wie der Blitz aus der dunklen Wolke, der vierte Satz springt. Es ist einfach der Aufschrei eines im Tiefsten verwundeten Herzens, dem eben die unheimlich und ironisch brütende Schwüle des Trauermarsches vorhergeht. Ironisch im Sinne von Aristoteles' ›eironea‹.«

Das Programm sah eine Zweiteilung vor. Hier der ursprüngliche Wortlaut:

1. Teil: Aus den Tagen der Jugend.
Tugend-, Frucht- und Dornenstücke.
1. Satz
Frühling und kein Ende. Die Einleitung schildert das Erwachen der Natur am frühesten Morgen (Langsam. Schleppend. Wie ein Naturlaut – im Anfang sehr gemächlich.)
2. Satz:
Mit vollen Segeln (Scherzo)
(Kräftig bewegt, doch nicht schnell)

2. Teil: Commedia humana.
3. Satz:
Gestrandet. Ein Totenmarsch in Callots Manier . . . als Ausdruck einer bald ironisch-lustigen, bald unheimlich brütenden Stimmung gedacht . . .
(Feierlich und gemessen, ohne zu schleppen.), auf welche dann sogleich der
4. Satz:
Dall'inferno al paradiso (Allegro furioso) folgt . . .
(Stürmisch bewegt – Energisch.)

Daß sich Mahler später von diesem Programm distanzierte, hing auch mit der Stimmungsmache bedeutender Kritiker seiner Zeit gegen die sogenannte Programm-Musik zusammen. In das Fahrwasser der Liszt-Anhänger wollte er keineswegs geraten.
Hanslick hatte nach einer Aufführung der »Ersten« in Weimar 1894 geschrieben: »Wie schade, daß er sich nicht loslösen kann von diesem Gepansche der Neudeutschen, die alles – Musik und Literatur – in einen Topf werfen, um zum ›Gesamtkunstwerk‹ vorzudringen. Auch Herr Mahler ein Kind der Mode . . . wie sein Dirigent, Richard Strauss, dem Cannibalischsten unter allen Saisonisten!«
Das hatte auf Mahler gewirkt! Er verwarf das Programm und bat Hanslick, ihm wegen der »früher notwendig erscheinenden, jetzt aber als wirklich überflüssig und sinnverdrehend erkannten Ausführung programmatischer Art« nicht gram zu sein. Hanslick hatte außerdem die »widernatürliche Volkstümelei« in der Komposition Mahlers angeprangert. »Das ist zuviel und zu unausgegoren!« schrieb Hanslick. »[. . .] Gassenhauerisches wird zu symphonischer Eitelkeit hinaufgeadelt.«
Damit war der Kritikerpapst gar nicht so weit von Analysen entfernt, die namhafte Musikologen der Gegenwart zur Debatte stellen. Zum Beispiel Adorno: »In den Frühwerken [. . .] sind die Mahlerschen Grundschichten, Weltlauf und Durchbruch, dialekthafte Nähe und leidvolle Gebrochenheit, noch kraß nebeneinander gelagert. Überdeutlich zuweilen bis zur programmusikalisch poetischen Absicht kommen sie zutage.«
Subjektive Elemente erzeugten in Mahler jene beim ersten Anhören so oft als banale Volksmusikwendungen empfundenen Charakteristika. Sein bisheriges Erleben wurzelte im Niveau des Durchschnittsbürgertums; seine Phantasie war geprägt durch das, was Mahler seiner späteren Frau gegenüber sein »dummes Fiakergefühl« nannte. Hier entsprang seine Lust am derben Ländler und am trivialen Marsch. (Mit dem Operettenkomponisten Oskar Nedbal konnte er stundenlang am Klavier sitzen und nichts weiter als Regimentsmarsche und wilde »Dreitritte« herunterdonnern. Als Alma Maria Mahler bat, man möge doch einmal auf Johann Strauß umschalten, entrüstete sich Mahler und

schrie ihr ins Gesicht: »Was weißt denn du schon von der Befriedigung, die ich durch die Musik der reinen Lebenslust empfinde!«) Mahler konnte und wollte nicht loskommen von dem naiven, unreflektierten, ungehobelten Klingklang, der ihm seit seiner Kindheit im Ohr lag. Mahler: »Ich lebe aus dem Gegensatz der Welten, in die ich hineinversetzt worden bin [. . .]!«

Diese Gegensätze, dieses Erleben stark voneinander abgrenzbarer Erscheinungswelten versuchte Mahler in seiner ersten Symphonie darzustellen.

Wenige Monate zuvor hatte er die *»Lieder eines fahrenden Gesellen«* beendet. Noch ganz im Banne dieses Liedhaften, Episodischen begann er mit der Komposition der »Ersten«. Kein Wunder, daß zwei der Gesellen-Lieder in der gewaltigen Selbstdarstellung verwendet wurden: »Ging heut' morgens übers Feld«, aus dem er das Hauptthema des ersten Satzes formte, und »Auf der Straße stand ein Lindenbaum«, das zum Mittelteil des dritten Satzes wurde.

Das erstgenannte Lied gibt den Rhythmus und die Stimmung des Wanderns durch Feld, Wald und Wiese an, dem ein breit ausholender Sonnenaufgang mit vielfältigen Naturlauten vorausgegangen ist. Das Thema wird nacheinander von den verschiedenen Instrumenten aufgegriffen und in zahlreichen Umwandlungen weitergeführt. Seitenthemen von ähnlicher Strukturierung treten hinzu. Ganz nach den Erfordernissen des »Programms«, im Sinne der symphonischen Dichtungen Liszts und Berlioz', wird die Sonatensatzform frei. Bis zum grell zerflirrenden Ausklang bleibt die pastorale Grundstimmung erhalten.

Im Scherzo-Satz stehen naive Lebensfreude und bewußt produziertes Savoir vivre im Widerstreit miteinander: brucknerische Pans-Seligkeit, gepaart mit lästiger und peinlicher Fin-de-siècle-Laszivität. Aus dieser Konfrontation erwächst die ungeheure Spannung, die in diesem Satz steckt. Mahler baut die Brücke von der ästhetischen Sinnlichkeit des Hinterwäldlers Anton Bruckner zu der realistischen, sexualbezogenen Klang-Kinesis Alban Bergs. Eine frühe Collagen-Produktion, in der zwei Erlebnis-Ebenen aufs krasseste gegeneinander geführt werden. Mahler hat die Welt so dargestellt, »wie sie ist«. Die Gegensätze lassen sich nicht überbrücken, die verschiedenartigen Strömungen nicht zusammenführen. (Mahler: »Das Gesetz der Natur geht nie eine Partnerschaft mit dem Gesetz menschlicher Gewohnheiten ein.«) Nun kann man sich auf die eine oder die andere Seite schlagen, das heißt: im Naiv-Sentimentalischen verharren oder aber die Flucht in den Exzeß, in Schlüpfrigkeit und Laster mitmachen. Man kann aber noch ein Drittes: sich ironisch über beide »Lager« hinwegsetzen und aus der Distanz ein »Leben der erklärten Beobachtung« im Sinne Friedrich Schlegels führen, das zwar eine aktive Teilnahme an den Lebensvorgängen ausschließt, sich aber durch den Zustand »dauernden Abwägens der Prinzipien und des Beobachteten« erfüllt.

Eine solche Haltung hat Mahler im dritten Satz seiner ersten Symphonie einzunehmen versucht. Er hat sich dem realen Erleben entzogen und läßt nun die »menschliche Komödie« als eine gigantische Trauermarsch-Persiflage vor seinem geistigen Auge abrollen. Der große Jäger ist tot. Die Tiere des Waldes geben seinem Leichnam das Geleit. Ihre Empfindungen für den Herrscher über Leben und Tod sind alles andere als freundlicher Natur. Die Tiere spotten seiner; aber Mahler spottet auch der Tiere: ein Prozeß allgemeiner Verulkung. Und das Ganze hat durchaus surrealistische Kennzeichen.

Strawinsky fühlte sich beim Anhören dieses Satzes an einige Bilder Salvador Dalís erinnert; er schreibt: »[. . .] irgendwo sprangen und schwangen ins Blech die brennenden Giraffen jenes bekannten Gemäldes mit [. . .] oder dessen Geist [. . .] oder was es sonst immer gewesen sein mag, das ich in diesem Augenblicke sah [. . .] sich köstlich über die frommen Hirtinnen amüsierte, die aus ihren Schenkeln Schubfächer herauszogen.«

Einmal wird dieser pandämonische Trauerzug unterbrochen, scheint sich der naive Glaube an eine unzerstörbare Welt des Schönen und Guten Bahn zu brechen: wenn die hübsche Weise aus den *»Liedern eines fahrenden Gesellen«* erklingt, wenn der Lindenbaum auf der Straße passiert wird. Kaum aber ist diese »Botschaft aus alten Welten« verstanden worden, da bricht es wieder los, und alles Grazile, alles Lustvoll-Heitere wird unter den Ballen der stöhnenden Saurier zerstampft. Ein durchdringender Beckenschlag beendet den Spuk.

Mit wilden Passagen leitet Mahler zu einem balladenartigen Marschthema über, mit dem die Ausmalung der paradiesischen Gefilde beginnt, die irgendwo zwischen der Münchner Stuck-Villa und der Walhalla bei Regensburg liegen müssen. Gewaltig sind die Ausbrüche, und nicht umsonst hat der nationalsozialistische Musikschriftsteller Richard Eichenauer bekannt: »Hier war ein mosaischer Thorak am Werke!«

Nach überschwenglichen Steigerungen kehrt Mahler zum Ausgangsthema der Symphonie zurück – »Ging heut' morgens übers Feld . . .«. Er hat sich wieder versöhnt mit der Welt Brentanos und der Brüder Grimm, aus der er »wildlings« aufbrach, um für eine Weile einer gräßlichen Zukunftsvision zu folgen.

Die Komposition der ersten Symphonie hatte Mahler in eine so immense schöpferische Spannung versetzt, daß sogar seine Vorstellungen im Theater darunter zu leiden begannen. Intendant Staegemann rügte ihn und bat »um mehr Konzentration und Pflichtgefühl«. Daraufhin Mahler: »Lassen Sie noch zwei Monate ins Land gehen und Sie sollen sehen, daß ich wieder ›der Alte‹ sein werde.«

Fritz Löhr bekam einen Brief, der mit roter Tinte geschrieben war. Er lautete: »Lieber Fritz! Ich muß Dir einige Zeilen schreiben. Es ist alles, was ich jetzt aufbringen kann in dieser Trilogie der Leidenschaften und Wirbelwind des Lebens! Alles in mir und um mich wird! Nichts ist! Laßt mich jetzt noch ein bißchen durch! Dann sollt Ihr alles erfahren! Seid innigst von mir gegrüßt! Gustav.«

Einige Wochen später war die Komposition vollendet, und Mahler meldete: »So! Mein Werk ist fertig! Jetzt möchte ich Dich neben meinem Klavier haben und es Dir vorspielen! Es ist so übermächtig geworden – wie es aus mir wie ein Bergstrom hinausfuhr. Heuer im Sommer sollst Du hören! Wie mit einem Schlag sind alle Schleusen in mir geöffnet!«

Die Arbeit an der ersten Symphonie und deren erfolgreicher Abschluß hatten Mahlers Rückgrat mächtig gestärkt. »Ich weiß jetzt, was ich kann und wer ich bin!« In solchem Ton äußerte sich der knapp Achtundzwanzigjährige, und selbstbewußt trat er denn auch Intendant Staegemann gegenüber, als dieser Mitte Mai 1888 eine Beschwerde diverser Ensemble-Mitglieder überbrachte, in der es hieß, Kapellmeister

Mahler strapaziere in unmenschlicher Form hervorragende Künstler. Er setze willkürlich Proben an und richte den ganzen Theaterbetrieb nach seinen zeitlichen Vorstellungen und nach seiner »Lust und Laune« ein.

Mahler bat Staegemann um seine Entlassung. Dieser wurde sofort stattgegeben. Zwar hatte Mahler noch kein neues Engagement in Aussicht, aber er vertraute auf »die guten Geister, die im Augenblick meine Person begleiten«.

Er begann eine Kur in Marienbad, besuchte die Bayreuther Festspiele, ließ sich in München wegen eines Darmleidens operieren und gedachte mehrere Wochen in Iglau bei seiner Familie verbringen zu können. Da kam das Angebot aus Budapest.

Auf zehn Jahre lautete der Vertrag, den Staatssekretär Ferenc von Beniczky mit Gustav Mahler abschloß. »Ich will mit Begeisterung arbeiten!« versprach Mahler dem Kommissär für kulturelle Angelegenheiten, der im »direkten« Auftrag Se. Majestät des Allerapostolischsten Kaisers Franz Joseph darauf zu sehen hatte, daß die »ungarische Hofoper« schleunigst in einen »akkuraten und würdigen« Zustand gebracht würde.

Bis dahin herrschten Krethi und Plethi in dem Prunkgebäude der königlich-ungarischen Oper. Die internationalen Stars regierten. Ihretwegen wurden teure Spezialvorstellungen angesetzt. Pauline Lucca war nur gewillt, in Pest zu gastieren, wenn ihr in der ›*Afrikanerin*‹ von Meyerbeer mindestens acht neue Gewänder zugebilligt würden. Sie erhielt diese Gewänder, war aber mit der Ausführung nicht einverstanden. Die Intendanz ließ sich dazu hinreißen, vier dieser Kostüme zusätzlich mit Geschmeide und wertvollen Spitzen garnieren zu lassen. Erst dann trat die göttliche Pauline auf und kassierte für den Abend sechstausend Goldmark »deutscher Währung», da ihr die ungarische »wie alles Habsburgische« nicht »niveauvoll« genug sei.

Solche Sperenzchen waren an der Tagesordnung. Als 1887 die Berliner Primaballerina dell'Era mit ihren Sonderwünschen – in ihrem Vertrag waren unter anderem eine sechsspännige Gala-Kutsche und ein Kammermohr (!) zur unentgeltlichen Benutzung während des dreiwöchigen Gastspiels vorgesehen – das Haus und den Etat an die Grenze des

Zumutbaren gebracht hatte, da schritten endlich die Wiener Aufsichtsbehörden ein.
Jetzt war Gustav Mahler ante portas; von ihm versprach man sich eine alsbaldige Erholung des Instituts. Mahler hatte den Direktionsposten durch Vermittlung seines Freundes Guido Adler bekommen, der von Prag aus mit zwei einflußreichen Persönlichkeiten des Pester Kulturlebens Kontakt hatte: Sigmund Singer und Moritz Wahrmann. Diese beiden jüdischen Mäzene sicherten Mahler jegliche Unterstützung zu, deren er bedürfen würde. Wahrmann ließ die Wohnung Mahlers ausstatten, während Singer sich bemühte, Mahler mit den Nobilitäten bekannt zu machen. Bereits fünf Tage nach seinem Eintreffen in Pest war Mahler Gast des Grafen Albert Apponyi, der ihn »mit aller Aufrichtigkeit und Freundlichkeit« zu der Rede gratulierte, mit der er sich den künftigen Kollegen im Opernhaus vorgestellt hatte. Mahlers Grußworte waren ein Programm: »Ich habe die Ehre, mit dem heutigen Tage an die Spitze eines Instituts zu treten, welches in jeder Hinsicht dazu berufen ist, die Heimat und der Hort der nationalen Kunst dieses Landes zu sein [. . .] Mit Stolz und mit Freude sehe ich um mich eine Künstlerschar versammelt, welche zum Siege zu führen, sich kein Heerführer schämen darf [. . .] Strengste Pflichterfüllung des Einzelnen und vollstes Aufgehen und Hingabe an das Ganze – dies sei der Wahlspruch, welchen wir auf unsere Fahnen schreiben. Wenn ich Ihnen heute eines versprechen darf, so ist es das, Ihnen mit gutem Beispiel voranzugehen in der Freudigkeit des Tuns und Redlichkeit des Wollens!«
Zunächst sollte das Hauptübel der bisherigen Opernführung beseitigt werden: der Star-Kult. Von nun an würde man mit einem hauseigenen, ungarischen Ensemble die wichtigsten Werke des 18. und des 19. Jahrhunderts aufführen, vor allem die Opern Glucks, Mozarts, der »modernen« Franzosen und Richard Wagners. Ein weiterer Schwerpunkt sollte in der Pflege der »ungarischen Nationaloper« liegen. Dieses Genre wurde einzig und allein durch den greisen Ferenc Erkel vertreten, der zu den ersten Persönlichkeiten gehörte, denen Mahler seine Aufwartung machte.
Erkel: »Mit ihm traten Mut und Jugend in meinen Salon ein. Ich sah ei-

nen energischen, willenskräftigen, sehr aufrechten Mann vor mir, dessen Thesen mir sofort einleuchteten und der gewißlich dazu berufen ist, unser Opernleben in richtiger Art und Weise zu kultivieren. Er hat den Zorn der Gerechten! Hoffentlich geht er nicht zu draufgängerisch und gezielt vor. Das mögen unsere Herrschaften Künstler nicht so gern [. . .] und schon gar nicht unsere Gesellschaft, die es mehr commod hat und sich der Patience hingibt. Man muß schon ein rechter Wirrkopf sein, um sich hier den Hals zu brechen, aber möglich ist alles [. . .] Wünschen wir Herrn von Mahler, daß er die Balance behält und alles ruhig und peu à peu vorantreibt [. . .]!«

Erkels ›*Bánk Bán*‹ und ›*Hunyadi Laszló*‹ wurden von dem neuen Pester Operndirektor mit großem Erfolg einstudiert.

Erkel: »So hat man meine Werke bisher nie geboten. Mahler hat ihren eigentlichen Sinngehalt erfaßt. Und wie er dirigiert, das ist einfach ein Phänomen! Nichts entgeht ihm [. . .] und nichts darf seinen Musikern entgehen. Sie blicken auf ihn, sind ungeheuer angespannt und warten bereits auf die leiseste Regung seines energischen Auges. Schon das genügt ihnen, um zu wissen, was er will!«

Mahler wirkte nicht nur als Dirigent, sondern auch als Regisseur. Er hatte einen Vortragsmeister engagiert, der seine Vorstellungen dem Ensemble und dem Orchester verdolmetschte, denn einem Herzenswunsch Ferenc von Beniczkys zufolge wurde nur noch ungarisch gesungen und gesprochen.

Dieser »Patriotismus« der neuen Opernführung wurde von der Pester Gesellschaft lebhaft begrüßt. Andererseits trauerte man den Gala-Tagen nach, da die berühmtesten Stars aus Italien, Frankreich und Deutschland in der Hofoper aufgetreten waren. Es gab keine Bankette mehr, um die Lucca, die Orgeni, die Trebelli oder Albert Niemann, Eugen Gura und Ladislaus Miczwinski zu feiern.

Der Direktor der Musik- und Schauspielakademie, Ödön von Mihalovich, der sich von Anfang an auf die Seite Mahlers stellte, kommentierte die Stimmung in der Pester High-Society so: »Daß man unsere Oper überall im Ausland zu loben beginnt, schmeichelt den Liebhabern sehr; sie werden es aber Mahlern nie vergessen, daß er die Sterne von ihrer Bühne vertrieben hat. Sie werden schön tun, es ihm aber bei

nächster Gelegenheit ›ungarisch‹ heimzahlen!«
Mit größter Sorgfalt studierte Mahler Mozarts ›*Don Giovanni*‹ ein, der in Pest bisher nur »recht unzulänglich« gegeben worden war. Es tat ihm zwar weh, daß dieses geniale Werk in madjarischer Sprache gegeben werden mußte – an Natalie Bauer-Lechner schrieb er: »Wagner und Mozart auf ungarisch gesungen! Wenn ich doch nur schon wieder ein deutsch gesungenes Wort hören könnte! Sie glauben nicht, wie ich die Sehnsucht danach kaum ertrage!« –, aber er hielt sich an die Absprachen mit Ferenc von Beniczky, der Mahler nach der Ouvertüre einen Kassiber aufs Pult schieben ließ. »Brahms ist im Saale!« lautete die Botschaft.
Mahler durchzuckte es »wie im stärksten Glücksrausch«. Noch nie hatten ihn seine Musiker so hingebungsvoll, so »beieinand'« erlebt. Nach dem ersten Akt erhob sich Johannes Brahms in seiner Loge und rief Apponyi zu: »Aber das ist ja ein Teufelskerl!« Kaum war die Aufführung zu Ende, begab sich der Hamburger Meister hinter die Bühne und ließ sich Mahler vorstellen. Die beiden schüttelten sich lange die Hand, und was Brahms zu Mahler sagte, ging in diesem auf, als sei es »von Engelszungen« geredet. Seinen Freunden in Wien teilte Mahler noch ganz unter dem Eindruck des Brahms-Erlebnisses mit, daß er in dem großen Symphoniker seinen »enragiertesten Freund und Gönner« sähe. Mahler: »Er hat mich in einer für ihn unerhörten Weise ausgezeichnet und ein wirklich freundschaftliches Verhältnis zu mir angebahnt.« Brahms erklärte in Wien, daß man einen »echten«, einen vollkommenen ›*Don Juan*‹ – so die damals übliche Bezeichnung für ›*Don Giovanni*‹ – nur bei Mahler in Pest erleben könne.
Mit einer Oper des Verismus hatte Mahler dann seinen zweiten internationalen Erfolg. ›*Parasztbecsület*‹ hieß das Werk und stammte von dem jungen Italiener Pietro Mascagni. Unter dem Originaltitel ›*Cavalleria rusticana*‹ hatte die Oper wenige Wochen zuvor in Rom einen Sensationserfolg gehabt. Die Pester Aufführung sicherte dem Einakter den Eintritt ins Repertoire der großen Bühnen.
Mahler: »Alle Welt wartete ab, wie dieses Werk bei mir ankommen würde. Würde es sich auch außerhalb Roms bewähren? Und wie es sich bewährte! Von nun an machte es seinen Weg um die ganze Welt.«

›Cavalleria rusticana‹ – das war etwas für die belcantogewohnten Pester Opernenthusiasten. Weniger hingen sie an Wagners *›Rheingold‹* und *›Walküre‹*, die Mahler inzwischen ebenfalls einstudiert hatte (mit mehr als achtzig Proben!). Zwar hieß es in der Zeitung, die Hofoper sei von einem ganz neuen Geist durchdrungen, und es sei eine »ganz große« künstlerische Tat, die Gustav Mahler vollbracht habe; aber die »bessere« Gesellschaft blieb den folgenden Aufführungen fern. Man bat Sigmund Singer, Mahler zu einer Streichung der »kolossal langweiligen« Monologe in den Wagner-Musikdramen zu bewegen. Doch der Hofoperndirektor antwortete: »Dann streichen wir die Werke lieber ganz!« Aber dazu war er letztlich doch nicht bereit. »Das Publikum muß an das Neue endlich gewöhnt werden«, sagte er zu Ferenc von Beniczky. »Man muß es gut zwischen andere Objekte verpacken, die den Menschen eher eingehen.«

Solche »anderen Objekte« waren Karl Goldmarks Opern *›Die Königin von Saba‹* und *›Merlin‹* sowie Halévys *›Jüdin‹* und Maillarts *›Glöckchen des Eremiten‹*.

Und dann kam die »ungarische Heimzahlung«, von der Ödön von Mihalovich bereits geredet hatte: Mahler setzte die Uraufführung seiner ersten Symphonie durch. Am 20. November 1889 erklang der »Titan« zum ersten Male. Die Musiker gaben sich alle Mühe, technisch einwandfrei zu spielen, aber sie waren überfordert. Sie begriffen nicht, was sie spielten, und sie waren der Meinung, der Komponist stehe selber nicht hinter der Sache. Mahler wirkte nervös, abgekämpft, fahrig. Ahnte er, was kommen würde? Bereits nach dem ersten Teil verließen die meisten Zuhörer den Saal. Der Abend geriet für Mahler zu einer herben Enttäuschung. Erbarmungslos fiel die Kritik über ihn und seinen symphonischen Erstling her. »Dissonanzen«, »langweilige Orgelpunkte«, »Kakophonie« – so tönte es von allen Seiten. Die Komposition sei »genauso unklar und unbestimmt« wie Mahlers Tätigkeit als Operndirektor, klagte ein anderer Rezensent. Und jetzt hatte Mahler die Gesellschaft gegen sich. Jetzt konnte man's ihm geben!

Mahlers Stand in Budapest war nicht mehr gefestigt. Kurz nach der Pressekampagne gegen ihn wurde von Beniczky seines Postens als Staatssekretär und Intendant enthoben. Die Regierung berief Graf

Géza Zichy, der zwar ein Liszt-Schüler gewesen war, jedoch von der »neuen Richtung« nicht sonderlich viel hielt. »Ich werde damit beginnen, die Rechte Richard Wagners zu beschneiden, die man ihm hier durch die dauernden Aufführungen seiner Werke eingeräumt hatte«, erklärte Zichy in seiner Antrittsrede. Gleichzeitig verkündete er, daß Direktor Mahler ab sofort alle »autoritären Rechte« verloren habe. Spielplan und Engagements würden künftig einzig und allein von der Intendanz entschieden.

Mahler schrieb an Löhr, und der riet, sofort die Koffer zu packen. Mahler wurde bei Zichy vorstellig und bat um seine Entlassung. Er konnte aufgrund seines Vertrages auf eine hohe Abfindungssumme pochen. Und in der Tat wurden ihm 25 000 Gulden »bar Cassa« ausgezahlt. Es gab eine Reihe von Musikkennern, die den Weggang Mahlers außerordentlich bedauerten. Zu ihnen gehörten Graf Apponyi, Ödön von Mihalovich, Sigmund Singer und Moritz Wahrmann. Sie hielten unter den Oper-Abonnenten eine Sammlung ab, aus deren Erlös ein goldener Taktstock und eine silberne Vase mit der Inschrift »Dem genialen Künstler Gustav Mahler – seine Budapester Verehrer« für den Scheidenden gekauft wurden.

Kaum war die Kündigung Mahlers außerhalb Pests bekanntgeworden, da meldete sich Bernhard Pollini aus Hamburg mit einem Blitztelegramm: »Engagiere Sie sofort als 1. Kapellmeister an mein Haus!« Mahler drahtete zurück: »Einverstanden!«

Am 29. März 1891 debütierte er im Stadttheater der Hansestadt – mit ›*Tannhäuser*‹.

DER PYGMALION DER HAMBURGER OPER

Hans von Bülow dirigiert Hamburgs Philharmonisches Staatsorchester. Seine Gestik ist wild. Je Konzert zerschlägt er ein halbes Dutzend Taktstöcke. In seinen Mundwinkeln sammelt sich Schaum. Tief liegen die Augen in dem elfenbeinern wirkenden Schädel. »Er macht Vesuv«, sagen die Hamburger Konzertfreunde über seine Art zu dirigieren. Und wenn er ganz aus dem Häuschen ist, dann macht er »Erstürmung der Düppeler Schanzen«. Die ersten beiden Reihen des Konzertsaals werden vom Abonnementbüro nicht verkauft. »Wegen Spuckgefahr!« meinen die einen. »Weil er dem Konsul Servatius einen mit der Dirigierschwugse übergebraten hat, als der bei einer Bruckner-Symphonie eingeschlafen war«, so wissen es die anderen.
In den ersten beiden Saalreihen dürfen nur Künstler und Freunde der Mitwirkenden Platz nehmen. Wer dort fast regelmäßig sitzt, ist dieser eigenartige Herr Mahler, Erster Kapellmeister am Stadttheater. Wenn Bülow ihn gewahrt, macht er nicht Vesuv, sondern noch Ätna und Popocatétetl dazu. Bülow ist ganz versessen darauf, diesem »Dschuden« Mahler zu zeigen, was er kann. Zwischendurch ruft er dem kleinen, schwarzhaarigen Kümmerling zu: »So war's richtig, nicht wahr?« oder »Himmlisch, dieses Assai!« oder »Sind wir einer Meinung, Herr Mahler?«. Wenn Mahler nicht sogleich zustimmend nickt, reißt Bülow die Partitur vom Pult und reicht sie dem sichtbar verlegenen Zuhörer.

Das Publikum beobachtet diesen Hokuspokus zwischen den beiden mit Vergnügen. Die Kritiker mögen das weniger. »Zwischen den einzelnen Sätzen bewies Herr von Bülow wieder einmal, daß er ein geschickter Konzertredner ist. Nur schade, daß seine Bemerkungen nicht dem ganzen Saale gelten [. . .]!« kommentiert einer.
Bülow kommt freilich auch ins Stadttheater, wenn Mahler »Spitzenwerke« dirigiert. Einmal bringt er einen Lorbeerkranz mit, der dem Ersten Kapellmeister auf offener Szene überreicht wird. Auf den Schleifen steht zu lesen: »Dem Pygmalion der Hamburger Oper – Hans von Bülow«. Mahler dirigiert an der Dammtorstraße zum ersten Male Wagners ›*Siegfried*‹. Bülow sitzt in der Intendantenloge. Hinterher schreibt er seiner Tochter: »Ich habe neulich den Siegfried unter seiner Leitung gehört [. . .] aufrichtige Bewunderung hat mich für ihn erfüllt, da er – ohne Orchesterprobe! – das Musikantengesindel – ja – gezwungen hat, nach seinem Tanze zu pfeifen.«
Sicherlich war es so, daß Hans von Bülow glaubte, etwas wiedergutmachen zu müssen. »Sie sind mir seit den Kasseler Ereignissen gram, junger Freund«, sagte er zu Mahler. »Aber vergessen Sie das. Ich bin jetzt überzeugt davon, daß Sie einer der Ersten sind. Ich freue mich aufrichtig, Sie aus Überzeugung in einem Atemzug mit Richter und Mottl nennen zu können.« Solche Elogen taten Mahler wohl, und seinerseits sparte auch er nicht mit Lobeshymnen auf den »angebeteten Gott der Dirigierkunst«. Bei einem Bankett zum ersten Jahrestag seines Dienstantritts im Hamburger Stadttheater sagte Mahler: »[. . .] zu wissen, daß in dieser Stadt der Mann weilt, der im heutigen Musikleben eine absolute Sonderstellung einnimmt, welcher der modernen Musik zu geben bereit ist, was kein anderer Mensch ihr überhaupt geben kann, versetzt alle die, welche der Musik mit ernster Hingabe dienen, versetzt mich in einen Zustand von Euphorie. Daß Hans von Bülow das hiesige Orchester leitet, dürfte in der Geschichte dieser Stadt ein wahres Ruhmesblatt sein. Wer zu ihm in die Konzerte geht, sollte nicht schlicht und ohne rechte Anteilnahme dorthin gehen, er sollte dorthin pilgern, wallfahrten wie zu einem Heiligtum.«
Der Sänger Wilhelm Hesch hat uns eine Begegnung zwischen Bülow und Mahler anläßlich einer Konzertprobe überliefert. »Bülow be-

merkte, daß Herr Mahler im Hintergrund des Saales aufgetaucht war. Er klopfte ab und sagte laut in die Finsternis hinein: ›Kommen Sie ruhig nach vorn, mein Kurwenal!‹ Darauf kam Mahler eiligst nach vorn, verbeugte sich tief vor Bülow, der ihn bat: ›Kommen Sie ganz herauf!‹ Als Mahler das Podium erreicht hatte, stürzte Bülow auf ihn zu, umarmte ihn mit fürstlichen Zierküssen und sagte zu dem Orchester und den Solisten: ›Sehen Sie, meine Herrschaften, so nähert sich Jupiter Apoll!‹ Für Mahler wurde ein Zweitpult aufgestellt. Bülow dirigierte auswendig; Mahler mußte alles in der Partitur verfolgen. Als Bülow eine Sache übersah und Mahler aufzuckte, brach der Dirigent ab und sagte: ›Dem entgeht nicht das Geringste. Ja, meine Herrschaften, ein Genie reagiert eben auf alles!‹ Am Ende der Probe sagte Bülow: ›Und jetzt wiederholen Sie, bitte, den letzten Satz‹. Mahler ergriff Bülows Taktstock und dirigierte nun seinerseits den Satz auswendig. Bülow war erstaunt und sagte nach Beendigung der Sache: ›Wieso? . . . Kannten Sie denn das Werk?‹ Darauf Mahler: ›Nein, ich habe es jetzt bei der Probe zum ersten Male gelesen.‹ Bülow umarmte Mahler ein zweites Mal und sagte: ›Ich sage es ja: Genies sind rar!‹ Die beiden schritten vom Podium hinab, als wären sie Brüder: ein Fleisch und Blut!«

Ganz anders war das Verhältnis Mahlers zu seinem Intendanten Bernhard Pollini, diesem absolutistischen, eiskalten Theater-Manager, der, bevor er nach Hamburg gekommen war, die Hoftheater in Sankt Petersburg und Moskau gründlich auf Vordermann gebracht hatte. Der vierschrötige Prinzipal, der es sich nie abgewöhnen konnte, in Kölner Jargon zu reden, hatte zweifelsohne die außergewöhnlichen Fähigkeiten Mahlers erkannt. Er respektierte die Vorschläge seines Ersten Kapellmeisters in puncto Stückeauswahl und Solistenengagements, lehnte jedoch kategorisch alle Bemühungen Mahlers ab, im Hamburger Stadttheater eine »moderne« Regie einzuführen. »In einem Opernhaus muß gesungen werden«, erklärte Pollini. »Und damit man vor allem die großen Arien versteht, ist es besser, diese werden vorn an der Rampe gesungen, als im Hintergrund [. . .] um irgendeiner Dramaturgie willen. Außerdem glaube ich, daß die Künstler, die wir verpflichtet haben, so talentiert sind und soviel Schauspielkunst mitbringen, daß

sie schon ganz von selber wissen, wie sie zu agieren haben.« Nun, das wußten sie leider nicht. Und Mahler regte sich oft darüber auf, wenn die Klafsky, die Schumann-Heink, Rosa Sucher oder der beliebte Tenor Max Alvary »einen scheußlichen Circus« auf der Szene veranstalteten. Manchmal sprang er bei den Proben dazwischen, um den Sängern zu zeigen, wie man eine bestimmte Bewegung auszuführen habe. War Pollini zugegen, brüllte dieser über die Bühne: »Mahler, gehen Sie dahin, wohin Sie gehören. Über der Gürtellinie meines Hauses haben Sie nichts zu suchen!« Einmal hatte sich Mahler neben Alvary gesetzt, um der Sucher plausibel zu machen, wie sie sich im Liebesduett des zweiten Aktes von ›*Tristan*‹ verhalten solle. Mahler umarmte Alvary und sang die Isolden-Texte. Da erschien Pollini, runzelte die Stirn und befahl seinem Adlatus: »Mandel, informieren Sie die Sittenkommission, mein Erster Kapellmeister begibt sich auf Abwege!«
Im Prinzip kamen Intendant und Kapellmeister miteinander aus. »Mahler besitzt eine geheimnisvolle Autorität«, schrieb Pollini 1894 an seinen Freund Arnsheimer in Breslau. »Manchmal bin ich davon regelrecht eingefangen; aber ich sorge schon dafür, daß die Bäume nicht in den Himmel wachsen. Rachmoness wird es nicht mit ihm geben, dazu ist er wieder zu devot. Er kommt schließlich aus Böhmen und hat lange Zeit in Wien gelebt. Diese Anpassungsvölker da drunten hat man leicht in der Hand [. . .]! Nun ist er sehr ein eigener und wirkt auf alle wie ein Dämon, den nicht wenige fürchten. Seine Erscheinung ist wirklich teuflisch.«
Damals lebte Otto Klemperer mit seinen Eltern in Hamburg. Er erinnert sich an die erste Begegnung mit dem »Dämon« Gustav Mahler: »Der Weg von meiner Schule nach Hause kreuzte die Grindelallee, die zum Westen Hamburgs führte. Mahler wohnte privat in derselben Gegend. Als ich eines Tages von der Schule nach Hause ging, sah ich einen seltsamen Mann neben mir. Er hielt seinen Hut in der Hand und schien nicht ordentlich gehen zu können. Er zuckte beim Gehen, blieb plötzlich stehen und schien einen Klumpfuß zu haben. Ich betrachtete ihn mit außerordentlicher Neugierde und wußte in mir: Das ist der Kapellmeister Mahler vom Stadttheater. Woher ich das wußte, ist mir allerdings nicht klar, vielleicht von meinen Eltern. Sie gingen gelegentlich

ins Stadttheater und brachten die Programme mit. Da stand dann der Name Mahlers an erster Stelle.«

Mahler – eine Figur, wie sie E. T. A. Hoffmann hätte erfunden haben können. Merkwürdigerweise besaß er eine enorme Anziehungskraft auf das weibliche Geschlecht. In Hamburg waren es vornehmlich zwei Damen der Sangeskunst, die ihm keine Ruhe ließen: Emmy Teleky und Anna von Mildenburg. Dem Fräulein aus »niederem Adel mit mörderischer Stimme« scheint seine Gunst gegolten zu haben. Während die Teleky in irgendeinem Café auf den »süßen kleinen Herrn Kapellmeister« wartete, weil dieser ganz beiläufig, um sie für den Nachmittag los zu sein, gesagt hatte, er sei zur Pause dort und dort, genoß die Mildenburg ein Tête-à-tête mit ihrem »Staberl« im Greenroom ihres feudalen Etablissements an der Esplanade.

Die herbe Anna war auf Mahler versessen. Später behauptete sie, mit ihm offiziell verlobt gewesen zu sein, was aber in den Bereich der Legende gehört. Sicher ist, daß er die Bühnenanfängerin in Hamburg außergewöhnlich förderte und mit ihr ein hochdramatisches Repertoire erarbeitete, das ihr die Möglichkeit gab, Mitglied der Wiener Hofoper zu werden. Die Teleky merkte bald, daß Mahler die Mildenburg favorisierte. Es kam zu peinlichen Eifersuchtsszenen auf und hinter der Bühne. Mahler mußte der »rasenden Emmy« durch einen Anwalt verbieten lassen, die Behauptung aufzustellen, sie sei von ihm schwanger. »Die Intrigen gewisser Damen machen ihn ganz marode«, schreibt Justine Mahler 1894. »Sie bringen ihn noch um den Verstand und er fällt mir ganz vom Fleische!« Die Schwester führte ihm seit 1889 den Haushalt; in diesem Jahre waren die Eltern und die sechsundzwanzigjährige, in Wien verheiratete Schwester Leopoldine gestorben. Die Familie seines Freundes Fritz Löhr nahm die beiden unmündigen Geschwister auf: die vierzehn Jahre alte Emma und den sechzehn Jahre alten Otto, für deren Lebensunterhalt Mahler aufkam. Bruder Alois, zweiundzwanzig Jahre alt, hatte es vorgezogen, »ein freies Leben zu führen«. Er vagabundierte durch Österreich und mußte nicht selten einsitzen. Mahler: »Am besten ist, wir tilgen ihn aus unserem Gedächtnis, denn er ist unserer Eltern nicht würdig!«

Eines Tages erklärte Pollini, er habe einen neuen Korrepetitor empfohlen bekommen, Bruno Schlesinger mit Namen, ein blutjunges, ungewöhnlich talentiertes Kerlchen, das Mahler wohl behagen werde. »Soll sich vorstellen!« war der Kommentar des Ersten Kapellmeisters. Bruno Schlesinger, nachmals Bruno Walter, kam und stellte sich vor. Der junge Mann war über seinen künftigen Vorgesetzten bestens informiert. Die Feuilletons der Zeitungen strotzten von hohnvollen Essays über den »geschmacklosesten Tonschöpfer der Zeit«, denn soeben hatte Mahlers erste Symphonie beim Tonkünstlerfest des »Allgemeinen Deutschen Musikvereins« in Weimar einen spektakulären Durchfall erlitten. Bruno Walter: »[. . .] ich wünschte mir sehnlichst, den maßlosen Mann und sein maßloses Werk zu kennen!« Wenige Wochen später war es soweit. Walter: »Und da stand er nun in Person in der Theaterkanzlei, als ich von meinem Antrittsbesuch bei Pollini heraustrat: bleich, mager, klein von Gestalt, länglichen Gesichts, die steile Stirn von tiefschwarzem Haar umrahmt, bedeutende Augen hinter Brillengläsern, Furchen des Leides und des Humors im Antlitz, das, während er mit einem anderen sprach, den erstaunlichsten Wechsel des Ausdrucks zeigte, eine gerade so interessante, dämonische, einschüchternde Inkarnation des Kapellmeisters Kreisler [. . .]; er fragte mich freundlich-gütig nach meinen musikalischen Fähigkeiten und Kenntnissen – was ich zu seiner sichtlichen Befriedigung mit einer Mischung von Schüchternheit und Selbstgefühl erwiderte – und ließ mich in einer Art Betäubung und Erschütterung zurück [. . .] Mahler erschien mir in Antlitz und Gebaren als Genie und Dämon: das Leben selbst war plötzlich romantisch geworden, und durch nichts wüßte ich die elementare Wirkung der Mahlerschen Persönlichkeit besser zu kennzeichnen als durch die unwiderstehliche Gewalt, mit der sein Eintritt in die Sphäre eines jungen Musikers in kurzer Zeit eine völlige Wandlung des Lebensgefühls in diesem bewirkte.«

Eine weitere Erinnerung Bruno Walters aus jenen Tagen: »Ich trete mit Mahler aus dem Bühnenausgang und will mich verabschieden, was er mit den Worten verhindert: ›Begleiten Sie mich ein Stück.‹ Des Inhalts unserer Unterhaltung entsinne ich mich nur insofern, als sie mit einer Bemerkung über das Humperdinckscheı Werk [›*Hänsel und Gretel*‹; Anm. d. Verf.] begann, das er ›meisterhaft gekonnt, aber nicht eigentlich märchenhaft‹ nannte. Dann ging es über die Erörterung dessen, was märchenhaft sei, zu anderen Gegenständen über, und wieder war ich fasziniert zu sehen, wie die gleiche Intensität, derselbe Grad geistiger Spannung sein Gespräch erfüllte wie vorher seine Probenführung: Die Heftigkeit, mit der ihn Unbefriedigendes, das ich sagte – und wie eingeschüchtert sagte –, ablehnte, sein plötzliches Versinken in nachdenkliches Schweigen, der freundliche Blick, mit dem er ein verständnisvolles Wort von mir aufnahm, ein unerwartet aufzuckender Ausdruck geheimen Leides, dazu die seltsame Unregelmäßigkeit seines Ganges: sein Fußstampfen, Stehenbleiben, wieder Vorwärtsstürmen – alles bestätigte und verstärkte den Eindruck der Dämonie, und ich hätte mich kaum gewundert, wenn er nach der Verabschiedung, immer schneller ausschreitend, mir plötzlich als Geier davongeflogen wäre wie der Archivarius Lindhorst dem Studenten Anselmus in Hoffmanns Goldenem Topf.«

In den ersten Spielzeiten seiner Hamburger Ära hatte Mahler durchaus noch nicht mit jenen »himmlischen Raritäten und kometenhaften Opernwundern« zu tun, von denen Bruno Walter 1894 schwärmte. Pollini hatte für die Saison 1891/1892 vorsorglich Opernnovitäten eingekauft, von denen er sich eine »Spitzen-Cassa« versprach. Die Chronik bewahrt ihre Titel:

»›*Santa Chiara*‹, große romantische Oper mit Ballett in 3 Acten von Charlotte Birch-Pfeiffer, Musik von Sr. H. dem Herzog von Sachsen-Coburg-Gotha,
›*Die Ritter von Marienburg*‹, große Oper in 3 Acten von Paul Geisler, Dichtung von Gustav Kleinau,
›*Der Pfeifer von Dusenbach*‹, große romantische Oper mit Ballett in 3 Acten von Fr. W. Wulff und W. Wennhacke, Musik von Richard Kleinmichel,
›*Abenddämmerung*‹ (Un tramonto), musikalisches Idyll in 1 Act von Arrigo Boito, aus dem Italienischen übersetzt von Dr. Siegmund Arkel, Musik von G. Coronaro,
›*Am Wörther See*‹, Kärntnerisches Liederspiel mit Tanz in 1 Act von Thomas Koschat.«

Hinzu kamen eine szenische Einrichtung von Liszts Oratorium *›Die Legende von der heiligen Elisabeth‹* und Neuinszenierungen von Webers *›Silvana‹*, Verdis *›Ernani‹* und *›Aida‹*, Gounods *›Romeo und Julia‹*, Thomas' *›Mignon‹* sowie Ignaz Brülls *›Das goldene Kreuz‹* und Boïeldieus *›Johann von Paris‹*.

Pollini hatte beabsichtigt, Mahler in beiden Häusern (Hamburg und Altona) das Hauptkontingent dieser Stücke dirigieren zu lassen. »Sie werden sich damit bestens einführen und an das Orchester gewöhnen!« meinte er. Mahler erwiderte, daß er nicht daran denke, »die Produktionen unterm Strich« zu übernehmen, denn schließlich habe er sich als Wagner- und Mozart-Dirigent Meriten erworben. »Ich stecke hier in Hamburg nicht zurück!« Pollini lenkte ein und überließ ihm bereits in der ersten Spielzeit das gesamte Wagner-Repertoire: die Abende mit dem *›Ring des Nibelungen‹*, mit *›Lohengrin‹*, den *›Meistersingern‹*, dem *›Fliegenden Holländer‹*, *›Tristan und Isolde‹* und *›Rienzi‹*.

Seine zweite Spielzeit in Hamburg, also 1891/1892, eröffnete Mahler mit Beethovens *›Fidelio‹*. Die Kritik war einhellig von seinem Dirigat begeistert. »Wir haben hier wohl selten eine so in allen einzelnen Teilen fein ausgemeißelte, im Ganzen so wohl verlaufende Aufführung gehört [. . .] Einzelne kleine Aussetzungen und Meinungsverschiedenheiten, die wir äußern müssen, ändern an diesem Thatbestand nichts, denn Herr Director Mahler ist ein Capellmeister von so feinen künstlerischen Intentionen, so reichem Wissen und Können und so reinem Streben, daß man vor ihm den Hut ziehen und auch da ihm Achtung zollen muß, wo man vielleicht nicht ganz seiner Ansicht ist.«

Bei den Tempi beispielsweise war man nicht ganz seiner Ansicht. »Diese betreffen zunächst die große Leonoren-Ouvertüre Nr. 3 während der Verwandlung des zweiten Actes und das Tempo des Gefangenen-Chors im ersten Act. Letzterer wurde vom Chor [. . .] ganz vorzüglich gesungen [. . .]; im Ganzen aber war das Zeitmaß in dieser langsamen Bewegung entschieden verfehlt. Beethoven hat Allegro ma non troppo und Zweiviertel-Tact vorgeschrieben [. . .] Herr Mahler aber schlug vier Achtel und machte aus dem Stück ein Andante con moto.«

Wegen der Tempi waren ihm die Kritiker auch in den folgenden Jahren

Hamburger
Stadt-Theater.

(Direction: B. Pollini.)

Donnerstag, den 12. Januar 1893.

117. Abonnem.-Vorstellung. 18. Donnerst.-Vorstellung.

Zum 3. Male:

Jolanthe.

Lyrische Oper in 1 Akt. Text (russisch) nach Henrik Hertz' „König René's Tochter" v. Modest Tschaikowsky.
Deutsche Umdichtung von Hans Schmidt.
Musik von P. Tschaikowsky.
Regie: Herr Franz Bittong.
Dirigent: Herr Kapellmeister Gustav Mahler.

René, Graf von Provence, Titular-König von Neapel u. Jerusalem Hr. Wiegand
Jolanthe, seine Tochter .... Frl. Bettaque
Robert, Herzog von Burgund .... Hr. Eichhorn
Graf Vaudemont, ein burgundischer Ritter .... Hr. Seidel
Ebn-Jahia, ein maurischer Arzt ... Hr. Strakosch
Almerik, Waffenträger des Königs René .... Hr. Landau
Bertram, Pförtner des Schlosses .. Hr. Lorent
Martha, die Frau Bertrams, Jolanthens Amme .... Frl. Olitzka
Brigitte, } Freundinnen Jolanthens { Fr. Lißmann
Laura, } Freundinnen Jolanthens { Frl. Ralph

Dienerinnen und Freundinnen Jolanthens, Heervolk und Waffenträger des Herzogs von Burgund.
Die Handlung spielt in der Provence im XV. Jahrhundert.

nicht selten gram. Dazu Mahler: »Was sie immer mit den veränderten Tempi haben! Ich muß ein Stück so dirigieren, wie es sich aus dem Ablauf ergibt. Ich kann sehr genau lesen, was die Meister gewollt haben. Wer das nicht kann, sollte mit seinem Urteil zurückstecken. Es kommt manchmal nicht darauf an, was vorgeschrieben ist, sondern auf den geistigen Hintergrund, der mir vorschreibt, was ich zu tun und zu lassen habe [. . .]!« Von den geplanten sieben Erstaufführungen der Saison übernahm Mahler die deutsche Erstaufführung von Tschaikowskijs ›*Eugen Onegin*‹ und die Ersteinstudierung des vieraktigen Musikdramas ›*Der Traum*‹ von Alfred Bruneau. Außerdem behielt er sich die Neueinstudierung einer seiner Lieblingsopern vor: des ›*Dämons*‹ von Anton Rubinstein.

Mit beiden Komponisten, Rubinstein und Tschaikowskij, fühlte sich Mahler aufrichtig verbunden. Er traf mit ihnen 1891 bzw. 1892 zusammen, also nur kurze Zeit vor ihrem Ableben. Tschaikowskij schrieb nach der Hamburger Erstaufführung seines ›*Eugen Onegin*‹ an seinen Bruder Modest: »Du kannst Dir nicht vorstellen, welch einen liebenswerten, hochbegabten Genossen ich in Gustav Mahler kennengelernt habe. Es war eine wahre und einzige Offenbarung, seinen Proben zu lauschen. Er hat meine Oper herausgebracht, als wäre es sein eigenes Werk. Gewiß ist er von Eigenwilligkeit, vor allem rein äußerlich, wo er manche abschreckt. Aber ist man mit ihm etwas länger in Konversation, blüht er auf und man sieht einen so reinen und untadeligen Menschen vor sich, wie er für diese Welt viel zu schade ist. Man muß ihn lieben, weil er einer von den Menschen ist, die engelsgleich dieses irdische Jammertal mit Lauterkeit und Freude erfüllen. Wenn er dirigiert, affektiert er sich außerordentlich. Er schlägt nicht allein nach der Präzision, sondern auch nach dem Gefühl, so daß seine linke Hand ebensoviel Bedeutung beim Dirigieren hat wie die Rechte. Aber seine Musiker kommen damit vorzüglich zurecht. Sie sehen alles und erleben alles unter ihm.«

Mahler fand seinen Kollegen Tschaikowskij »im höchsten Grade« introvertiert. Er schreibt: »Dieses also war der berühmte russische Meister! Er saß vor mir, konnte nicht reden, atmete schwer. Ein Mann von gediegener Schönheit, sehr weichlich in den Zügen [. . .] Er kann sich

nicht verkaufen! Ich habe viele Stunden mit ihm geredet und muß sagen, daß ich mit einem großen, aber herrlichen Kinde geredet habe.«
Anton Rubinstein war das genaue Gegenteil von dem femininen Peter Tschaikowskij. Mahler: »Das ist der polternde, dennoch höchst elegante Herr aus St. Petersburg, der mit Grandezza und slawischer Geradheit das sagt, was ihm auf Herz und Leber liegt. Er läßt sich nicht in die Parade fahren. Ein Gentleman aus Rußland, dessen Begeisterung für die Musik mitreißt. In ihm weiß ich einen wirklichen Freund. Sein *›Dämon‹* ist ein großes, durchgearbeitetes Werk, das zu den unverlierbaren Schätzen der Oper dieses Jahrhunderts gehört.«
Rubinstein über Mahler: »Noch ein paar Jahre und er steht an der Spitze aller Dirigenten Europas. Er ist zart, allzu zart, hat aber die innere Robustheit, die man braucht, um sich an der Spitze durchzusetzen. Dieser Mann arbeitet in Hamburg. Aber das ist ein Übergang. Man wird ihn sehr bald dort hören, wo man sagt: hier schlägt das Gewissen des europäischen Musiklebens. Ich hab ihn lieb gewonnen, wenn er auch zwischendurch wie ein Narr sich verhält. Aber welcher große Mensch und Künstler hat nicht Stunden, in denen er ein Narr ist . . . es sein darf . . . und sogar sein muß?!?!«
›Eugen Onegin‹ und *›Der Dämon‹* wurden Kassenerfolge des Hamburger Stadttheaters. Pollini bemerkte dazu: »Wenn Mahler weiterhin einen so guten Riecher behält, dann werden wir unser Institut in der Tat an der Spitze aller Opernhäuser sehen. Mein guter Riecher und sein guter Riecher zusammen . . . das ergibt Plus, Plus, Plus und nochmals Plus [. . .]!«
Pollini hatte den Plan ausgeheckt, das gesamte hanseatische Opernensemble nach London zu verfrachten, damit es dort in der Spielzeit 1891/1892 eine deutsche Stagione abhalte. Mahler war skeptisch, aber schließlich galt sein Intendant als einer der fähigsten Manager auf dem Theatergebiet. So stimmte er zu. Der Vertrag wurde mit Sir Augustus Harris abgeschlossen, mit dem Pollini bereits mehrfach größere Gastspiele arrangiert hatte.
Sir Augustus erkundigte sich nach dem Dirigenten.
Pollini: »Gustav Mahler, der Beste, den es in Deutschland gibt!«
Harris: »Sie hatten schon immer den Vorzug zu übertreiben!«

Pollini: »Warten wir ab!«
Nach dem Gastspiel erklärte Harris: »Ich habe gewonnen, denn Mahler ist nicht der Beste!«
Pollini: »Sehen Sie sich doch die Kritiken an, Sir Augustus!«
Harris: »Er ist nicht der Beste, mein Freund. Er ist der Genialste.«
Im Juni trafen Solisten, Chor und Orchester des Hamburger Stadttheaters in der Themse-Metropole ein. Im Drury Lane Theatre sollten ›*Tristan*‹, ›*Der Ring des Nibelungen*‹ und Beethovens ›*Fidelio*‹ gegeben werden, den man in deutscher Sprache bisher in England noch nicht vernommen hatte. Es gab lediglich eine italienische Übertragung, die seit Jahren im Covent Garden Opera-House gesungen wurde. Daher sprach die Kritik von der »deutschen« Erstaufführung von Beethovens einziger Oper.
Mahler und Pollini hatten die besten Kräfte des Hamburger Ensembles ausgewählt: Rosa Sucher, Katharina Klafsky, Theodor Reichmann und Max Alvary.
Auf der Überfahrt hatte Mahler einen peinlichen Streitfall zu schlichten, der die Tournee beinahe gefährdet hätte. Reichmann erzürnte sich über seinen Intimus, einen Choristen, den er mit einem Bootsmann »in eindeutiger Handlung« erwischt hatte. Der Streit nahm solche Ausmaße an, daß Reichmann drohte, er werde sich umbringen. Pollini versuchte, seinen Star zu beruhigen. Fehlschlag. Der enttäuschte Herr Kammersänger bekam Schreikrämpfe und machte dadurch die Besatzung aufmerksam. Der Kapitän ließ sich berichten und erklärte rundheraus, die »kriminellen Vorfälle« unverzüglich der Landespolizei melden zu müssen. Damit wäre der Skandal perfekt gewesen.
Mahler bekniete Reichmann, der allmählich einsah, in welch kritische Situation er das gesamte Unternehmen manövriert hatte. Er entschuldigte sich beim Kapitän, erklärte, eine Halluzination gehabt zu haben . . . und bat um ärztlichen Beistand. Mahler verhinderte, daß der Kapitän einen Bericht aufsetzte.
Und so kam man dann in England an Land: Reichmann, ein Nervenbündel, Pollini mit Herzkrämpfen, Mahler mit einer Magenverstimmung.
Die Generalprobe zum ›*Ring*‹ ging wegen der »allgemeinen Anspan-

nung und der Woge der Unpäßlichkeiten« völlig daneben, so daß Mahler erklärte: »Mit dieser Arbeit können wir uns in London nicht sehen lassen!«
Die Klafsky fiel aus, weil ihr Mann, der Bariton Franz Greve, plötzlich an einem Herzversagen verschieden war. Der Ersatz war – nach Mahlers Worten – höchst mittelmäßig.
Im »Hamburger Fremdenblatt« erschien folgender Bericht: »[. . .] und doch schien noch bis zum letzten Augenblick die über dem diesjährigen Wagner-Cyclus waltende ›Mißwende‹, wie Wagner sich ausdrückt, die Ausführung des letzten großen Theiles der Aufgabe unmöglich machen zu wollen, indem noch am letzten Tage sowohl Frl. Bettaque (Gutrune), wie Frau Heink (Waltraute) wiederum krank wurden und die Vorstellung nur dadurch gerettet werden konnte, daß die Vertreterin der Wellgunde neben dieser Rolle noch die Gutrune übernahm und die herrliche Waltrauten-Scene, sonst der Stolz unserer Bühnen, ausfallen mußte [. . .] Und nicht nur hier, sondern auch in den voraufgegangenen Werken ›*Tristan und Isolde*‹ und anderen lag in seinen [Mahlers; Anm. d. Verf.] Händen allein die Verantwortung für das Gelingen der Sache.«
Es mußte mancherlei umdisponiert werden. Im Drury Lane Theatre fielen plötzlich einige technische Vorrichtungen aus, so daß die ersten Vorstellungen im Covent Garden Opera-House stattfanden. Dann hatte Pollini vorgeschlagen, wegen der unpäßlichen Solisten mit ›*Siegfried*‹ zu beginnen, wogegen sich Mahler zunächst sträubte. Aber Pollini hatte richtig kalkuliert: Max Alvary, der die Titelpartie in bestechender Form sang, nahm das Londoner Publikum sofort für sich ein. ›*Siegfried*‹ wurde wiederholt. Inzwischen waren Ersatzkräfte eingetroffen, und auch die Klafsky hatte sich wieder soweit gefangen, daß sie bei den letzten Vorstellungen singen konnte. Der Korrespondent des »Hamburger Fremdenblattes« berichtete: »Der Erfolg der ersten Wagner-Vorstellung im Covent Garden Theatre letzte Woche war so durchschlagend, so gewaltig gewesen, daß ›*Tristan und Isolde*‹ gestern vor völlig ausverkauftem Hause über die Bretter ging. Es ist keine Übertreibung, wenn man sagt, daß Sir Augustus Harris und die Hamburger Aufführung einen beispiellosen Triumph errungen haben

[. . .]. Das Orchester that Wunder unter der Leitung seines Dirigenten, Herrn Mahler.« Am Schluß des Gastspiels schreibt Mahler an den Redakteur Arnold Berliner: »Gestern endlich nach Besiegung unglaublichster Schwierigkeiten Götterdämmerung gewesen. Die Vorstellungen von Tag zu Tag mittelmäßiger – der Erfolg größer! – ›I war halt der Beste‹!«

Der Meinung war auch George Bernhard Shaw, damals Musikkritiker der Zeitschrift »World«. Er hatte an den Sängern und der Inszenierung allerhand auszusetzen, fand aber, daß Mahler die Partituren »aus dem f.f.« kenne und zu den »großen und kühnen Hoffnungen« hinzugezählt werden müsse, »die sich aus deutschen Landen zu internationalem Ruhm hinwegbewegen«.

Für Pollini war das Londoner Gastspiel der Höhepunkt seiner Laufbahn als Opern-Manager. Er dankte Mahler mit einem kostbaren Geschenk aus der Dresdner Porzellanmanufaktur und einer Handschrift Mozarts. In den folgenden Spielzeiten löste Mahler sein Versprechen ein, sich für die Opernkomponisten seiner Heimat einzusetzen. Es kam zu einer vieldiskutierten Erstaufführung von Smetanas ›*Die verkaufte Braut*‹. ›*Zwei Witwen*‹, ›*Der Kuß*‹ und schließlich ›*Dalibor*‹ folgten und fanden freundliche Aufnahme beim hanseatischen Publikum.

Das Jahr 1894 brachte für Mahlers Hamburger Tätigkeit wesentliche Änderungen: Hans von Bülow war in Afrika einem Lungenleiden erlegen. Mahler rüstete zu einer pompösen Trauerfeier für den heimgegangenen »Giganten« in der Michaeliskirche. Er war einer der wenigen Zeugen bei der Einäscherung (Mahler: »Läuterung der gequälten Seele durch heiliges Feuer«) des Vorbildes und Gönners im alten Krematorium der Hansestadt. Als die Urne zur Grabstätte hinausgetragen wurde, schritt Mahler unmittelbar hinter den sterblichen Überresten Bülows dahin, einen Palmzweig über das schwarzverhangene Gefäß haltend.

Mahler wurde Nachfolger Hans von Bülows in der Leitung der Philharmonischen Konzerte. Pollini hatte anfangs gegen die »Zweiteilung« seines Ersten Kapellmeisters protestiert, war sich dann aber doch wohl darüber klar geworden, daß eine Verhinderung dieser Tätigkeit unweigerlich zu Mahlers Kündigung geführt hätte. Den Verlust der »Säule« seines Unternehmens mochte der Intendant jedoch nicht riskieren, zumal er bereits auf den Tod krank war und ohne Mahler das Ruder im Stadttheater womöglich nicht mehr fest in der Hand gehabt hätte. Mahler versprach seinem Chef, die Opernhaustätigkeit keineswegs zu vernachlässigen, und so gab Pollini seine Einwilligung zu der »Zweiteilung«. Mahler fühlte sich »zunehmend ermuntert und wie von unbenennbaren Zwängen befreit«. An Fritz Löhr schrieb er: »Nun kann ich wenigstens aus der Strafanstalt heraus und mich auf dem Konzertpodium frei bewegen [. . .] und daß ich die Nachfolge Bülows antrete, ist so erhaben und vorteilhaft für mich, daß ich es gar nicht beschreiben kann.«

Sicherlich trug Pollinis fortschreitende Erkrankung dazu bei, daß sich das Verhältnis zwischen Direktor und Kapellmeister merklich abkühlte. Mahler: »Er wird von Tag zu Tag nervöser, tyrannischer und undurchschaubarer. Ich fürchte, daß meine Tage in Hamburg gezählt sind.«

1897 waren sie endgültig gezählt. Mahler forderte von dem todkranken Intendanten seine Entlassung, die er sofort erhielt. Was kam jetzt? An seinen Freund Marschalk schrieb Mahler: »In Wien braucht man einen Direktor und findet, daß ich der geeignete Mann für diesen Posten wäre. Aber das Hindernis aller Hindernisse – mein Judentum – liegt im Wege.« Freunde rieten ihm dringlich, zum Katholizismus zu konvertieren, »womit man in Wien alleweil am besten vorankommt«.

Mahler ließ sich taufen. Ein Bekenntnis sollte seiner Karriere nicht im Wege stehen. Und außerdem: Hatte er nicht schon immer, seit frühester Jugend, eine gewisse Beziehung zur Mystik und zur außerlichen Repräsentation des Katholizismus gehabt? War er nicht begeistert am Fronleichnamstag den Prozessionen in Iglau hinterhergelaufen? Hatte er sich nicht oft genug in die Kirchen geschlichen, um dem »Wunder der Messe« von ferne beizuwohnen?

Als sich Mahler entschlossen hatte, Christ zu werden, fielen ihm all diese Erlebnisse von früher ein, und bereitwillig gab er seinen Freunden darüber Auskunft, so daß ihm Löhr in einem Brief »das letzte Zaudern« mit den Worten zu nehmen gedachte: »Was willst Du eigentlich?

Aus all Deinen Schilderungen geht doch eindeutig hervor, daß Du seit Jahren nichts anderes als ein Katholik bist!« Die einzige, die erhebliche Einwände machte, war Mahlers Schwester Justine. Sie sprach von Verrat, fühlte die »seligen Eltern im Grabe entehrt« und konnte es lange nicht verwinden, daß ihr Bruder Gustav dem Glauben der Väter entsagt hatte.

Durch diesen Schritt war der Weg zum Thronsessel der Wiener Hofoper frei. Mahler konnte der Berufung zum »Gott der südlichen Zonen« mit Zuversicht entgegensehen.

Der Kommentar des Obersthofmeisters Fürst Liechtenstein: »Der Mann ist klug; die Taufe bringt ihm ein Vermögen ein!«

»AUFERSTEHN, JA, AUFERSTEHN WIRST DU«

Programm zur zweiten Symphonie von Gustav Mahler, mitgeteilt am 15. Dezember 1901 an Alma Maria Schindler, seine spätere Frau:

»Wir stehen am Sarge eines geliebten Menschen. Sein Leben, Kämpfen, Leiden und Wollen zieht noch einmal, zum letzten Mal, an unserem geistigen Auge vorüber. Und nun in diesem ernsten und im Tiefsten erschütternden Augenblicke, wo wir alles Verwirrende und Herabziehende des Alltags wie eine Decke abstreifen, greift eine furchtbar ernste Stimme an unser Herz, die wir im betäubenden Treiben des Tages stets überhören: Was nun? Was ist dieses Leben – und dieser Tod?

Giebt es für uns eine Fortdauer?

Ist dies alles nur ein wüster Traum, oder hat dieses Leben und dieser Tod einen Sinn?

Und diese Frage müssen wir beantworten, wenn wir weiter leben sollen –

Die nächsten drei Sätze sind als Intermezzi gedacht.

2. Satz Andante

Ein seliger Augenblick aus dem Leben dieses theuren Toten und eine wehmütige Erinnerung an seine Jugend und verlorene Unschuld.

3. Satz Scherzo

Der Geist des Unglaubens, der Verneinung hat sich seiner bemächtigt, er blickt in das Gewühl der Erscheinungen und verliert mit dem reinen Kindersinn den festen Halt, den allein die Liebe giebt; er verzweifelt an sich und Gott. Die Welt und das Leben wird ihm zum wirren Spuk; der Ekel vor allem Sein und Werden packt ihn mit eiserner Faust und jagt ihn bis zum Aufschrei der Verzweiflung.

4. Satz Urlicht (Altsolo)

Die rührende Stimme des naiven Glaubens tönt an unser Ohr. ›Ich bin von Gott, und will wieder zu Gott! Der liebe Gott wird mir ein Lichtchen geben, wird leuchten mir bis in das ewig selig Leben!‹

5. Satz

Wir stehen wieder vor allen furchtbaren Fragen – und der Stimmung am Ende desselben Satzes.

Es ertönt die Stimme des Rufers: Das Ende alles Lebendigen ist gekommen – das Jüngste Gericht kündigt sich an, und der ganze Schrecken des Tages aller Tage ist hereingebrochen. Die Erde bebt, die Gräber springen auf, die Toten erheben sich und schreiten in endlosem Zug daher. Die Großen und die Kleinen dieser Erde – die Könige und die Bettler, die Gerechten und die Gottlosen – alle wollen dahin – der Ruf nach Erbarmen und Gnade tönt schrecklich an unser Ohr. Immer furchtbarer schreit es daher – alle Sinne vergehen uns, alles Bewußtsein schwindet uns beim Herannahen des ewigen Geistes.

Der

›Große Appell‹

ertönt – die Trompeten der Apokalypse rufen; mitten in der grauenvollen Stille glauben wir eine ferne, ferne Nachtigall zu vernehmen, wie einen letzten zitternden Nachhall des Erdenlebens! Leise erklingt ein Chor der Heiligen und Himmlischen: ›Auferstehn, ja, auferstehn wirst du.‹

Da erscheint die Herrlichkeit Gottes! Ein wundervolles, mildes Licht durchdringt uns bis an das Herz – alles ist still und selig! Und siehe da: Es ist kein Gericht – Es ist kein Sünder, kein Gerechter, kein Großer – und kein Kleiner – es ist nicht Strafe und nicht Lohn!

Ein allmächtiges Liebesgefühl durchleuchtet uns mit seligem Wissen und Sein.«

Im Begleitbrief zu diesem symphonischen Programm ist die Rede vom

»Lichtlein«, das Mahler während der Komposition der »Zweiten« erschienen war. Das Lichtlein, das Franz Kafka eine Generation später das »Unzerstörbare« nennt, ist nichts anderes als die »Stimme zarten Schweigens«, von der im Alten Testament die Rede ist.
Mahler hatte in den Entstehungsjahren der »Zweiten« – wie er mehrfach betonte – entscheidende philosophische »Begegnungen«. Er war fasziniert von den Werken Friedrich Nietzsches, studierte aber auch die Arbeiten der großen Mystiker Dionysios Areopagita, Johannes Scotus Eriugena und Meister Eckhart. Meister Eckharts Thesen, mit Hilfe des Glaubens übernatürliches Wissen zu logischem Wissen umzuformen, hatten es ihm besonders angetan. Kaum hatte er mit der Niederschrift des ersten Satzes der »Zweiten« im Particell begonnen, da ließ er Löhr wissen, daß ihm nun aufgegangen sei (»und dieses letztlich durch eine einfache musikalische Eingebung, die ich sehr genau analysierte«), wie sehr die Tätigkeit der Vernunft Tun Gottes in uns sei. Die Seele stehe zwischen Gott und Kreatur, Gott sei das reine Sein, das »Ureine«.
Mahler fand sich auf dem Wege zur Unio mystica mit Gott. Zweck des Lebens sei die Erkenntnis Gottes und die Rückkehr zu Gott, die durch Abgeschiedenheit von allem Kreatürlichen erreicht werden könne, aber auch durch liebreiches Wirken unter den Mitmenschen. Bloße Kontemplation genüge da nicht.
Max Brod hat als erster darauf hingewiesen, daß die zweite Symphonie Mahlers eine »durch und durch philosophische und theologische« Schöpfung sei. In ihr offenbare sich das tiefinnerliche Erlebnis des suchenden und findenden Menschen, wie es bei Kafka später fundamentiert worden sei, schreibt der Religionsphilosoph und Dichter. Mahler habe sich dem Gesetz des »Lichtleins« unterworfen, mit dem der Mensch in Widerstreit gegen die ganze Natur trete, gegen den ganzen Kosmos. Brod: »Der schwache, kleine, in sich selbst unentschlossene, uneinige Mensch gegen das Donnergetöse der ungeheuren, in sich völlig sicheren und klaren Welt!«
Das »Lichtlein« – so Brod – habe Mahler, dem Wankelmütigen, dem Zauderer, dem Unbeherrschten und Unwachsamen ein dauerndes Vertrauen zu etwas Unzerstörbarem in sich geschaffen. »Die Erkennt-

nis des Lichtleins und seiner Kraft gab ihm die Möglichkeit, weiterzuleben, frei zu leben, das Dasein in seiner ganzen Mannigfaltigkeit zu begreifen.«

Das Programm, das Mahler seiner zweiten Symphonie voranstellte (es existiert in mehreren Variationen), unterstreicht die Aussagen Brods. Der Komponist selber erklärte 1893: »Meine Symphonien erschöpfen den Inhalt meines ganzen Lebens; es ist Erfahrenes und Erlittenes, was ich darin niedergelegt habe; Wahrheit und Dichtung in Tönen. Und wenn einer gut zu lesen verstünde, müßte ihm in der Tat mein Leben darin durchsichtig erscheinen. So sehr ist bei mir Schaffen und Erleben verknüpft, daß wenn mir mein Dasein fortan ruhig wie ein Wiesenbach dahin flösse, ich – dünkt mir – nichts Rechtes mehr machen könnte«.

Die Einführung in die Symphonie brachte natürlich die Gegner der Programm-Musik wieder auf die Barrikaden. Es ist fraglich, ob Mahler nach den Einwendungen Hanslicks von 1894 noch bereit gewesen wäre, der »Zweiten« ein so umfangreiches Programm vorauszuschikken. Was aber einmal auf dem Papier stand und was er als notwendig empfunden hatte, um seine Musik verständlich zu machen, davon mochte er sich nur schwer trennen. Er wandte sich dagegen, in seiner »Einführung« ein Hilfsmittel zu sehen, »das man wie einen Konzertführer benutzen kann«.

Mahler: »Ich habe nichts getan, als meine Stimmungen wiedergegeben. Es handelt sich um kein literarisches Programm im Sinne Liszts. Es ist auch nicht notwendig, daß künftige Dirigenten dieses ›Programm‹ zur Kenntnis nehmen, geschweige denn, daß es in Beiheften abgedruckt wird.«

Mahler erreichte mit seinen Entgegnungen überhaupt nichts. Man stempelte ihn – was das Formale seiner Symphonien betraf – als Liszt-Epigonen ab. Man begriff seinen musikästhetischen Standort nicht im geringsten.

Mahler verließ sich auf »Künder« seiner Musik in späteren Zeiten. Er schreibt: »Sie werden erkennen, was mich von den Lisztianern scheidet. Meine Musik ist Ausdruck meiner selbst. Sie spricht für sich, hat ihre eigene Seele. Ich will mich in ihr selbst offenbaren, mich erklären.

Wer könnte das von der Musik Liszts sagen [. . .]!«
Noch deutlicher kommt Mahlers künstlerisches Wähnen in einem Brief an Max Marschalk aus dem Jahre 1895 zum Ausdruck:
»Bei der Konzeption des Werkes [der zweiten Symphonie; Anm. d. Verf.] war es mir nie um Detaillierung eines Vorganges, sondern höchstens einer Empfindung zu tun. Die gedankliche Basis des Werkes ist deutlich in den Worten des Schlußchores ausgesprochen, und auf die ersten Sätze wirft das plötzlich einfallende Altsolo (O glaube, mein Herz, o glaube . . .) ein erhellendes Licht. Daß ich hinterher oft bei verschiedenen einzelnen Partien einen realen Vorgang vor mir sich – sozusagen – dramatisch abspielen sehe, ist aus dem Wesen der Musik leicht zu begreifen.
Der Parallelismus zwischen Leben und Musik geht vielleicht tiefer und weiter, als man jetzt noch zu verfolgen imstande ist. Durchaus aber verlange ich nicht, daß mir jeder darin folge, sondern gerne überlasse ich die Auffassung der Details der individuellen Anschauungskraft des Einzelnen.«
Und dann: »Meine Musik ist immer und überall nur Naturlaut! Dies scheint mir das zu sein, was Bülow zur mir einst mit dem sinnvollen Worte ›symphonisches Problem‹ bezeichnet hat. Eine andere Art von Programm erkenne ich, wenigstens für meine Werke, nicht an. Habe ich denselben ab und zu Titel vorgesetzt, so wollte ich für die Empfindung einige Wegweiser aufstecken, wo sich dieselbe in Vorstellung umsetzen soll. Ist das Wort hierzu nötig, so ist die menschliche artikulierte Stimme da, welche dann die kühnsten Absichten verwirklichen kann – eben durch die Verbindung mit dem aufhellenden Wort!«
Die zweite Symphonie vollendete Mahler in den Anfangsjahren seiner Hamburger Tätigkeit. Bülow war noch ansprechbar, und da Mahler ihm von dem großen Projekt erzählt hatte, war er neugierig auf das »Gespinst«, das der »Pygmalion der Hamburger Oper« in den Sommermonaten, während der Theaterferien, gewoben hatte. Mahler spielte seinem Gönner die »Totenfeier« vor. Bülow war entsetzt. »Mahler, der Tristan ist gegen Ihr Stück eine Haydnsche Symphonie!« – so seine Reaktion. Tagelang konnte er sich nicht beruhigen. Immer wieder fragte er Mahler: »Und das soll sich durchsetzen?«

Der Komponist verfiel in eine Phase der Resignation. Er ahnte, daß seine Musik in der Gegenwart keine Beachtung finden würde. Mahler empfand sich als Zukunftsmusiker. An Löhr hatte er nach Bülows Beurteilung geschrieben: »Ich beginne bereits selbst zu glauben: Entweder sind meine Sachen abstruser Unsinn – oder – na! Ergänze Dir's und wähle selbst! Ich bin dessen schon müde.«
Mahler überwand Bülows Urteil, wenn auch nur sehr allmählich. Eines Tages ließ er Löhr wissen: »Daß der fundus instructus der Menschheit dadurch vergrößert ist, steht für mich außer Frage. Und – ich denke, der Wirkung wird sich niemand entziehen können!«
Mit dieser Gewißheit fuhr er im Frühjahr 1895 nach Berlin, um mit den dortigen Philharmonikern die Uraufführung der zweiten Symphonie vorzubereiten. Richard Strauss hatte sich für den Kollegen eingesetzt. »Wenn Sie eine Aufführung ablehnen«, äußerte er sich gegenüber den Orchestermusikern, »klage ich Sie des Unverständnisses gegenüber aller moderner Kunst an.« Das hatte im Spree-Athen gewirkt. Strauss galt als Enfant terrible unter den Komponisten und Dirigenten der Zeit. »Man fürchtete ihn, weil er so resolut und unnachgiebig war«, heißt es bei Richard Batka. »Was ein Strauss jener Jahre durchsetzen wollte, das setzte er durch. Sein Wille war Befehl für das gesamte deutsche Musikleben.«
Bruno Walter hat zusammengefaßt, was die Uraufführung der zweiten Symphonie für Mahler und für die Musikwelt bedeutete: »Der 13. Dezember 1895, an dem zum erstenmal das ganze Werk erklang – die ersten drei Sätze waren schon am Anfang des Jahres aufgeführt worden –, ist ein entscheidender Tag für den Komponisten Mahler gewesen. Das Werk, von dem er selbst einmal schreibt: ›Man wird mit Keulen zu Boden geschlagen und dann auf Engelsfittichen zu den höchsten Höhen gehoben‹, wirkte überwältigend in einer meiner Erinnerung nach herrlichen Aufführung. Noch jetzt fühle ich die atemlose Spannung, mit der man nach dem Weltuntergang im letzten Satz dem geheimnisvollen Singen des Vogels beim Großen Appell lauschte, und die allgemeine tiefe Ergriffenheit beim Einsatz des Chores Auferstehn, ja, auferstehn. Gewiß gab es auch damals Gegnerschaft, Verkennung, Verkleinerung, Verhöhnung. Aber doch war der Eindruck von der

Größe und Originalität des Werkes, von der Gewalt des Mahlerschen Wesens so tief, daß man von diesem Tag an seinen Aufstieg als Komponist datieren kann.«

Mahler hat mehrfach erklärt, daß er die Uraufführung seiner zweiten Symphonie als »eigentliche musikalische Totenfeier« für Hans von Bülow angesehen habe. »Dessen Geist war anwesend und gab mir die Kraft, alles auszuhalten!« äußerte er gegenüber Felix von Weingartner. Nach der Hauptprobe hatte Mahler einen heftigen Migräneanfall erlitten. Es schien so, als müsse man die Aufführung absagen. Aber Mahler schaffte es – wenn auch unter furchtbaren Strapazen –, Generalprobe und Uraufführung durchzustehen. Als er vom Podium wankte, flüsterte er: »Ihm die Ehre!« Das galt dem verewigten Freund, Gönner und Vorbild. »Wenn er das Ganze erlebt hätte, ich bin dessen gewiß: Bülow hätte es verstanden!« sagte Mahler zu Bruno Walter.

MARGINALIEN ZU DEN ERSTEN FÜNF SYMPHONIEN

Auszüge aus einem Rundfunkinterview des Autors
mit Alma Mahler vom 2. April 1960

Wessling:
Als Sie Gustav Mahler kennenlernten, hatte er bereits die Hälfte seiner Symphonien komponiert . . .

Alma Mahler:
Das ist wegen der unterschiedlichen Gewichte der Werke etwas übertrieben. Die vierte war fertig, er arbeitete an der fünften, die – wenn ich ehrlich urteilen soll – für mich das Großartigste und Geschlossenste der Mahlerschen Symphonie-Gattung darstellt. Mahler war damals in einer Phase, in der seine Ichzustände lebhaft wechselten. Himmelhoch jauchzend, zu Tode betrübt: Aufgeregtheit, Unlust, Hektik, Hypochondrie, Euphorie . . . Mein Stiefvater Moll sprach von »unserem pathologischen Herrn Hofoperndirektor«. So lernte ich ihn kennen: diesen Ausbund, dieses Genie-Bündel, in dem alle Welten der Kunst tobten. Natürlich war ich gut darüber informiert, was dieser »Günstling der Natur« bisher geschaffen hatte. Mein Hauptinformator war Zemlinsky, der mich in Komposition unterrichtete. Einer der frühen, ganz großen Mahler-Bewunderer und Mahler-Herolde. Mit Zemlinsky hatte ich beispielsweise die erste Symphonie durchgenommen, inklusive *»Blumine«* . . .

Wessling:
Das heißt: Sie kannten auch den zweiten Satz der ursprünglichen Fassung des Werkes, den Mahler nach der Uraufführung in Budapest – 1898 – strich und der seitdem als verschollen gilt. [Anm. d. Verf.: Dieser zweite Satz der ersten Symphonie wurde 1967 wiederentdeckt. Das Manuskript befand sich im Besitz von Mrs. James M. Osborn in New Haven, Connecticut, USA.]

Alma Mahler:
Diese *»Blumine«*-Geschichte wird in allen Referaten und Essays immer sehr breitgetreten. Ich möchte heute behaupten, daß dieser Satz gar nicht so wichtig ist, als daß man eine regelrechte Philosophie um ihn entwickelt. Mahler hatte erkannt, daß er im Ablauf der »Ersten« störend wirkte. Vielleicht war dieser *»Blumine«*-Satz zu sentimentalisch, zu sehr Tribut an Zeit und Umstand der Entstehung.
Die Uraufführung der »Ersten« in Budapest hatte Mahler ja durchaus nicht befriedigt. Er beschloß, die gesamte Symphonie umzuarbeiten, was er dann selbstverständlich auch getan hat. Dabei wurde nicht nur die Instrumentation geändert, sondern es wurde auch kräftig gestrichen und hier und da Neues hinzugefügt. *»Blumine«* verschwand und ward nicht mehr gehört. Zemlinsky, der die Gabe hatte, ein so gewaltiges und umfangreiches Werk wie Mahlers »Erste« aus dem Kopf von A bis Z auf dem Klavier vorzuspielen, machte mich auch mit *»Blumine«* bekannt. Mein Eindruck war, so wie ich es heute noch weiß, nicht sehr gewichtig. Auch Zemlinsky war von der Qualität dieses Satzes nicht sonderlich überzeugt und sagte einmal: ›Das wäre etwas für ein Opernballett gewesen!‹ Möglich . . .

Wessling:
Apropos Oper: Warum hat Mahler sich dieses Genres nicht angenommen?

Alma Mahler:
Er hat sich! Und zeit seines Lebens war er auf der Suche nach einem mahlergerechten Opernstoff. In seinen ganz frühen Jahren hat er doch

bekanntlich an mehreren Opernobjekten gearbeitet: *»Herzog Ernst«*, *»Rübezahl«* . . . Das waren ernsthafte Versuche, freilich am untauglichen Literaturobjekt. Ich glaube, daß es ihm in puncto Oper ähnlich wie Beethoven erging. Ständig auf der Suche nach einem geeigneten Vorwurf. Nun, Mahler hatte dann wohl nicht die Kraft, seinen »Fidelio« zu schreiben. Und ich bin dessen sicher, daß dieser Quasi-Fidelio Mahlers genauso ein Unding geworden wäre wie der des großen symphonischen Genies Beethoven. Nach der Oper war auch für Mahler die Symphonie das Genus proximum. Da war er zu Hause, da war er der Größte seiner Zeit. Und das wußte er. Wozu sich da mit dem undankbaren Projekt Oper herumschlagen müssen, mit dem er doch in seinem täglichen Leben an der Hofoper genügend und aufreibend konfrontiert wurde!

Wessling:
Strauss hat einmal gesagt: »In der »Zweiten« und im *»Lied von der Erde«* hat Mahler seine Operngelüste abreagiert.«

Alma Mahler:
Ja, ich kenne diesen Satz. Es war alles sehr merkwürdig mit diesem Herrn Richard Strauss, der auf der einen Seite ein wirklicher Förderer Mahlers war, andererseits den sich steigernden Ruhm seines Kollegen nicht vertrug. Der Richard hatte zwei Seelen in seiner Brust: Er war zugleich Salome und Klytämnestra. Nun gut – er hat sich den Ruhm gesichert, für die ersten Symphonien Mahlers eingetreten zu sein. Das wird ihm niemand abstreiten. Aber dann war er geradezu mahlerfeindselig – und das paßte ja auch so wunderschön zu den aufkommenden Tendenzen und Meinungen: Ein von den Nationalsozialisten in weitestem Maße geförderter »Hofkomponist« Richard Strauss konnte sich unmöglich für den »entarteten« Gustav Mahler einsetzen. Wo wäre man da hingekommen.
Und früher dieses Argwöhnen Straussens . . . Mahler war Direktor der Wiener Hofoper; Strauss diente in Berlin. Wien stand im Ansehen weitaus höher. Mahler war also in den Augen von Strauss der Bevorzugte. Da mußte man doch alles dransetzen, um den Kollegen einzuholen. Wie die Geschichte berichtet, hat Strauss es geschafft, wie er so

vieles schaffte, das ihm wohlbekam, aber seinem Nachruhm – wie ich meine – bis in alle Ewigkeit schaden wird. Denken Sie doch nur an die Sache mit Bruno Walter nach der sogenannten Machtübernahme! Scheußlich, schändlich, barbarisch!

Ich erinnere mich vieler höchst merkwürdiger Erlebnisse mit Herrn Strauss und seiner noch viel merkwürdigeren Ehegattin Pauline.

Ein Erlebnis, das Mahler furchtbar kränkte und das er nie vergaß: Es war nach der Uraufführung der dritten Symphonie in Krefeld. Die Aufführung war ja mit größter Spannung erwartet worden. Nachdem der erste Satz verklungen war, brach ein großer Jubel aus. Und Strauss war einer derjenigen, die sich vorn zum Podium hindrängten und ostentativ dem Komponisten und Dirigenten Beifall schenkten. Von Satz zu Satz nahm die Begeisterung zu; aber gerade das schien Strauss denn doch nicht zu behagen. Er saß unruhig, passiv da, und am Schluß war er weg, verschwunden. Mahler und ich waren nach dieser begeistert aufgenommenen Uraufführung wie von Sinnen, konnten weder sprechen noch etwas von dem anrühren, was wir in einem Gasthaus zum Nachtmahl bestellt hatten. Da kam Strauss mit seiner affektierten Pauline vorüber, gab Mahler gönnerhaft die Hand, sagte jedoch kein einziges Wort. Mahler hat sehr darunter gelitten. Star-Allüren eines Mannes, der es glaubte, sich so benehmen, sich so danebenbenehmen zu können. Ja, das gehört zur Geschichte der Uraufführung der »Dritten«.

Und nun noch einmal zu dem angeblich Opernhaften in der »Zweiten«, das Strauss darin investiert zu sehen und zu hören glaubte. Es gab auch andere »Kollegen«, die solche unverständliche Gedanken hegten, zum Beispiel der bigotte Siegfried Wagner. Aber, bitte schön – was gilt in der Geschichte schon die Aussage einer solchen Marionette! Es tut mir leid, daß ich da so hart werde. Aber es ist doch so: Diese Dilettanten, diese Heuchler, diese Epigonen, diese Möchte-gern-groß-sein-Figuren, was haben sie nicht alles dazu beigetragen, die Atmosphäre um Mahler und sein Werk zu vergiften! Die »Zweite« ist in ihrer ganzen Anlage so etwas wie eine riesige symphonische Kantate. Der Lieder-Komponist Mahler kommt durchaus zum Zuge. Aber was hat das alles mit Oper zu tun? Das sind Analysen – wenn's überhaupt welche sind! –

von Schwindlern, die sich ein kritisches Bewußtsein zugelegt haben, das alles andere als ein solches ist.
Wenn der Berliner »Kritiker« Wolff einst befunden hat, Bruckners ›*Tedeum*‹ sei der »Götterdämmerungsschluß für den heiligen Antonius von Padua«, dann ist das eine ebensolche Chuzpe, als wenn Herr Strauss in der Mahlerschen »Zweiten« Opernszenen oder Opernhaftes entdecken will. Dramatische Abläufe, kantable Abläufe – das muß doch nicht gleich Oper sein! Außerdem: Wenn ich's recht bedenke, empfinde ich die Aussage Straussens und anderer in diesem Hinblick noch nicht einmal als entwürdigend. Opernhaft? Ein Werk, das mit ›*Tristan*‹ oder ›*Palestrina*‹ verglichen werden kann, wird durch diesen Vergleich nicht in seiner Qualität gemindert.

Wessling:
Bei der Uraufführung der dritten Symphonie waren Sie dabei?

Alma Mahler:
Gewiß. Das war in Krefeld 1902. Für mich war das ganze Unternehmen sehr strapaziös, denn ich erwartete ein Kind. Aber für Mahler war alles nicht minder strapaziös. Es herrschte furchtbare Sommerhitze. Im Rheinland ist die vor allem sehr schwer zu ertragen. Die Proben fanden in Köln statt, und zwar im Gürzenich, dem Konzertsaal der Stadt. Es verlief alles sehr glatt, nach etlichen Proben sogar zur äußersten Zufriedenheit Mahlers. Ich saß während sämtlicher Proben im Saal. Nach fast jedem Satz kam Mahler zu mir, um die Dinge mit mir zu besprechen. Er verschwieg mir kein Detail. Ich saß mit einer Partitur auf dem Schoß da und machte mir Notizen, um ihm dann zu sagen, was mir in der Wiedergabe noch nicht so ganz gefiel. Es war ein äußerst harmonisches Zusammenwirken zwischen uns beiden. Wir kamen uns damals besonders nahe. Als die Proben dann zu Ende gingen, fuhren wir nach Krefeld, wo wir bei einem Seidenfabrikanten wohnen durften. Die Aufführung: ein großer, großer Erfolg!

Wessling:
Hat das »Programm« den Zuhörern geholfen, sich in diesem Werk zurechtzufinden?

Alma Mahler:
Ich möchte ausdrücklich betonen, daß die »Dritte« kein Programm im Sinne der Programm-Musiker von Liszt bis Strauss hat. Was vorhanden ist, sind Titelskizzen . . .

Wessling:
Waren . . . oder sind sie notwendig?

Alma Mahler:
Ich glaube schon. Mahler hat sich ja etwas dabei gedacht, als er die Titelskizzen niederlegte. Er wollte halt verdeutlichen, was ihm die Sommernachtsträume bedeuteten, die er während der Komposition geträumt hatte. Mir hat er jedenfalls mit diesen erklärenden, hinführenden Zutaten sehr geholfen. Übrigens war dann die Zeit der »Sommernachtsträume« endgültig vorbei, als es um die »Vierte« und die »Fünfte« ging.

Wessling:
Die vierte Symphonie wurde am 25. November 1901 in München uraufgeführt. Sie waren sicherlich Zeuge der ersten Wiener Aufführung am 12. Januar 1902.

Alma Mahler:
Bei den Daten müssen Sie mir helfen. Dann war es also die Wiener Erstaufführung im Jänner 1902? . . . Ich fand das außergewöhnlich aufregend, ein mir völlig unbekanntes Werk vom ersten Einstudierungsgang bis zum letzten mitzuerleben. Natürlich war mir vieles in der Musik noch fremd. Doch Mahler half mir, und es half mir auch Zemlinsky, so daß ich sehr bald mit der Materie vertraut war. Mahler war damals nicht sehr gut bei Verfassung. Er machte einen übernervösen Eindruck. Die berühmte Fliege an der Wand konnte ihn jeden Moment zum Explodieren bringen. Damals gab es ja schon Gruppen, die ihm nicht ganz ungefährlich waren. Man begann, mit allen Mitteln gegen ihn zu intrigieren. Und nun sollten die Musikbeamten auch noch ein so schweres Werk einstudieren!

Mahler lag Nächte hindurch wach, um darüber nachzudenken, wie er mit der selbstgestellten Aufgabe fertig werden konnte. Ich war – wie gesagt – bei den Proben zugegen, die oftmals alles andere als harmonisch abliefen. Es gab Tobsuchtsanfälle, Erschöpfungszustände . . . Manchmal wurde Mahler einzelnen Orchestermitgliedern gegenüber – pardon! – saugrob. Er kanzelte sie ab und behandelte sie wie Domestiken. Kein Wunder, daß die Herrschaften miserabel spielten und . . . – ich glaube mich richtig zu erinnern – gelegentlich auch einfach die Probe verließen.
Es gehörte viel dazu, Mahler zu beruhigen. Ich konnte das in den Pausen nur in geringem Maße, denn ich mochte mich neben ihm noch nicht zu oft zeigen. Ich war Mahlers Braut. Alles starrte mich deswegen an. Ich ertrug's nicht!

Wessling:
Sie sagten vorhin, die »Fünfte« sei eines Ihrer Lieblingswerke . . .

Alma Mahler:
Diese Symphonie habe ich sozusagen mitgeboren. Ich hatte die gesamte Partitur für ihn kopiert. Und das nicht nur so in Sterilität, ohne eigenes Mitwirken: Bisweilen ließ er ganze Zeilen aus, denn er wußte nur zu genau, daß ich die Stimmen kannte. Er konnte sich auf mich verlassen. Leider war ich verhindert, als die »Fünfte« zum erstenmal in Köln erklang . . .

Wessling:
. . . das war am 19. Oktober 1904 im Kölner Gürzenich . . .

Alma Mahler:
. . . und dort wußte man mittlerweile mit dem Mahler-Klang, mit den Eigentümlichkeiten seiner Musik Bescheid. Mahler erzählte mir, daß es eine sehr gediegene, sehr gelungene Aufführung gewesen sei. Es ist mir in der Tat sehr schwergefallen, an dieser Uraufführung nicht teilzunehmen. Aber im Geiste war ich bei ihm auf dem Podium und erlebte alles mit.

Ich muß da noch die Sache mit der kleinen Trommel erzählen! Das war so: Ich hatte ja das Werk kopiert, und ich hatte auch an einer Leseprobe mit den Philharmonikern teilgenommen. Ich saß oben im Hause. Aber ich hörte einen Teil »meiner« Melodien nicht, denn Mahler ließ die kleine Trommel dauernd so rasen, daß nichts außer Rhythmus zu vernehmen war. Ja, dann bin ich wohl weinend fortgelaufen, Mahler hinterher. Was mir denn fehle, was mich störe? »Die kleine Trommel!« sagte ich schluchzend zu ihm. »Man hört ja nur das Schlagwerk. Da hast du also eine Symphonie für die Batterie geschrieben!« Ich wurde ausgelacht. Aber das Wunder geschah: Mahler strich fast die ganze »Stimme« der kleinen Trommel durch und reduzierte das Schlagwerk gewaltig. Ich glaube, daß er mir recht gab.

Wessling:
Was ist das Faszinierende an der »Fünften«?

Alma Mahler:
Mit der »Fünften« beginnt ein neuer Mahler. Die ersten vier Symphonien bilden ein Bündel, obwohl ich mich weigere und es nicht richtig finde, daß man sie als »Wunderhorn-Symphonien« bezeichnet. Die »Vierte« hat damit gar nichts mehr zu tun, meine ich. Und was mich daran fasziniert? In der »Fünften« findet zum erstenmal die gewaltige Bataille zwischen Mahlers Ego und der Welt statt. Sicherlich war das auch in den vorhergehenden Symphonien der Fall, aber doch nicht mit solcher Verve, mit solcher Konsequenz: Mahlers Ich hat sich gestärkt. Es behauptet sich in ganz anderer Weise gegenüber den Kausalitäten und Modalitäten dieser Welt. Er jammert nicht mehr, er klagt nicht mehr aus Selbstmitleid, er will sich behaupten. Klage ist höchstens noch eine stabile Äußerung, eine Art von Virtus, ein Element, das man nicht verbergen kann, das man aber männlich beherrscht. Es fehlt das Visionäre. Die »Fünfte« ist eine Symphonie der Realitäten.

DER GOTT
DER SÜDLICHEN
ZONEN

Sein Wiener Engagement schaffte Gustav Mahler nicht ohne Protektion, denn es gab genügend Widersacher, die ihm die Position eines Hofoperndirektors neideten. Seine Freunde – Guido Adler, Fritz Löhr und Siegfried Lipiner – unterließen nichts, um ihm den Weg in das »Allerheiligste« der Oper zu ermöglichen. Lipiner verwandte sich beim Fürsten Liechtenstein, der ihm wohlgesinnt war und schließlich einwilligte, Mahler zum Kapellmeister und präsumtiven Nachfolger Wilhelm Jahns zu bestellen.
Hinzu kam, daß einflußreiche Presseleute, wie Ludwig Karpath, in den Wiener Hauptzeitungen fast täglich für Mahler Stimmung machten. »Warum sollte sich Wien das größte Pulttalent dieser Zeit entgehen lassen?« stand da zu lesen. Oder: »Mit Gustav Mahler dürfte unsere Oper einen Status erreichen, welcher sie konkurrenzlos macht.« Oder: »In Gustav Mahler manifestiert sich ein so fester Wille, das Beste auf dem Sektor Musik zu erreichen, daß es ein grobes Versäumnis wäre, ihn unbeachtet zu lassen.« Solche Sätze verfehlten ihre Wirkung auf das Wiener Opernpublikum nicht, das geradezu pressehörig war. Und als später aus dem Paulus ein Saulus wurde, als Karpath einer der gehässigsten und schmierigsten Widersacher Mahlers geworden war, da ließ sich dieses vermaledeite Publikum ebenso rasch gegen den »Gott der südlichen Zonen« einnehmen.

Lipiner verwandte sich für Mahler freilich nicht umsonst. Er wußte genau, welche Vorteile ihm daraus erwachsen würden, Mahler in seiner Nähe und in seinem Künstler-Zirkel zu haben. Lipiner war ein Autokrat, blasiert und borniert. Mahler lief ihm direkt in die Falle. Von nun an gab es viele Jahre hindurch keine Veranstaltung in der Villa des Dichter-Übersetzer-Bibliothekars, bei der Mahler nicht als Attraktion herumgereicht worden wäre. Es war für Lipiner selbstverständlich, daß ihm Mahler kostenlos eine Loge in der Hofoper zur Verfügung stellte, und es war für ihn selbstverständlich, den Herrn Hofoperndirektor hin und wieder um ein Darlehen anzugehen, wenn die Einkünfte nicht ausreichten, um die großspurige Haushaltung aufrechtzuerhalten. Dabei war Mahler alles andere als gut bei Kasse. Schwester Justine war nicht in der Lage, mit Geld umzugehen. Sie kaufte wahllos ein: Möbel, teure Stoffe, Delikatessen . . . Nach drei Jahren Aufenthalt in Wien hatte Mahler rund 50 000 Gulden Schulden.
Gegen die Berufung nach Wien war vor allem Cosima Wagner, die in Bayreuth diktatorisch regierende Witwe Richard Wagners. Pausenlos schrieb sie Briefe an hochgestellte Persönlichkeiten, die ihren Einfluß am Wiener Hofe geltend machen sollten, um zu verhindern, daß ein Jude Musikchef des »ersten Opernhauses der Welt« würde.
Cosima fand in dem Fürsten Hohenlohe einen geeigneten Mittelsmann, bei Kaiser Franz Joseph höchstpersönlich vorstellig zu werden, um das »Allerschlimmste« zu verhindern. Hohenlohe bekam eine Audienz, wie Max Brod in einem Mahler-Essay berichtet.
Franz Joseph wies darauf hin, daß es Sache Liechtensteins sei, einen Direktor der Oper zu berufen, und nicht die seinige. »Einen böhmischen Juden an der Spitze eines solchen Hauses!« rief Hohenlohe schockiert aus. Der Kaiser läutete. Er ließ sich die »Akte Mahler« bringen. Sorgsam studierte er den Inhalt. Dann lächelte er: »Was wollen Sie denn, Hohenlohe? Hier steht es schwarz auf weiß: Konfession römisch-katholisch.« Man hatte in Bayreuth übersehen, daß Mahler inzwischen konvertiert war. Mit dem Ausruf »Eine Täuschung!« empfahl sich Hohenlohe bei Franz Joseph.
Aber Cosima ließ nicht locker. Sie wandte sich an ihre Busenfreundin, die Sängerin Rosa Papier, die sofort Rat wußte. Anna von Mildenburg

Musikwelt einer Zudringlichen etc. gefordert wird, kann das nicht sein. Ich hoffe, da ich nur fühle aus Ihren Worten, daß gerade Sie das begriffen, und jeder aus dem Wesen meiner Musik heraus, welche sich selbst allein, im Hören tönen – weder in Bildern noch durch Erläuterungen ~~[illegible]~~ erschließbaren Bedingungen erfasst werden will.

Mögen Sie nur, lieber Herr Schuster, ein solcher werden! Ich weiß nicht, ob Sie schon früher in der Lage waren, von meinem Schaffen Notiz zu nehmen. Es liegen eine Reihe meiner Partituren vor, die ich Ihnen, wenn Sie es wünschen, gerne zusenden werde. Für heute nur nochmals den tief-gefühlten Dank eines noch genug Unverstandenen! (ja noch sogar: <u>Miß</u>verstandenen)

Ihr sehr ergebener

Gustav Mahler

war deren Schülerin. Hatte das arme Kind nicht eine Abfuhr von Mahler erhalten? Frau Papier sandte eine Depesche an die Mildenburg, die sich sofort von Hamburg nach Wien aufmachte, um sich am Busen der geliebten Lehrerin über die Schmach auszuweinen, die ihr das »Gustaverl« angetan hatte. Am nächsten Tag bereits erreichte die Papier ein Vorsingen für Mademoiselle von Mildenburg in der Hofoper – und die junge Hochdramatische wurde »auf der Stelle« engagiert.

Nachdem dies bewerkstelligt war, lud Cosima die soeben ernannte Hofopernsängerin nach Bayreuth ein. Acht Tage lang wurde die Mildenburg ausgehorcht. Dann hatte Wagners Witwe genügend Stoff gesammelt, um ihre Wiener Freunde über den »ruchlosen und amoralischen Herrn Mahler« aufzuklären. Noch bevor Mahler als Kapellmeister die Hofoper betreten hatte (er wurde ja erst wenige Monate nach seiner Einstellung Direktor), waren bereits genügend Fußangeln gelegt, in denen er sich eines Tages verfangen würde.

Mahler bekam natürlich Wind von der Sache, die ihren Ausgang in Bayreuth genommen hatte. Er tat alles als Lappalie ab. 1907 – nach seinem Rücktritt – jedoch erklärte er seinem Schwager Arnold Rosé, Konzertmeister des Hofopernorchesters: »Auch der Bayreuther Drache hat gesiegt. Dieses weibliche Ungetüm hat ganz genau gewußt, wo ich verwundbar bin. Aber ich will zu ihrer Entschuldigung sagen, daß sie es aus gekränkter Eitelkeit getan hat: Sie kann es nicht verwinden, daß ihr halbgares Söhnchen so sehr in den Schatten gestellt wird und nicht zum Zuge kommt.« (Brief Rosés an Lipiner.)

Daß Cosima Wagner mit ihren Intrigen zunächst nichts ausrichten konnte, lag an der Tatsache, daß sie in Wien nicht nur Freunde hatte, sondern auch Feinde, unter letzteren den Kanzlei-Direktor der Hoftheater, Eduard Wlassak. Wlassaks »Todfeindschaft mit Bayreuth« rührte von einem Besuch Cosimas her, bei dem sie die Wiener Aufführung der Märchenoper *›Bärenhäuter‹* ihres Sohnes mit den Worten erzwingen wollte: »Wenn Sie das Werk nicht bringen, das zu dem Bedeutendsten gehört, das in letzter Zeit geschaffen wurde, werde ich durch gezielte Invektiven mich im Stande sehen, Sie von Ihrem Posten entfernen zu lassen!«

Wlassak ließ sich zwar nicht bluffen, hörte aber durch die Papier und

durch Liechtenstein, daß tatsächlich von Bayreuth aus der Versuch unternommen worden war, ihn bei Hofe kräftig anzuschwärzen.
Als Wlassak von den Bemühungen Mahlers erfuhr, versicherte er sich nicht nur des Rückhaltes beim Fürsten Liechtenstein, seinem Vorgesetzten, sondern auch des Einverständnisses von Hanslick († 1904), der ohne Umschweife für den »Reflektanten aus Hamburg« plädierte. Hanslick veröffentlichte sogar ein aufsehenerregendes Votum für Mahler, das diesen bewog, sich im Juni 1897 bei dem in Bad Ischl weilenden Kritiker persönlich zu bedanken. Über diese Begegnung schrieb Mahler seinem Freund Löhr und der Papier, von der er glaubte, daß sie auf seiner Seite stand.
Bei Wlassak und im Hofmarschallsamt waren Briefe des damals berühmten Komponisten Karl Goldmark (›*Die Königin von Saba*‹) eingegangen, der sich wärmstens für Mahler einsetzte: »Wien zieht das große Los, wenn es diesen Mann an sich zu binden weiß!« Ähnlich hatte es Graf Albert Apponyi ausgedrückt, der schließlich sogar »in Sachen Mahler« eine Reise nach Wien unternahm. Mahler: »Ihm machte es nichts aus, den weiten Weg von Budapest an die Donau zu riskieren, um mir zu helfen.«
Nun, es half. Mahler konnte am 15. April 1897 den Vertrag mit der Wiener Hofoper unterzeichnen. Vom 1. Juni an sollte er für ein Jahr Kapellmeister des Institutes sein.
Seine erste Wiener Vorstellung – ›*Lohengrin*‹ – fand am 11. Mai des Jahres statt. »Tout Wien« war zu dieser mit größter Spannung erwarteten Antrittsaufführung erschienen.
Mahler wollte gerade seinen Aufenthaltsraum verlassen, um zum Orchestergraben hinabzueilen, als sich die uralte Fürstin Pauline Metternich-Sándor bei ihm melden ließ. Mahler kannte die verhutzelte Lady der Wiener Gesellschaft nicht und erschrak sehr, als die »bleichwangige Norne« im Türrahmen erschien, die ihn mit Entzückungsschreien und Schmeicheleien nur so überschüttete. Mit Mühe gelang es ihm, die Fürstin davon zu überzeugen, daß er im Augenblick keine Zeit habe, um sich ihr zu widmen, denn das Publikum werde sicherlich ungeduldig . . ., er müsse sich konzentrieren . . ., er bitte gehorsamst um Pardon. Pauline Metternich humpelte mit ihrem Lakaien davon. Mahler

deutete ihr Erscheinen als böses Omen.
Mahler über seinen ersten Wiener ›*Lohengrin*‹: »Ganz Wien hat mich geradezu mit Enthusiasmus begrüßt. Jetzt kommen nächste Woche Walküre, Siegfried, Figaros Hochzeit und Zauberflöte. Es ist kaum mehr daran zu zweifeln, daß ich in absehbarer Zeit Direktor werde [. . .]. Das ganze Personal ist sehr für mich eingenommen, und meine Position ist eine exzeptionelle; glänzende.«
Im Juli des Jahres war es dann soweit: Wlassak ließ ihn wissen, daß er die Geschäfte Wilhelm Jahns, »des verflossenen Herrn Directors«, zu übernehmen habe. Des Kaisers Urkunde aus Anlaß seiner Ernennung zum »artistischen Direktor der k. u. k. Hofoper« wurde Mahler am 8. Oktober 1897 überreicht. Er war jetzt an »allererster« Stelle und konnte Löhr mit Stolz berichten: »Über mir gibt es keine Position mehr, die ich erreichen könnte!«
Richard Strauss gratulierte süß-säuerlich, Karl Goldmark überschwenglich, Siegfried Lipiner mit brokatenem Pathos, Guido Adler mit einem vergoldeten Dirigierstab, Anna von Mildenburg mit einer marmornen Amorette, Graf Apponyi mit einer Garnitur brillantener Frackhemdknöpfe, Hanslick mit einem »Mahnbrief« (des Inhalts, sich der Wagner-Euphorie in Maßen hinzugeben), Schwester Justine mit einem Gala-Souper und Cosima Wagner mit einer pompös aufgemachten Glückwunschadresse: »Eine glückliche Zukunft in Wien für das Wahre in der Musik!«

»WIE EIN BAUER IN DIE SCHEUNE«

»Ich hatte mich seit vielen Jahren an stete und kräftige Bewegung gewöhnt. Auf Bergen und in Wäldern herumzustreifen und in einer Art keckem Raub meine Entwürfe davonzutragen. An den Schreibtisch trat ich nur wie ein Bauer in die Scheune, um meine Skizzen in Form zu bringen.« So hat Mahler seinem »Eleven« Bruno Walter die Stimmung wiedergegeben, in der er sich während der Sommerferien befand, die er mit Schwester Justine in Steinbach am Attersee zu verbringen pflegte: in einem kleinen Gasthof, in dessen Nähe er sich das »Komponierhäusl« errichtet hatte.

In diesem »Komponierhäusl« entstanden die zweite und die dritte Symphonie und die ersten Sätze der vierten. Gelegentlicher Gast war »der kleine Bruno, welcher niemals stört und deswegen eine Gnade für den Schaffenden ist«.

Bruno Walter schreibt darüber:

»Auf der Wiese zwischen dem See und dem Gasthaus, in welchem er Wohnung genommen, hatte er vier Wände mit Dach errichten lassen, die ein Zimmer umschlossen. In diesem von Efeu dicht bewachsenen »Komponierhäuschen«, dessen Mobiliar Klavier, Tisch, Sessel und Sofa bildeten, dessen Tür beim Öffnen unzählige Käfer aus dem Efeu auf den Eintretenden herabschüttelte, verbrachte er seine Vormittage, um dort ungestört durch die Geräusche des Hauses und der vorbeifüh-

renden Straße zu arbeiten.
Um sechs Uhr früh ging er hinüber, gegen sieben Uhr wurde ihm schweigend das Frühstück hingesetzt, und erst das mittägige Aufgehen der Tür bedeutete, daß er wieder ins Leben zurückkehrte. Programmgemäß sollte das um zwölf Uhr geschehen; es kam aber vor, daß die hungrigen Hausgenossen und die um ihre Speisen besorgte Köchin erst um drei Uhr vom Warten erlöst wurden.
Doch blieb er nicht die ganze Zeit in seinem Komponierhäuschen – er wanderte auf der Wiese umher, lief auch oft hügelauf und machte größere Spaziergänge, kehrte aber jedesmal wieder zurück, um ›die Ernte in die Scheune zu bringen‹. Höchst angeregt kam er dann zum gemeinsamen Mittagessen herauf, das unter lebhaften Gesprächen verlief. Dabei konnte er sich an guten Gerichten kindlich erlaben und freute sich besonders über jede schmackhafte ›Mehlspeis'‹; die Phantasie der Köchin, so erklärte er, habe ihn vier Wochen hindurch mit täglicher Abwechslung in Mehlspeisen zu überraschen.
Einer seiner Lieblingsscherze war es, zu erklären, diese vorzügliche Speise da müsse jedem schmecken, der kein Esel sei, und dann die Umgebung zu fragen, wie sie ihr munde.
Am Nachmittag gab es gemeinsame Spaziergänge, oder es wurde musiziert; am Abend plauderte man oder las, und häufig unterbrach Mahler die allgemeine Stille, um aus seinem Buch etwas vorzulesen, das ihm mitteilenswert erschien. Nach meiner Erinnerung war es die Freude am Don Quichote des Cervantes, die er sich nicht allein gönnte, und es ist mir lebhaft erinnerlich, wie er vor Lachen nicht weiterlesen konnte, als er zu dem Angriff auf die Windmühlen kam [. . .].
Unser Sommer in Steinbach verging in ruhigem Gleichmaß, das eine Grundbedingung für Mahlers Schaffen war; denn das eigentliche Komponieren mußte in den Ferien vollendet werden, wollte er mit der fertigen Partiturskizze in die Stadt zurückkehren. Die definitive Instrumentation und ihre letzte Ausfeilung konnte dem Winter vorbehalten bleiben, Inspiration und Schaffensprozeß waren dagegen mit Mahlers Dirigententätigkeit unvereinbar.«
Seine Freunde konnten es nur schwer begreifen, daß Mahler sich während der Sommermonate so entschieden zurückzog. Vor allem Anna

von Mildenburg setzte ihm zu: Sie wollte (und konnte) ihr Gustaverl nicht vergessen und verlangte ständig, er solle sie zu sich in den Gasthof und ins Komponierhäuschen einladen.
Während der Arbeit an der dritten Symphonie schrieb er ihr: »Aber ich habe es Dir doch geschrieben, daß ich an einem großen Werke arbeite. Begreifst Du nicht, wie das den ganzen Menschen erfordert, und wie man da oft so tief drin steckt, daß man für die Außenwelt wie abgestorben ist [. . .] – man ist sozusagen selbst nur ein Instrument, auf dem das Universum spielt. In solchen Momenten gehöre ich nicht mehr mir. – Es sind furchtbare Geburtswehen, die der Schöpfer eines solchen Werkes erleidet, und bevor sich das alles in seinem Kopfe ordnet, aufbaut und aufbraust, muß viel Zerstreutheit, In-Sich-Versunken-Sein, für die Außenwelt Abgestorben-Sein vorhergehen [. . .]. Meine Symphonie wird etwas sein, was die Welt noch nicht gehört hat! Die ganze Natur bekommt darin eine Stimme und erzählt so tief Geheimes, das man vielleicht im Traume ahnt! Ich sage Dir, mir ist manchmal selbst unheimlich zumute bei manchen Stellen, und es kommt mir vor, als ob ich das gar nicht gemacht hätte. Wenn ich nur alles so fertig bekomme, wie ich mir vornehme.«
Anna von Mildenburg empfand die Ausführungen Mahlers als »sensationellen Quatsch«. Sie machte sich auf nach Steinbach, klopfte ans Komponierhäuschen und wurde »wie eine Schickse« abgewiesen. Schwester Justine mußte die Enttäuschte, die einen Schreikrampf nach dem anderen bekam, mit Kampfer und Baldrian besänftigen. Mademoiselle dampfte schließlich zornbebend und auf Rache sinnend ab. Bei Rosa Papier weinte sie sich aus. Jene tadelte Mahler per Billet ob seines unchevaleresken Verhaltens.
»Daß Du auch noch andere Weiber wegen unserer Meinungsverschiedenheiten belästigst, kann ich wahrlich nicht verstehen!« schrieb Mahler nach dem Eingang des Papierschen Briefes an die rasende Anna. »Auf solch eine Art und Weise kann nie eine Harmonie bestehen, die auch wohl niemals bestanden hat. Nun gut! Fahre fort in Deinem Benehmen und bediene Dich kräftig des ›Papier-Taschentuchs‹, auf das Du ja wohl nicht mehr verzichten kannst [. . .]!«
Nur selten verließ Mahler während der Sommermonate in Steinbach

den Gasthof und das Komponierhäuschen. Wenn es geschah, mußten schon »elementare« Gründe dafür vorhanden sein. Zum Beispiel die Anwesenheit von Johannes Brahms im benachbarten Bad Ischl; Mahler besuchte ihn dort zweimal.

Mahler: »Hier kann ich wirklich mit Faust sagen: Von Zeit zu Zeit seh' ich den Alten gern! Er ist ein knorriger und stämmiger Baum, aber reife, süße Früchte, und eine Freude, den mächtigen, reichbelaubten Baum anzusehen. – Wir passen allerdings nicht sehr zusammen und die ›Freundschaft‹ wird nur aufrechterhalten, weil ich dem alten großen Meister als Junger, Werdender gern die schuldige Rücksicht und Nachsicht zolle und mich nur von der Seite zeige, von der ich glaube, daß sie ihm angenehm ist.«

Es ist fraglich, ob Mahler Brahms jemals etwas von seinen Kompositionen zeigte. Die Gespräche der beiden drehten sich in der Hauptsache um Brahms' Heimatstadt Hamburg, in der Mahler als Chefdirigent wirkte. Einmal sagte Brahms: »Wenn Sie von Hamburg nach Wien kommen, dann werden Sie merken, was mich seinerzeit bewogen hat, den Norden zu verlassen und den Süden zu suchen.«

Vorhanden ist ein Brieffragment, in dem Brahms seinen »Kollegen« bat, ihm doch einige der Orchesterlieder zur Einsicht zu überlassen. Meister Johannes war von Ludwig Karpath darüber informiert worden, daß Mahler Texte aus »Des Knaben Wunderhorn« vertont hatte. Aber Mahler zögerte die Übersendung des gewünschten Materials hinaus. Nach Brahms' Tod (1897) erklärte er: »Ich glaube, daß es gut ist, mich ihm niemals so recht als den vorgestellt zu haben, der ich eigentlich bin!« Als Mahler mit dem alten Brahms zusammentraf, steckte er mitten in der Arbeit an seiner dritten Symphonie. Am 2. Juli 1896 teilte er Bruno Walter mit:

»[. . .] daß ich nicht faul war, dürften Ihnen meine Schwestern schon geschrieben haben, und ich hoffe, daß ich in wenigen Wochen schon die ganze III. zu einem fröhlichen Ende gebracht haben werde. – Ich bin schon an der Partitur, nachdem die Skizzierung schon ziemlich übersichtlich ausgefallen ist. – Ich glaube, die Herren Rezensenten engagierter und nicht engagierter Art werden wieder einige Anwandlungen von Drehkrankheit bekommen, dagegen werden Freunde eines ge-

sundes Spaßes die Spaziergänge, die ich ihnen da bereite, sehr amüsant finden. Das Ganze ist leider von dem schon so übel beleumundeten Geiste meines Humors angekränkelt, ›und findet sich auch oft Gelegenheit, meiner Neigung zu wüstem Lärm nachzugehen‹.
Manchmal spielen die Musikanten auch, ›ohne einer auf den anderen die geringste Rücksicht zu nehmen, und es zeigt sich da meine ganze wüste und brutale Natur in ihrer nackten Gestalt‹. Daß es bei mir nicht ohne Trivialitäten abgehen kann, ist zur Genüge bekannt. Diesmal übersteigt es allerdings alle erlaubten Grenzen. ›Man glaubt manchmal, sich in einer Schnecke oder einem Stall zu befinden‹ [. . .].«
Walter war einer der ersten, denen Mahler die vollendete »Dritte« vorspielte. Er erinnert sich:
»Aus unseren Unterhaltungen, die von der Nachwirkung seiner vormittägigen Ekstasen erfüllt gewesen waren, kannte ich die geistige Atmosphäre der Symphonie lange vor ihrem musikalischen Inhalt. Trotzdem war es für mich als Musiker ein ungeahntes, ein umstürzendes Erlebnis, das Werk selbst durch ihn am Klavier kennenzulernen. Die Gewalt und Neuheit der Tonsprache betäubten mich förmlich – auch überwältigte mich, in seinem Spiel die schöpferische Glut und die Erhebung zu fühlen, aus denen das Werk entstanden war.
Jetzt erst und erst durch diese Musik glaubte ich ihn erkannt zu haben; sein ganzes Wesen schien mir eine geheimnisvolle Naturverbundenheit zu atmen; wie tief, wie elementar sie war, hatte ich immer nur ahnen können und erfuhr es nun unmittelbar aus der Tonsprache seines symphonischen Weltentraumes. Wäre er ein ›Naturliebhaber‹ im gewohnten Sinne des Wortes, dachte ich, etwa ein Gartenfreund, ein Freund der Tiere, seine Musik wäre ›zivilisierter‹ ausgefallen. Aber was ich immer unbewußt gefühlt hatte – seine dionysische Naturerfülltheit –, sprach hier als musikalischer Urlaut aus letzten Wesenstiefen. Ich glaubte ihn durch und durch zu sehen: wie in ihm die starre Gewalt des Felsgebirges wuchtete, in ihm die harte Blume lebte, wie er in dunklen Urtiefen den Tieren des Waldes nachfühlte, deren Lust und Lebhaftigkeit, deren Scheu und Drolligkeit, deren Grausamkeit und Wildheit den dritten Satz inspiriert hatten – ich sah Pan in ihm. Zugleich aber fühlte ich in ihm auch den sehnsüchtigen Menschen, der mit seiner Ah-

nung über die Grenzen des irdisch Zeitlichen hinausdringt, und von dem mir die letzten drei Sätze Kunde gaben. So fiel Licht von ihm auf sein Werk und strahlte von dem Werk auf ihn zurück.« Auch der dritten Symphonie hatte Mahler, wie bereits bemerkt, eine Art Programm beigegeben, das er – um sich der Kritik gegenüber dem Vorwurf zu entziehen, Programm-Musik konstruiert zu haben – Titelskizzen nannte:

I. Das glückliche Leben
Ein Sommernachtstraum (nicht nach Shakespeare. Anmerkung für Rezensenten und Shakespearekenner).
1. Was mir der Wald erzählt.
2. Was mir die Dämmerung erzählt.
3. Was mir die Liebe erzählt.
4. (Was mir die Dämmerung erzählt).
5. Was mir der Kuckuck erzählt.
6. Was mir das Kind erzählt.

II. Ein Sommernachtstraum
1. Der Sommer marschiert ein. (Fanfare und lustiger Marsch – Einleitung)
(Nur Bläser mit konzertierenden Kontrabässen)
2. Was mir der Wald erzählt. (1. Satz)
3. Was mir die Liebe erzählt. (Adagio)
4. Was mir die Dämmerung erzählt. (Scherzo, nur Streicher)
5. Was mir die Blumen auf der Wiese erzählen. (Menuetto)
6. Was mir der Kuckuck erzählt. (Scherzo)
7. Was mir das Kind erzählt.

III.
1. Pan erwacht, der Sommer marschiert ein.
2. Was mir die Blumen auf der Wiese erzählen.
3. Was mir die Tiere im Walde erzählen.
4. Was mir die Nacht erzählt.
5. Was mir die Morgenglocken erzählen.
6. Was mir die Liebe erzählt.

So haben Alma Mahler und Bruno Walter die Titelskizzen zur dritten Symphonie überliefert. Es gibt Abweichungen. Wichtig allein aber ist jene Erklärung zu diesem »Programm«, die Mahler 1902 Josef Krug-Waldersee abgab: »Jene Titel waren von mir seinerzeit ein Versuch, eben für Nichtmusiker einen Anhaltspunkt und Wegweiser für den Gedanken- oder vielmehr Stimmungsgehalt der einzelnen Sätze und für das Verhältnis derselben zueinander und zum Ganzen zu geben. Daß es mir nicht gelungen ist (wie es ja zum Teil nie gelingen kann) und bloß zu Mißdeutungen schlimmster Sorte geführt hat, ist mir leider allzubald klar geworden. Es ist dasselbe Mißgeschick, das mich schon bei früheren ähnlichen Gelegenheiten ereilt hat, und ich habe es nunmehr endgültig aufgegeben, zu kommentieren, analysieren oder durch welche Hilfsmittel immer! Diese Titel [. . .] werden Ihnen nach Kenntnis der Partitur gewiß manches zu sagen wissen. Sie werden auch aus ihnen eine Andeutung schöpfen, wie ich mir die stetig sich steigernde Artikulation der Empfindung vorgestellt habe: vom dumpfen, starren, bloß elementaren Sein (der Naturgewalten) bis zum zarten Gebilde des menschlichen Herzens, welches wiederum über dieses hinaus (zu Gott) weist und reicht.«

Die letzten Gedanken hat er Anna von Mildenburg noch näher verdeutlicht: »Aber in der Symphonie handelt es sich doch um eine andere Liebe, als Du vermutest. Das Motiv des Schlußsatzes lautet: ›Vater, sieh an die Wunden mein! Kein Wesen laß verloren sein!‹ Verstehst Du also, um was es sich handelt? – Es soll damit die Spitze und die höchste Stufe bezeichnet werden, von der aus die Welt gesehen werden kann. Ungefähr könnte ich den Satz auch nennen: ›Was mir Gott erzählt!‹ Und zwar eben in dem Sinne, als ja Gott nur als ›Liebe‹ gefaßt werden kann. Und so bildet mein Werk eine alle Stufen umfassende musikalische Dichtung. Es beginnt bei der leblosen Natur und steigert sich bis zur Liebe Gottes!«

Für Anna von Mildenburg war das zu hoch gegriffen. Sie konterte: »Liebe Gottes – das klingt mir zu gewählt. Ich glaube aber, Dich gut genug zu kennen, um zu wissen, daß sich hinter der Liebe Gottes die ganz einfache, irdische, auf ein Weib bezogene Liebe verbirgt. Wo erfährst Du den lieben Gott? In den Armen eines sehnsuchtsvollen, hin-

gebungsvollen Weibes [. . .]!«
Und daß sie mit diesem »Weib« sich selbst meinte, ist aus den weiteren Ausführungen klar zu ersehen: »Du findest bei mir alles, was Du schon kennst und was Du brauchst, um in dieser Welt glücklich zu sein.« Mahler enthielt sich, jenes zu finden, was ihm so direkt offeriert wurde.
Justine behauptete, er habe all die Jahre wie ein Mönch, wie ein Asket gelebt.
Wer weiß?
Einmal schreibt er an Löhr: »Ich bin dieses Dahinvegetieren jetzt leid. Ich muß wieder die Welt erfahren, die Liebe!«
Daß er sie erfuhr, geht aus einem anderen Brief an Freund Fritz hervor: »Es ist gesund und schafft Kräfte, sich an ein Weib zu verschwenden. Ich bin wie erlöst!«
Wir wissen nicht, ob hier von einem ganz bestimmten »Weib« die Rede ist; aber man darf wohl den Worten Guido Adlers trauen, der behauptete: »Mahler ist bisweilen auch ein glänzender Schauspieler. Er setzt die Maske des Biedermannes, des Asketen auf und treibt im Geheimen seine Späßchen mit allerhand Schönen, die da am Wege stehen.«
Asketentum und sinnliches Aufbegehren, Einsamkeit und Weltendrang – das alles schafft jenen fruchtbaren Zwiespalt, aus dem der künstlerische Mensch schöpft. Es entsteht daraus aber auch gelegentlich jene Leere, jene Irreführung, die den Ablauf einer Schöpfung beschwert. Gegenüber Lipiner äußerte sich Mahler im Jahre 1900 darüber folgendermaßen: »Mir geht es oft so: der vierte Satz oder auch ein anderer will keine Gestalt gewinnen, und wenn ich mich entschließe, einfach die anderen vorerst fertig zu machen, so kommt sehr oft zum Schluß der ›Rechenfehler‹ heraus, und ich finde dann den toten Punkt. Immer liegt es daran, daß ich in der Entwicklung von diesem Punkte da einen falschen Weg eingeschlagen.«
Lipiners Kommentar zu diesen Ausführungen: »Was ihn quält, ist die Tatsache, daß er nicht weiß, zu welcher Frau er gehört. Er ist ein Mann in den besten Jahren; er müßte jetzt irgendwo im sicheren Hafen landen [. . .]. Er wird sonst ein Hypochonder, wenn er es nicht schon ist. Er martert sich über seinen Eros noch zu Tode, der Gepeinigte. Das

Nichterfülltsein raubt ihm die Nächte, macht ihn neurasthenisch, verdirbt seine Werke.«

Nun, der sichere Port war nicht fern. Im November 1901 begegnete Mahler im Salon des Anatomen Zuckerkandl der blutjungen Alma Maria Schindler.

DER
NEUE HERR

»Es ist ein Beginnen, als hätte ich nach einer Art Sintflut mit der Neuschöpfung der Oper in Wien zu beginnen«, schreibt Mahler nach Antritt seines Engagements an der k. u. k. Hofoper. »Der gute Jahn hat ziemlich verwirtschaftet. Der ganze ›Stall‹ steht voll hochnobler Viecher, die aber abgesungen sind und schnellstens verschwinden müssen. Sie haben alle keine Kultur, sondern nur Hochmut und Selbstliebe . . .«
Wilhelm Jahn hatte siebzehn Jahre hindurch die Geschicke der Wiener Oper gelenkt. Anfänglich mit Erfolg und in »gesunder wirtschaftlicher Lage«; dann aber war er »schlampert« geworden und hatte das Institut in jeder Hinsicht vernachlässigt. In den letzten Jahren seiner Ära zog er sich ganz zurück und überließ die Geschäfte seinem Neffen, dem Chordirigenten Hubert Wondra, der sich gegenüber den »Stars« des Hauses nicht durchzusetzen vermochte und die Spielpläne ganz nach deren Wünschen ausrichtete.
Mozarts Opern waren unbeliebt, oder man hatte sie so zurechtgestutzt und verkitscht, daß sie – wie im Falle des *›Figaros‹* – bis zur Unkenntlichkeit verschandelt waren. Hugo Wolf hatte mehrfach schärfste Angriffe gegen die Mozart-Verunglimpfung an der Wiener Hofoper geführt, aber ohne Erfolg. Er wandte sich auch gegen den »Franzosen-Kult«, durch den jegliches Empfinden für die deutschen Werke unter-

bunden worden sei. In der Tat: Man spielte sämtliche Werke Meyerbeers, Gounods, Halévys, die ›*Weiße Dame*‹ von Boïeldieu, Hérolds ›*Zampa*‹ und ›*Mignon*‹ von Thomas, aber kein einziges Werk von Gluck, Händel oder Haydn. Es gab weder Webers ›*Oberon*‹ noch ›*Euryanthe*‹ vom selben Komponisten. Man verzichtete auf Nicolais ›*Die lustigen Weiber von Windsor*‹ und Goetz' ›*Der Widerspenstigen Zähmung*‹. Auch Lortzing wurde gemieden.
Neben den Franzosen behaupteten sich die Italiener: Donizetti und Bellini wurden favorisiert; man begeisterte sich nicht nur für Verdis exquisite Schöpfungen, sondern auch für die Gelegenheitsarbeiten dieses Komponisten, die heute vergessen sind. Als die Veristen modern wurden, überbot man sich an der Hofoper. Leoncavallo, Catalani, Giordano, Mascagni oder Ponchielli gingen im »Bureau« Jahns aus und ein, der Puccini für das »größte musikalische Genie aller Zeiten« hielt.
Als Mahler kam, war die Hofoper Franz Josephs von Österreich in Einseitigkeiten erstarrt. Nur mit gewaltiger Energie, mit einem Stehvermögen sondergleichen, »mit Nerven, deren Stränge Güterzüge ziehen können« (Alfred Roller) war hier Abhilfe zu schaffen.
»Ich verfüge . . .«, »Ich erlasse . . .«, »Ich wünsche . . .«, »Ich fordere . . .«. Nicht wenige Briefe aus den ersten Spielzeiten Mahlers in Wien beginnen in dieser Form.
»Ich mußte nach oben und unten schießen«, erzählte Mahler später. »Nichts hielt der Prüfung stand, alles war morsch, billig und unkünstlerisch.«
Zehn Jahre lang diente Mahler dem Wasserkopf Hofoper. Diese Direktionszeit dürfte in der Geschichte dieses traditionsbeladenen Hauses einzigartig dastehen: Es gelang Mahler nicht nur, die Spielpläne grundlegend zu ändern, das Ensemble neu aufzubauen und das Orchester zu einer bis dahin nie gekannten Präzision zu erziehen – er revolutionierte auch die Szene. Zum erstenmal in der Geschichte der Wiener Hofoper gab es einen Mann, der sich um die Dramaturgie eines Stückes kümmerte, der unter Regie nicht nur die möglichst günstige Posierung einer Primadonna an der Rampe verstand.
Als Mahler von der Mildenburg verlangte, beim Liebesduett im zweiten Akt von ›*Tristan*‹, weil es durch den Handlungsablauf motiviert

sei, »nach hinten« zu singen, erklärte sie ihn für total verrückt. Es gab eine Petition der Solisten, »von solch unkünstlerischen Mitteln« Abstand zu nehmen.

Theodor Reichmann wollte es sich nicht abgewöhnen, beim hohen A oder G die Hände in die Höhe zu strecken. »Ein Sänger, welcher sich dieser gewohnten Attitüde enthebt, wird den Zorn des Publikums hervorrufen«, schrieb er an den Herrn Direktor. Mahler setzte es durch, daß Reichmann die Hände nicht mehr hob. Das Publikum registrierte diese »Novität« mit Schmunzeln, und in einer Kritik hieß es: »Endlich begreifen die Herren Kammer- und Hofopernsänger, daß Oper nicht unbedingt Affentheater heißen muß!«

Nicht nur um die Handgestik der Sänger und Sängerinnen hatte sich Mahler zu kümmern, sondern auch um deren unnatürliche »Gesangskultur«. Es gab keine Partie, in der Reichmann nicht Fiorituren und Koloraturen zu seinem Stimmenpart hinzuerfand. Noch kurioser war es bei dem allseits beliebten Lohengrin-Darsteller Gottfried Krause, der die Grals-Erzählung »wie die Partie der Königin der Nacht« heruntersäuselte. Als Mahler den Sänger in dieser Partie zum erstenmal hörte, bekam er einen Lachkrampf, der nur durch eine große Gabe Kopaiva-Balsam gelöst werden konnte.

Das Orchester stand den Sängern in puncto Unarten nicht nach. Es hatte sich auf den »Salon-Ton« der Franzosen eingestellt und schnulzte und fiedelte rührselig, unpräzise und ohne Überlegung drauflos. Hugo Wolf wetterte im »Wiener Salonblatt«: »Wien besitzt ein kostbares Gefäß aus einem Orchester; aber dieses Gefäß wird mit Bitterwasser, Essig, Lauge, Scheidewasser und Schwefelsäurezyankali angefüllt.«

Mahler ahnte, daß ihm seine Neuerungsidee viel Feindschaft einbringen würde. »Wer kühne Ideen hat«, schrieb er, »muß damit rechnen, daß ihm die Besserwisser irgendwann ein Bein stellen, so daß er auf die Nase fällt. Dann kommt es auf die Unterlage drauf an, ob er sich das Gesicht aufschlägt [. . .] oder sich nur mit Dreck besudelt!«

Mahler geriet in missionarischen Eifer. Seine Freunde warnten, aber er ließ sich nicht beirren. »Es muß anders werden«, so Mahler, »denn sonst ist es mit dem Genre Oper bald zu Ende.«

Lipiner beschwor den Operngeist der Barockzeit: »Oper ist die Thea-

terform des Genusses, der Lebensfreude.« Darauf Mahler: »Dann hast du den ›Fidelio‹, hast du Wagner und seine Nachfolger vergessen, selbst die heutigen Italiener.«
Bereits mit seinen ersten Änderungen verletzte Mahler die Opernhabitués. Bis dahin war es üblich, daß man den Namen des Dirigenten nicht auf den Theaterzettel setzte. Mahler änderte diese Gewohnheit. Das Publikum sollte wissen, ob Hans Richter, Bruno Walter oder er selber am Abend dirigieren würde.
Die Presse: »Der Herr Hofoperndirektor bringt das Publikum um seinen Hauptspaß, um das Rätselraten darüber, wer am Abend am Pult steht.«
Außerdem änderte Mahler die Position des Dirigenten. Vater Jahn hatte noch mitten unter den Musikern auf einem Rohrstuhl gesessen. Er, Mahler, ließ das Pult erhöhen und knapp vor die Streicher rücken. Die Musiker beschwerten sich: »Man hat das Gefühl, allzu eklatant beobachtet zu werden!« Genau das wollte Mahler. Seine Einsätze sollten gesehen werden; er wollte genau erkunden, wer unter den Tutti-Geigern schluderte und wer im Blech danebenblies. Bis dahin war der Dirigent ein unwesentlicher Faktor im Ablauf eines Opernabends gewesen. Das war nun anders. Jahn hatte sehr ruhig, fast unmerklich dirigiert. Mahler war ein Taktstock-Dynamiker. Seine sausenden Hiebe, sein konvulsivisches Zucken bei erregenden Phasen (wie im zweiten Akt von ›*Tristan*‹), sein plötzliches Emporschnellen, das Vibrieren seiner linken Hand, wenn er diese bei einem Espressivo unterhalb seines Kehlkopfes ekstatisch schüttelte – das alles faszinierte die Opernenthusiasten, die jetzt viel mehr auf den Dirigenten achteten als auf das Geschehen, das sich in der Szenerie vollzog. Im »Kladderadatsch« wurde Mahler karikiert: »Die Primadonna sitzt jetzt am Pult, auf der Bühne; dirigistische Leere!«
Das Wiener Publikum mochte die Dynamik des Dirigenten Mahler. Man fand ihn »orgiastisch« oder »zirkusreif«. Daß er fuchsteufelswild werden konnte, wenn in ein Orchesternachspiel hineinapplaudiert wurde, wußte man sehr genau. Und bisweilen machte sich der vierte Rang eine Gaudi daraus, den »Verehrten« auf diese Art und Weise zu ärgern. Hatte man den Maestro erfolgreich molestiert, gönnte man ihm

einen desto enthusiastischeren Schlußapplaus.
Seitdem Mahler in der Hofoper dirigierte, verfolgten die »Eingeweihten« den Ablauf nicht selten mit der Stoppuhr. Die Ouvertüre zu *›Don Giovanni‹* hastete er in der Hälfte der Zeit herunter, die Richter dazu benötigte. Andererseits war er, Mahler, in den *›Meistersingern‹* wieder wesentlich breiter und langatmiger als Richter oder später Schalk.
Die nächsten Änderungen bezogen sich auf den Zuschauerraum. Er wurde während der einzelnen Akte vollständig abgedunkelt, was man bis dahin nicht gekannt hatte.
Die Presse: »Wenn nunmehr einer Dame übel wird, weil sie den Schluß von ›Carmen‹ nicht ertragen kann, muß sie völlig im Dunkeln herumtappen und womöglich ihre gesamte Nachbarschaft auf höchst unangenehme Weise stören.«
Dann befahl Mahler, daß Zuspätkommende erst im nächsten Akt eingelassen werden durften. Das rief vor allem beim Adel Entrüstungsstürme hervor, denn die hohen Herrschaften hatten es sich zur Pflicht gemacht, erst zur zweiten Hälfte des ersten Aktes zu erscheinen, um auch gebührend »und allseits-augenmerklich« in Erscheinung zu treten. Das war nun vorbei.
Nachdem sich das »ff.-Publikum« allmählich an die Neuerungen gewöhnt hatte, holte Mahler zu einem Coup aus, der die Claque traf, jenes Instrument, mit dem die Stars Furore machten. Chef der Wiener Claque war in jener Zeit ein gewisser Schostal, der nach dem Erlaß des Hofoperndirektors, die Claque »auf jeden Fall zu unterbinden«, bei Mahler erschien und ihm 400 000 Gulden (!) bot, wenn der Erlaß wieder rückgängig gemacht würde. Als Mahler ablehnte, erhöhte Schostal auf eine halbe Million. Mahler lachte ihn aus, und der Claquen-Chef verabschiedete sich mit der Drohung, daß nunmehr Mahlers Sturz eine unabänderliche Sache sei.
›Dalibor‹ von Smetana wurde herausgebracht. Die Hauptdarsteller hatten derartige Summen an Schostal gezahlt, daß bereits nach jedem winzigen Rezitativ Beifallssalven einsetzten. Mahler war wegen dieser dauernden Unterbrechungen am Ende der Aufführung einem Schlag nahe. Sofort forderte er das gesamte Ensemble auf, einen Revers zu unterschreiben, wonach keine Claque mehr eingesetzt werden durfte. Er

ließ das Kartenkontingent streichen, das die Schostal-Gruppe bisher von der Intendanz erhalten hatte. Aber nun ging es erst recht los: Die Künstler besorgten fortan den Beifallszollern die Freikarten und waren, was die Honorare für den »spontanen Enthusiasmus« anbetraf, spendabler als zuvor. Gegenüber Schostal und seiner Clique mußte Mahler resignieren.

Nicht nur der äußere Betrieb ward einer grundlegenden Wandlung unterzogen, sondern auch – und vor allem – der innere. Während der ersten Spielzeiten war Mahler fast bei allen Proben dabei. Er wollte die »Bande« zur Räson bringen. Er befahl, daß bei den Proben ausgesungen würde und daß man »ohne Publikum« genauso »akkurat präsent« sei wie während der Vorstellung. Es konnte ihn zur Weißglut bringen, wenn ein Sänger sich nicht nach dieser Anweisung richtete, sondern nur halb da war und sich mit dem Bemerken entschuldigte: »Auf d' Nacht, Herr Direktor, auf d' Nacht . . .!«

Die Wutanfälle, die Mahler nach solchen Ereignissen bekam, ließen manche Zeugen auf pathologische Zustände schließen. Notenbände wurden in den Orchestergraben gepfeffert, Blumenvasen und Notenpulte zerdeppert und, in seltenen Fällen, Assistenten und Solisten geohrfeigt. Die Mildenburg hat bei mehreren Proben »Watschen« einstecken müssen, desgleichen die lethargische Hermine Kittel, die Mahler wegen ihrer Langweiligkeit und »Schneckenschleimigkeit« haßte. Aber beide Damen verzichteten darauf, »das üble Benehmen des Herrn Direktors zu höherer Anzeige zu bringen«. Mahler pflegte sich sofort zu entschuldigen und überhäufte die »Gepeinigten« mit Blumenarrangements und Konfekt. Immerhin: Er hatte sich abreagiert – und die Probe konnte ihren Fortgang nehmen.

Anna von Mildenburg: »So waren wir gelegentlich die Opfer seiner krankhaften Raserei. Da wir aber wußten, daß er krank war, beließen wir es bei einer persönlichen Rüge.«

Hermine Kittel: »Weil ich erkannt hatte, daß er ein Genie war, habe ich mich nie über ihn beschwert. Genies sind launisch, und wenn's hart kommt, sind sie wie Bestien. Aber man muß sie unterstützen und sie's tun lassen, auch wenn's uns Schmerz bereitet.«

Besonderen »Schmerz« bereitete Mahler ständig dem Publikumsliebling Theodor Reichmann, den er bereits aus seiner Hamburger Zeit kannte. Nun konnte er freilich den berühmten Gesangsdandy nicht auf offener Bühne züchtigen, denn das hätte garantiert ein Disziplinarverfahren ausgelöst; aber Mahler versuchte es auf andere Weise, dem »Arroganz-Hasardeur« beizukommen. Es war ein offenes Geheimnis, daß Reichmann Beziehungen zu zwei kaiserlichen Pagen unterhielt. Bei einer ›*Tannhäuser*‹-Probe empfahl Mahler den vier Schleppenträgern, sich niemals in die Mitte der Szene zu begeben, sondern sich mit dem Rücken zur Wand »auf Wacht zu halten«, um den »bösen Mächten« keinen Anlaß »zu unerlaubten Tunnelfahrten« zu geben.

Diese direkte Anspielung in Gegenwart Reichmanns brachte die Wiener Homosexuellenkreise gegen den Hofoperndirektor auf. Und da einer der Erzherzöge zu den Jüngern des Sokrates gehörte, mußte sich Mahler von dieser Seite her manchen Affront gefallen lassen. Der betreffende Erzherzog gehörte zu der Clique, die Anfang 1906 das Gerücht verbreitete, Mahler sei durch den Verkehr mit einer Wiener Vorstadthure geschlechtskrank geworden. Dieses Gerücht veranlaßte damals Kaiser Franz Joseph, sich »ernsthaft mit dem großen Problem Mahler« zu beschäftigen. Mahler mußte sich so sehr erniedrigen, daß er von seinem Freund, dem Mediziner Zuckerkandl, ein Attest anfertigen ließ, in dem ihm »völlige Gesundheit an Geist und Gliedern« bescheinigt wurde.

Wenige Wochen nach seinem Dienstantritt in Wien hatte sich Mahler bereits völlig überarbeitet. Es stellten sich Wirbelsäulenbeschwerden und starke Halsschmerzen ein. Der Magen revoltierte, und zeitweilig klagte Mahler über Lähmungserscheinungen im linken Arm. Das Halsleiden dauerte an. Im Juli 1897 versuchte Mahler, die Erkrankung in Gries am Brenner auszukurieren. Er blieb aber während des gesamten Kuraufenthaltes derartig in Spannung, daß er kränker als zuvor nach Wien zurückkehrte.

Er beschäftigte sich andauernd mit seinen Plänen für die Oper, wie es auch aus einem Brief hervorgeht, den Mahler von Gries aus an den Kanzlei-Direktor Wlassak richtete. Darin heißt es: »Ich gestehe Ihnen offen, daß ich mich der Sorgen für die Saison nicht enthalten kann [. . .]. In München haben sie soeben mit colossalem Erfolg Così fan

tutte von Mozart in der Originalfassung vorgeführt und erzielen ausverkaufte Häuser damit. Das könnte man bei uns wundervoll besetzen [. . .] und schnell herausbringen [. . .]. Wir müßten auch einmal einen Gluck bringen [. . .]. Eine Neueinstudierung von Freischütz in der von mir vorgeschlagenen Besetzung würde geradezu sensationell wirken – für Kosten hierfür möchte ich garantieren. Wir haben keinen Oberon, keine Euryanthe! Wir müssen eine Coloratursängerin ersten Ranges bekommen – wenn auch nur für einige Monate des Jahres [. . .]. Wir müssen für nothwendigen Ersatz in manchem Fache vorsorgen, da ist höchste Eile nothwendig und jeder Moment kostbar – jetzt vor Berlin und München ungeheuer schlagfertig für Jahre hinaus Vorkehrungen treffen. Wir müssen einmal wieder eine Wagner-Oper neu einstudieren, wir müssen eine ganze Menge Opern, die ganz oder theilweise falsch besetzt sind, umbesetzen, um sie wieder möglich zu machen [. . .] so könnte ich Ihnen Seiten über Seiten voll schreiben und fände kein Ende [. . .]. Säßen wir nur zusammen, und könnten wir ›drangehen‹!«
Mahlers Forderung nach einer totalen geistigen Durchdringung jeder Partie war nicht nach dem Geschmack aller Sänger. Als Mahler der Mildenburg nach einer Probe die Ausführungen Richard Wagners über die »Gesangscultur« hochdramatischer Sängerinnen in die Hand drückte, hielt die Dame das für einen Scherz. Mahler jedoch empfahl ihr dringend, sich den Text zu Herzen zu nehmen, »damit die Ortrud in deiner Gestalt endlich ihren Schankweibercharakter verliert!«.
Die Mildenburg gehorchte, und später schrieb sie zur Sache: »Man verstand Mahler nicht immer sogleich; aber er tat Recht daran, die Dinge aus gänzlich neuer Perspektive zu sehen. Der Sängertypus, den er verlangte, durfte nicht mehr nur singen können und Stroh im Kopfe haben, er mußte schon allseits gebildet sein, ebensoviel Intelligenz wie Gaben besitzen. Für viele Kollegen und Kolleginnen hieß das: das Heil in der Ferne zu suchen.«
Nach und nach löste Mahler die Verträge mit Künstlern, die seiner Meinung nach zum Umlernen zu alt waren oder die sich seinen Anordnungen und Vorstellungen dauernd widersetzten.
Manch eine Entlassung tat den Wienern bitter leid. Nur ungern ver-

zichteten sie auf die Tenöre Ernest van Dyck und Franz Naval. Als Marie Renard sich von der Bühne verabschiedete, um einen Grafen Kinsky zu ehelichen, schob man diesen Abgang Mahler in die Schuhe. Er habe die glänzendste Tatjana aller Zeiten, die schönste Carmen der europäischen Bühnen in die Arme eines alten Wollüstlings getrieben . . .

Auf der anderen Seite begrüßte man die Neuengagements enthusiastisch. Da kam der hünenhafte Däne Erik Schmedes, absolut kein Schönsänger, aber ein Wagner-Darsteller von solcher Ausdruckskraft und Faszination, wie man es in der Hofoper bis dahin noch nicht gehört hatte. Er wurde der ebenbürtige Partner der Mildenburg. Sogar Kaiser Franz Joseph wurde neugierig, was schon etwas sagen wollte, denn der Monarch war den Wagnerschen Musikdramen nicht im entferntesten geneigt. Er hörte sich mit seiner Liebsten, der Schauspielerin Katharina Schratt, den letzten ›*Siegfried*‹-Akt an und ließ sich die Mildenburg und Schmedes vorstellen. Letzteren empfing er mit den Worten: »Es hat mich sehr gefreut. Woher, um des Himmels willen, nehmen Sie die Kraft, so entsetzlich schreien zu können?«

Schmedes besaß eine baritonal gefärbte Tenorstimme. In manchen Partien hatte er wegen des tiefen Timbres Schwierigkeiten. Mahler half ihm, zum Beispiel beim Tristan. »Vor dem Liebestrank spielen sie ihn als Bariton, nach dem Liebestrank als Tenor!« riet der Direktor dem stimmgewaltigen Dänen.

Für den Verlust der reizenden Marie Renard entschädigte Mahler die Wiener mit einer der intelligentesten Sängerinnen dieses Jahrhunderts: Er engagierte Marie Gutheil-Schoder aus Weimar. Das Repertoire dieser Künstlerin, von der Richard Strauss einmal sagte, sie habe das Wissen sämtlicher abendländischer Dirigenten, Gesangsutilitäten und Klavierspieler im Kopfe, war unerhört weit gespannt. Sie sang die Carmen und die Frau Fluth, aber auch alle drei Sopranpartien in ›*Hoffmanns Erzählungen*‹, sie war als »dramatischer Koloratur« verwendbar und wagte sich in späteren Jahren sogar an hochdramatische Partien.

Zu ihr hatte Mahler besonders glückliche künstlerische Beziehungen, und nicht ohne Grund konnte die geniale Interpretin in ihren Erinnerungen erklären: »Was mich mit Mahler verband, war ein Dahinleben auf gleicher musikalischer Frequenz. Intuitiv wußte ich im voraus, was er wollte. Bisweilen war er äußerst verblüfft darüber, daß ich das tat, was er wollte, ohne daß er's gesagt hatte. Mahler war für mich das absolute Genie. Nie in meinen Leben erlebte ich außer ihm einen solchen Dirigenten, der die Werke, die er vertrat, in sich so konsequent auslebte, daß man denken konnte, er hätte sie selbst komponiert. Mich störte nicht sein rüder Ton, seine Nervosität, sein Temperament. Ich habe unter ihm gelernt, daß Interpretation wesentlich mehr bedeutet als nur das Absingen gewisser Noten und Angaben. Wer unter ihm arbeiten konnte, bekam ein gutes Stück Musikphilosophie mit, ob er's wahrhaben wollte oder nicht. Zwischen uns gab es niemals Spannungen oder Ausfälle. Wir verstanden uns großartig [. . .] in jeder Hinsicht. Ich habe ihn, was meine Leistungen anbetrifft, wesentlich mehr lächelnd und dankbar nickend erlebt als sauertöpfisch oder ablehnend. Er war für mich die Erfüllung dessen, was sich ein Sänger, der denken kann, unter einem Dirigenten vorstellen kann. Ohne Mahler wäre ich rettungslos im Getriebe der Zweitrangigkeit zermahlen worden.«

Für die Partien des Wotan, des Wanderers und des Hans Sachs engagierte Mahler den Baßbariton Friedrich Weidemann, einen kernigen, markigen Gestalter der Wagner-Typen, der vorzüglich neben die Mildenburg und Schmedes paßte. Als Mahler 1907 Wien verließ, schrieb Weidemann einen Brief an seinen »vertrauten, über alles geliebten Meister und Freund«. »Sie gehen [. . .] und zurück bleiben diejenigen, die Sie geprägt haben, die Sie für Ihre Bühne neu geboren haben. Wohl bin ich ein ganzer Mann, aber ich schäme mich in diesem Augenblick meiner Tränen nicht. Der Verlust ist zu groß! Kommen Sie wieder und bleiben Sie unser Lenker, unsere Aufrichtung, unser Heil, die Seele unserer Kunst!«

Mit dem Engagement der Mezzosopranistin Selma Kurz aus Bielitz gelang Mahler ein Coup, der sich erst in den folgenden Jahren für ihn auszahlen sollte. Die Kurz kam auf Empfehlung Gustav Brechers zum Vorsingen. Als sie die Probebühne betrat, klagte Mahler: »Noch ein Mezzo! Wir sind ja schon überfüttert damit!« Und zu Ferdinand Foll, dem Korrepetitor, gewandt: »Machen Sie's kurz mit ihr!«

Die Bielitzerin sang ihm geschlagene zwei Stunden vor. Am Schluß sprang Mahler auf, wieselte auf die Bühne, umarmte die erschreckte Aspirantin und schrie: »Sie sind engagiert . . . als dramatischer Koloratur!« Nach den für ihn unwesentlichen Mezzo-Stücken hatte er sie, durch die glasklaren hohen Töne hellhörig geworden, den Beginn der Lucia-Arie singen lassen, den die Kurz zufällig beherrschte. Dann hatte sie Skalen und Triller singen müssen. Kurz und gut: In ihr hatte er endlich den »dramatischen Koloratur«, auf den er so sehnsüchtig gewartet hatte.

Das Debüt der Kurz war eine Sensation. »Ihre Triller sind das Wunderbarste, das man je auf einer Opernbühne gehört hat!« hieß es in der Presse. »Wenn sie als Lucia mit der Flöte konkurriert, weiß man oftmals nicht, was Stimme und was Flöte ist.«

Die Kurz perfektionierte ihre Triller-Methode derartig, daß sie damit in den internationalen Opernhäusern und auf den Konzertpodien sensationelle Erfolge einheimsen konnte. Sie war schließlich in der Lage, ohne Zwischenatmung dreieinhalb Minuten lang auf dem hohen D zu trillern . . .

Aber nicht nur als dramatischer Koloratursopran wurde die Kurz weltberühmt. Mahler setzte sie als Mimi und Cho-Cho-San in den beiden Puccini-Premieren seiner Zeit ein – und die Presse überschlug sich mit Lobeshymnen. In seinen Amerika-Jahren holte Mahler die begabte Sängerin nach New York und Chicago, wo sie neben Enrico Caruso als »Weltwunder aus Wien« gefeiert wurde. Als sie den Gynäkologen Josef Halban heiratete, der den kaiserlichen Müttern in ihren schweren Stunden beistand, sandte der Hof ein kostbares Diadem. Bei der Trauung wurde Musik von Gustav Mahler gespielt.

Aus der Jahn-Zeit behielt Mahler den Baß-Bariton Wilhelm Hesch, engagierte jedoch neben ihm den Salzburger Richard Mayr, der später ein international gefeierter Ochs auf Lerchenau wurde. Und dann kam Leopold Demuth, zuvor Mitglied des Hamburger Stadttheaters. Mahler hatte ihn bei einem Gastspiel in Dresden gehört und ihn sofort engagiert, obwohl Theodor Reichmann noch das Fach vertrat, das Demuth künftig übernehmen sollte. Da erkrankte Reichmann, und nach seiner Genesung erbat er einen längeren Vorbereitungsurlaub für die Bayreuther Festspiele, bei denen er den Amfortas zu singen hatte. In dieser

Zeit sang Demuth seine ersten Partien und hatte einen derartigen Erfolg, daß Reichmann, obwohl er es nicht offen zugab, resignierte. Als er 1903 starb, war für Demuth, den ehemaligen Apotheker aus Brünn, die Bahn frei. Und Mahler war einen seiner unangenehmsten Widersacher los.

Mahler hatte eine glückliche Hand in der Wahl seiner Sänger, die unter seiner Führung ein wirkliches Ensemble darstellten. Er war nicht unbedingt auf Schönsänger aus, aber er mochte auch nicht auf sie verzichten. Demuth war ein Belkantist »comme il faut«. Und dann der wohl populärste Sänger, den Mahler an die Wiener Oper brachte: Leo Slezak, zuvor Schlossergeselle in Mährisch-Schönberg. Der hünenhafte Tenor war ein seltsames Gemisch aus Grandseigneur, Hanswurst und Bauerntölpel. In seiner künstlerischen Arbeit aber war er unbestechlich, ehrgeizig und darauf aus, »es den Italienern zu zeigen«. Er zeigte es ihnen. So gründlich, daß selbst Caruso vor dieser Konkurrenz bangte.

Mahler setzte »Leo-Burschl« vielfältig ein: als Tamino und Lohengrin, Des Grieux und Stolzing, Lionel und Vasco da Gama (in der ›*Afrikanerin*‹). Wenn der riesengroße Slezak und der um zwei Köpfe kleinere Mahler zusammen auf dem Ring promenierten, drehten sich die Spaziergänger um und sagten: »Arme Hascherln, Zirkusleut'!«

Nach drei Spielzeiten hatte sich Mahlers Verhältnis zu Hans Richter so sehr verschlechtert, daß die Lage zu einer Lösung der Spannungen drängte. Richter beanspruchte einen Großteil des Wagner-Repertoires, das ihm Mahler jedoch nicht überlassen wollte, da er selbst daran interessiert war, die Hauptwerke des Bayreuthers zu dirigieren.

Sie waren gegensätzlicher Natur: Richter, der blonde, nordische Brahms-Typ, der Behäbigkeit und Gemächlichkeit ausstrahlte und die Musikdramen mit einem üppigen Pathos befrachtete, und der zu Cholerik und Hast drängende Mahler, der die Werke Wagners durch Dynamik und »lebensnahen Fluß« aufzuwerten trachtete.

Man geriet oft aneinander. Richter verteidigte seine Interpretationsweise und berief sich auf direkte Anweisungen Wagners, während Mahler erklärte, es müsse ein neues Grundkonzept für die musikalische und szenische Realisation der Musikdramen gefunden werden, da alles »in Bausch und Bogen altmodisch, unnormal und kitschig« sei. Als Mahler die wichtigsten Darsteller der Richterschen Wagner-Konzeption entlassen hatte, sah sich der Hauptdirigent der Bayreuther Festspiele genötigt, nun seinerseits um die Entlassung aus dem Dienst der Hofoper nachzukommen.

Richter ging nach England und lehnte es ab, jemals wieder in Wien zu dirigieren. Kurz bevor er 1916 in Bayreuth starb, schrieb er an Hans von Wolzogen: »Der verdammte Jud' hat mir schwer zugesetzt, dieser Zerstörer der großen europäischen Dirigiertradition [. . .]! Mögen künftige Geschlechter erkennen, welch ein grausamer, teuflischer und dilettantischer Ahasver die Arbeit von zwei, drei Generationen rücksichtslos und ausbeuterisch zerschlagen hat [. . .]!«

Für Richter kam dann Franz Schalk, der zunächst devot und lobheischig auf Mahlers Vorstellungen einging, dann aber, als Mahlers Sturz offenbar wurde, rasch die Partei wechselte und in den Kaffeehäusern übelste Gerüchte über den Hofoperndirektor verbreitete. Ähnlich machte er es später mit Richard Strauss.

Ging Mahler, was die musikalische Erneuerung der Oper betraf, von absolut eigenen Intentionen aus, so ließ er sich für die szenische Umwälzung von den Mitgliedern der 1897 gegründeten Wiener Secession anregen, zu der Gustav Klimt, Carl Moll (der Stiefvater Alma Mahlers), Otto Wagner, Kolo Moser und Josef Hoffmann gehörten. Die Zeitschrift der Secessionisten, »Ver Sacrum«, war zeitweilig für Mahler »eine zweite Bibel«. Kolo Moser gegenüber erklärte er: »Was ich diesen Blättern entnehme, hat so intensiven Einfluß auf meine Gedanken und Vorstellungen, daß ich bisweilen Tag und Nacht darüber brüte und mich nicht gütlich genug daran tun kann, etliche der architektonischen und plastischen Gedanken endlich auf die Bühne übernommen zu sehen.«

Noch mehr erregte und beflügelte ihn Adolphe Appias Buch »Die Musik und die Inszenierung«, das 1899 erschienen war und von den meisten Kritikern als »Elaborat eines Wahnsinnigen« abgetan wurde. Wie revolutionär, wie zukunftweisend Appias Ansichten waren, erwies sich erst in den fünfziger und den sechziger Jahren dieses Jahrhunderts, als Wieland Wagner in Bayreuth daranging, die Wagner-Szene grundlegend im Sinne des Schweizer Avantgardisten der Jahrhundertwende umzumodeln: weg von der naturalistischen Ausgestaltung der Bühne, hin zur angedeuteten, symbolhaften Szenerie.

Mahler war von Appias Buch gefesselt. »Hier schlägt ein Herz für das Neue, das Ungewöhnliche«, schrieb er. »Hier sehe ich den Wegweiser für alles Künftige. Nach diesen Plänen will ich mich, soweit es möglich ist, richten. Und hier soll mir die neue Opernidee erwachsen.«

Das war leichter gesagt und gedacht als getan. Die Secessionisten konnten ihm keinen Künstler vorschlagen, der in diesem neuen Sinne bereit gewesen wäre, die Bühnenbilder der Hofoperninszenierungen zu gestalten. Moser warnte Mahler. Er solle keineswegs »allzu gründlich und spontan« vorgehen. Das Publikum sei gemalte Dekorationen gewohnt, fordere eine naturalistische Wolfsschlucht, blumige Augen usw. »Bereiten Sie den Umschwung langsam vor, dann können Sie womöglich reüssieren!« Daran hielt sich Mahler.

Er engagierte Heinrich Lefler, einen der Secession nahestehenden Künstler, der jedoch einfallslos und – wie es im nachhinein aussieht – ziemlich hausbacken dekorierte. Hermann Bahr stellte ihm kein gutes Zeugnis aus: »Niemand kann schlechtere Dekorationen besser malen als er!« Mahler beauftragte Lefler zunächst, eine Neuinszenierung von ›*Aida*‹ auszustatten. Das Experiment mißlang.

Nun suchte Mahler nach einem anderen Bühnenbildner. »Es muß doch irgendwo ein Mensch sitzen, der meine Pläne verwirklichen kann«, schrieb er. Ein solcher Mensch saß in Wien, ganz in der Nähe des Herrn Hofoperndirektors, und hieß Alfred Roller. Die Zusammenarbeit mit diesem hochbegabten Bühnenbildarchitekten brachte die Erfüllung der Mahlerschen Opernrevolution. Man war endlich auf dem Weg zum Gesamtkunstwerk. Richard Wagners Wunschvorstellungen konnten realisiert werden.

GUSTAV MAHLER
UND
ALFRED ROLLER

Auszüge aus dem Rundfunkinterview des Autors
mit Alma Mahler vom 13. März 1962

Wessling:
Sie haben geschrieben, Alfred Roller, der geniale Bühnenbildner, sei der große Gewinn Mahlers, aber auch der »größte Nagel zu seinem Sarge« gewesen.

Alma Mahler:
Nehmen wir erst einmal das Positive heraus . . . Der Name Rollers ist mit dem Gustav Mahlers auf alle Zeiten verbunden. Stößt man in irgendeiner Musik- oder Theatergeschichte auf diesen »Begriff von Namen«, erfährt man garantiert auch gleichzeitig etwas über Mahler. Das Phänomen Roller war – zumindest in den ersten, grundlegenden Jahren – an das Phänomen Mahler gekettet. Das war für Roller lebenswichtig; es hat jedoch mit dazu beigetragen, Mahlers Schicksal in Wien zu besiegeln. Wie das so ist, wenn zwei überbegabte Menschen zusammenkommen: Zumeist stiebt es Funken, denn jeder hat den Ehrgeiz, seine eigenen Ideen hundertprozentig verwirklicht zu sehen. Roller besaß ein gänzlich anderes Temperament als Mahler. Er war kalt, stets auf Würde und Repräsentation bedacht. Aber unter dieser kalten, undurchdringbar erscheinenden Oberschicht befand sich ein außerordentlich empfindsamer Körper. Man konnte Roller mit dem Zucken einer Wimper tief verletzen. »Alfred der Große«, wie wir ihn nannten,

war alles andere als ein Eisblock, ein Unnahbarer, ein Fels in der Brandung. Mahler erkannte seinen wirklichen Kern sofort. Und er, der gewohnt war, wenn nötig einen harten, rauhen Ton anzuschlagen, sah sich bei Roller immer besonders vor. Man kann sagen, daß Mahler seinen Freund Roller ständig stützte – was allerdings auch bedeutete, daß er Roller in seinen Launen und in seinen Überheblichkeiten unterstützte.

Lassen Sie mich das Ende dieser Beziehungen vorwegnehmen, dann erklärt sich viel besser, was Mahler damit riskiert hatte, daß er einen Alfred Roller an sich band. Ich brauche nicht mehr zu erwähnen, daß alle Inszenierungen, die Roller und Mahler zusammenbrachten, mustergültig waren. Man feierte beide mit Überschwang und pries sie als wahre Reformer des Operntheaters. Und in der Tat: Jede Inszenierung war ein Wunder, war in sich so etwas Genialisches, daß ich als Beobachterin von einem Taumel in den anderen fiel.

Eines Tages kam Roller ins Büro von Mahler und schlug ihm vor, er wolle ein Ballett verfassen und es auch selber choreographieren. Mahler sagte ahnungslos ja zu diesem Vorschlag und berichtete darüber zu Hause mit Begeisterung. Nun, es wäre an diesem Plan auch gar nichts auszusetzen gewesen, wenn sich Roller in der Folgezeit in seinem Benehmen, in seinem Verhalten der Oper gegenüber nicht voll und ganz geändert hätte. Was sich nun abspielte, paßte eigentlich überhaupt nicht zu dem aristokratischen Alfred. Ich muß es so ausdrücken: Von Mahlers Zusage an wurde er selber ein Tänzer . . . und nahm all die Allüren dieser Künstlergattung an. »Alfred der Große« – ein »danseur noble« unter ersten Tänzern und Tänzerinnen. In seinem Büro wimmelte es dauernd von Ballettmitgliedern. Man konnte kaum zu ihm vordringen. Das künftige Ballett interessierte ihn übermächtig.

Dabei sah Roller nicht nach rechts und nicht nach links, und er machte den großen Fehler, den legitimen Ballettmeister der Wiener Hofoper, Hassreiter, zu verärgern, ja in dessen Kompetenzen so rücksichtslos einzugreifen, daß sich dieser bei den oberen Dienststellen bitter und zu Recht beschwerte. Obersthofmeister Montenuovo, der Verwandte des Kaisers, war oberster Theaterchef. Zu diesem kam nun der entrüstete und verärgerte Ballettmeister. Und Montenuovo griff ein, denn er

Gustav Mahler 1865

Mahlers Mutter Marie geb. Hermann

Gustav Mahler 1884

Mahler und seine Schwester Justine

Lehrer und Förderer Mahlers: Julius Epstein und Robert Fuchs (oben), Angelo Neumann und Anton Bruckner (unten

Mahler-Karikatur von Hans Schließmann

Mahler-Zeichnung von Theo Zasche

Anna Bahr von Mildenburg

Mahlers Frau Alma Maria geb. Schindler 1909

Hofkapellmeister Joseph Bayer

Gustav Mahler 1906

Bruno Walter

Original ganz fidel
und steckte
Visage auf
alle :
1910

Mahlers Grab auf dem Grinzinger Friedhof in Wien

GUSTAV
MAHLER

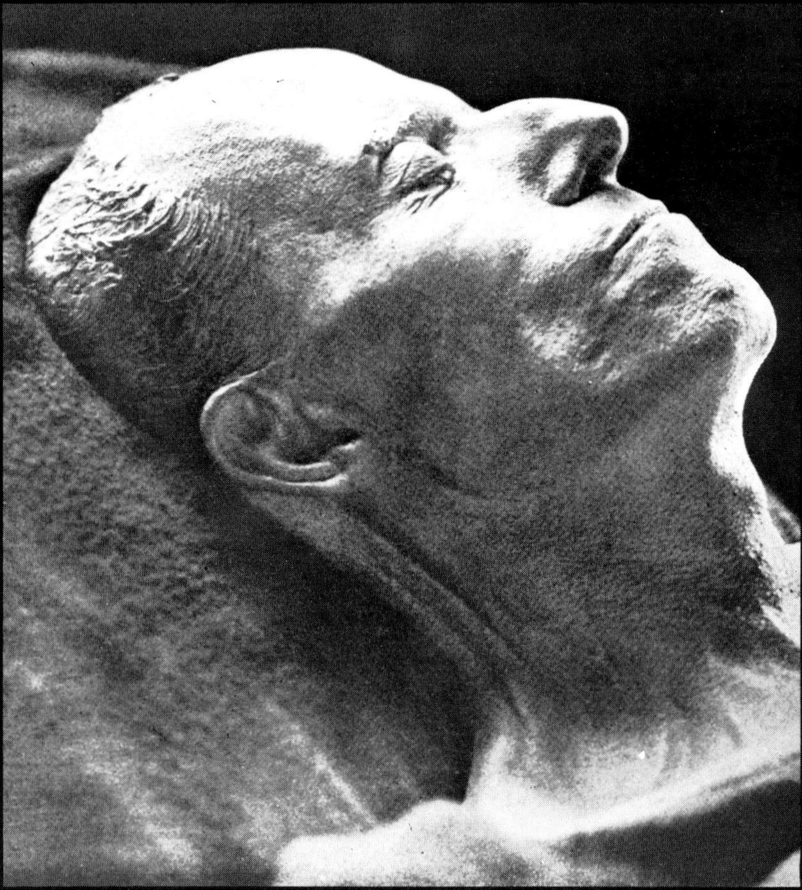

Mahlers Totenmaske, abgenommen von Carl Moll

hatte den Beweis in den Händen, daß im Büro Rollers nicht alles mit rechten Dingen zuging.

Der Ballettmeister, Hassreiter, hatte eine Probe mit dem Ballett angesetzt. Roller hatte sich darum überhaupt nicht gekümmert und seinerseits eine Probe in seinem Büro befohlen. Da nun die Tänzer glaubten, daß der gefürchtete Direktor Mahler alle Vorhaben Rollers decke, waren sie aus Angst vor diesem zu Roller gekommen – und Hassreiter hatte das Nachsehen. Er eilte sofort zu Montenuovo, der Mahler zu sich beorderte.

Ich muß jetzt hinzufügen, daß Mahler wirklich über die Vorgänge in Rollers Büro nicht informiert war, und als Montenuovo ihn nun wegen der Vorfälle zur Rede stellte, nahm Mahler Roller in Schutz. Das war sein Fehler. Montenuovo entließ ihn in Ungnade und sagte etwa: »Herr Direktor, es ist das erstemal, daß Sie eine Unrechtmäßigkeit schützen. Ich als Beamter kann da nicht mitmachen!« Von nun an wartete der Herr Obersthofmarschall darauf, wie er seinen Operndirektor zu Fall bringen könne. Er brauchte nicht sehr lange zu warten. Mahler lief ihm, hart formuliert, in die Falle . . . Zurück zum Thema: Rollers Sologänge und Launen trugen wesentlich zum Sturz Mahlers an der Hofoper bei.

Wessling:

Aber dennoch verteidigen Sie Roller.

Alma Mahler:

Er hatte große menschliche Schwächen; aber als Künstler muß ich ihn anerkennen. Was er schuf, schuf er unter den Vorzeichen des Genies. Da war der erste *›Tristan‹*. Er kam zur zwanzigsten Wiederkehr des Todestages von Richard Wagner, also 1903, heraus. Was Mahler und Roller in und mit dieser Inszenierung schufen, galt für Jahrzehnte hinaus als Muster, und es war, gemessen an dem, was es vorher gab, sehr viel revolutionärer als das, was man heute – wie sagt man doch? – entrümpelt.

Licht und Farben spielten auf einmal eine große, wenn auch nicht die beherrschende Rolle. Ich erinnere mich noch an die großen gelben Zeltvorhänge, durch die das Sonnenlicht vorgetäuscht wurde. Ein

fahles, gleißendes Wüsten- oder Meeressonnenlicht – es war phantastisch!
Man kannte noch keine modernen Leucht- oder Lichtquellen. Und doch war das Ganze, war der Effekt so modern, daß man's, wie ich glaube, auch heute noch auf den Bühnen mit diesen Mitteln versuchen könnte.
Der zweite Akt war gänzlich in ein Veilchenblau getaucht, und Akt drei war mit einem trostlosen Grau erfüllt; auf der Felsenhöhe ein Lindenbaum ... Ich habe das alles bis ins Detail hinein nicht vergessen.
Man sprach dann nach den ersten Kritiken nur noch von der »Mahlerschen Lichtmusik« und von der »Rollerschen Lichtmalerei«.
Ein Jahr später kam dann der *›Fidelio‹* heraus. Wie er damals gestaltet wurde, danach richtet man sich noch heute. Mahler stellte die dritte Leonoren-Ouvertüre zwischen Kerkerszene und Finale. Und dahin gehört sie ja ihrem Inhalt nach auch wohl. Ich glaube kaum, daß ein Dirigent sie heute an anderer Stelle erklingen läßt. Tut er's, hat er von dem großartigen Werk keine Ahnung.
Grauenvoll-wunderschön, wie die Gefangenen aus finsterer Tiefe hervorkrabbelten! Schmedes war der Florestan, Schmedes, der Bariton-Tenor. Mahler mußte ihm die große Arie um einen Ton tiefer transponieren lassen.
Dann kam der legendäre Mozart-Zyklus zum 150. Geburtstag des Meisters aller Meister. Der *›Don Giovanni‹* mit den »Roller-Türmen«. Diese Türme begrenzten die Szene auf beiden Seiten und blieben während aller Akte stehen. Sie hatten jedoch in jedem Aufzug unterschiedliche Funktionen. Mal waren sie die Eckpfeiler des Komturhauses, mal waren sie Grabmäler, und vorher trugen sie den Balkon Elviras oder waren in das Schloßgemäuer Don Giovannis mit einbezogen. Jedenfalls waren diese »Roller-Türme« Gegenstand vielseitiger Erörterungen und Dispute in den internationalen Gazetten. Mahler war von diesem Einfall so begeistert, daß er die Türme außerdem in eine Inszenierung der *›Entführung‹* übernahm.

Wessling:
In diesem Mozart-Zyklus gab es auch jene Neuinszenierung der

›Hochzeit des Figaro‹, über die der Kritiker Korngold schrieb: »Was Mahler hier praktiziert, ist nicht nur vermessen, sondern grenzt an Idiotie!«

Alma Mahler:
Mir ist dieses Zitat wohlbekannt. Man konnte eben damals nicht begreifen, was sich Neues auf der Szene tat. Korngold stieß sich vor allem an der Gerichtsszene, die Mahler eingebaut hatte. Damit sollte der Prozeß der Marzelline verdeutlicht werden. Mahler hatte wochenlang mit uns über diese Veränderung debattiert. Er nahm den Text aus dem Beaumarchaisschen Original und komponierte die Rezitative hinzu. Er begleitete sie auch selber auf dem Cembalo. Mit dieser Veränderung waren viele Kritiker nicht einverstanden. Aber was tut's? Mahler hat damit dem Heiligtum Mozart keinen Frevel angetan.
Nicht nur die Kritiker liefen Sturm gegen das Neu-Revolutionäre. Was meinen Sie, was erst die Künstler aufsässig wurden, die sich an das Gewohnte und damit für sie Einfachere klammerten! Beim *›Tristan‹* wollte sich die Mildenburg absolut nicht den Anweisungen Mahlers und Rollers fügen. Sie empfand alles zu unkünstlerisch und wand sich in hysterischen Anfällen. Mahler mußte Roller holen, damit die Dame beschwichtigt werde und Einsicht gewönne in die neuen Ideen. Das erledigte sich sehr schnell, denn Frau von Mildenburg hatte sich in »Alfred den Großen« verliebt und war ihm hörig. Sie tat alles, was er wollte.

Wessling:
Künstlerisches läßt sich eben doch nur schwer von Menschlichem trennen . . .

Alma Mahler:
Es darf gar nicht voneinander getrennt werden, da sonst das eine ohne Leben bleibt oder das andere ohne Form und Basis. Wenn Kunst und Leben nicht miteinander korrespondieren, ist das Ergebnis unbefriedigend. Wenn ich daran denke, was nach Mahler und Roller an der Hofoper beziehungsweise Wiener Staatsoper auf der Bühne möglich

wurde, wie man rücksichtslos Illusionen und Ideen zerstörte, dann kann ich heute rückschauend nur feststellen: Es ist gut, daß sich Leben und Kunst bei Roller und Mahler so fest ineinander verwoben. Ohne persönlichste Anteilnahme wäre wohl nicht das entstanden, was man als eine epochale künstlerische Leistung bewertet.

DIE EWIGZEITGELIEBTE

Alma Maria Schindler hatte für Mahler »kosmische« Bedeutung. Als sie in sein Leben trat, war er bereits an Jahren vorangeschritten – »ein Junggeselle mit Erfahrungen, die fürs Leben nicht ausreichen«. Erfahrungen hatte er nicht zuletzt bei Anna von Mildenburg gesammelt, die ihn »zur Liebe erzog«. Es klingt zumindest unlogisch, wenn Frau Alma später erklärte, Mahler sei »keusch und züchtig in Worten und Werken, ein Beinahe-Asket voller Komplexe« gewesen, als er sie heiratete.

Zwangsvorstellungen, die sein Seelenleben bedrohten, tauchen in Mahlers Beziehungen zu seiner Frau immer wieder auf, doch bilden sie keine zusammenhängende Vorstellungskette, so daß selbst Sigmund Freud, den Mahler 1910 konsultierte, in ihm keinen Fall für die Tiefenpsychologie sah. Der Analytiker stellte lediglich einen »verschwommenen Mutter-Komplex« fest und diagnostizierte bei Frau Alma, die er 1904 in einer Gesellschaft kennengelernt hatte, eine »ebenso verschwommene Vater-Komponente«. Freud an Mahler: »Ihre Frau liebte ihren Vater und kann nur den Typus suchen und lieben. Ihr Alter, das Sie so fürchten, ist gerade das, was Sie Ihrer Frau anziehend macht [. . .]. Sie lieben Ihre Mutter, haben in jeder Frau deren Typus gesucht. Ihre Mutter war vergrämt und leidend, dies wollen Sie unbewußt auch von Ihrer Frau!«

Dies mag das Zustandekommen des Verhältnisses zwischen Mahler und Alma Maria Schindler erklären. Für das Resultat ihres ehelichen und künstlerischen Zusammenwirkens ist es jedoch keineswegs entscheidend gewesen. Das hauptsächliche Moment hierfür lag im gesellschaftlichen Bereich. Gustav Mahler entstammte kleinen, eher ärmlichen Verhältnissen. In Alma Maria Schindler fand er eine Frau, die all das an Bildung, Anpassung und Flexibilität mitbrachte, was er selbst nicht besaß. Er blickte zu ihr, der »gehobenen Bürgerin«, empor, versuchte jedoch mit allen Mitteln, sich diese Abhängigkeit nicht anmerken zu lassen. Er mußte sie unterdrücken, wollte er neben ihr bestehen können. Und deswegen trat er ihr von der ersten Begegnung an betont selbstbewußt entgegen. Er wußte, daß er – rein äußerlich – kein Supermann war. In mehreren Gesprächen mit dem Anatomen Zuckerkandl unterstrich er seine »biologische« Unterlegenheit gegenüber den »Freiern, die Alma ansonsten umturteln«. Er mußte eine Potenz herauskehren, die er im Grunde nicht besaß.

Anna von Mildenburg erriet instinktiv, daß diese Ehe »mehr Spiel als Genießen« war. Aber Mahler wurde in diesem Spiel selbstsicher, wenn es auch eine vorgetäuschte Selbstsicherheit war. Er konnte damit leben. Es genügte ihm, Leidenschaft zu inszenieren, wenn er damit nur stets aufs neue die Frau gewann, die ihm aus vielerlei Gründen besonders begehrenswert erschien. Es machte ihn unerhört stolz, neben der schönsten Frau Wiens promenieren zu können. Es verschaffte ihm Genugtuung, sie um seinetwillen leiden zu sehen. Kinder mußte sie ihm gebären, damit das Band noch enger geknüpft würde.

Aus dem »Spiel« wurde erst in dem Augenblick Ernst, als Mahler erkannte, daß seinem Leben durch die Herzerkrankung ein frühzeitiges Ende gesetzt sein würde. Da ließ er die Maske fallen; seine Selbstsicherheit zerbröckelte. »Von da an war er wieder Kind«, sagte Alma Mahler später. Nun ließ er sich gehen. Das Pendel schlug zur anderen Seite aus. Bisweilen trug sein Verhalten Frau Alma gegenüber masochistische Züge. Sie war ihm tatsächlich Mutter-Ersatz geworden. Mahler: »An ihrer Brust kann ich mich endlich ausweinen und von ihren Armen abgesichert werden der Welt gegenüber, die mich verfolgt.« Damit siegte die Frau über den Mann. Mahler schrieb 1908 an die

»Ewigzeitgeliebte«: »Ich habe das Gefühl, wieder auf dem Normalgleis angelangt zu sein. Ich stehe wieder zwischen oben und unten [. . .] und bin wieder eingeordnet in das System, aus dem ich ausbrach.«
Das ist durchaus auch soziologisch zu verstehen: Mahler begriff soziale Realität grundsätzlich von oben her, empfand sie als ausgegliederten Geist; Gesellschaft war für ihn ein geistiges System. Seiner Herkunft und seinen Anlagen nach glaubte er nicht, in das herrschende System zu passen. Die Einordnung trat erst ein, als seine Krankheit ihn passiv machte.
In dem Augenblick aber hatte Alma Mahler gerade das Ziel einer gegenläufigen Entwicklung erreicht. Sie bekennt: »Irgendwann war ich ihm gleich geworden, denn mein ganzes Bestreben ging dahin, mit ihm auf einer Stufe zu stehen. Ich mußte das, was ich bisher erreicht hatte, aufgeben und zu ihm hinabsteigen. Ich mußte mich selber aufgeben und sein Spiegelbild werden. Als ich mich aber aufgegeben hatte, war er nicht mehr dort, wo er anfänglich gewesen war. Wir waren also aneinander vorbeigeeilt und kannten uns wieder nur wie Fremde [. . .] diesmal ich auf seinem Platze, er auf dem meinigen.«
Dennoch war die Verbindung zwischen Gustav Mahler und Alma Maria Schindler »sehr fruchtbringend« (Freud). Guido Adler bekennt, daß ohne Almas schützende Hand die letzten Symphonien nicht zustande gekommen wären. Adler: »Sie war der gute Geist der schlimmen Jahre, in denen er dahinstarb. Sie gab ihm Kraft und Liebe in Übermaß. Sie war sein eigentlicher Seelendoktor und lebte für ihn bis zur Selbstaufgabe. Sie bewunderte ihn und erblickte in ihm die Autorität, die auch ihren Lebensweg bestimmte [. . .]. Ohne Alma Maria, nein!, wir hätten nicht die ›Achte‹, nicht das ›Lied von der Erde‹ und die ›Neunte‹. Und wäre es in ihrem Ermessen gewesen, in ihrer Liebeskraft, auch die ›Zehnte‹ gäbe es vollendet. Sie tat Ungeheuerliches. Sie hat ihn errettet aus Trübsal und Unvernunft, sie hat ihn gefördert, seine große, unsterbliche Kunst praktisch ins Leben gerufen.«
Das Paar lernte sich im Salon der Zuckerkandls kennen. Alma Maria Mahler: »Mahler wurde merkwürdigerweise sofort auf mich aufmerksam; nicht allein meines Gesichtes halber, das damals schön zu nennen

war, sondern meines nervösen, herben Tones wegen. Er sah mich durch die Brille lang und forschend an.«
Mahler lud »Fräulein Schindler« in die Oper. Er erfuhr von ihr, daß sie Kompositionsunterricht bei Zemlinsky nahm und daran dachte, als Komponistin und später eventuell sogar als Dirigentin aufzutreten. Wenige Tage nach der ersten Begegnung erhielt Alma Maria Schindler nachstehendes Gedicht vom Herrn Hofoperndirektor:

Das kam so über Nacht.
Hätt' ich's doch nicht gedacht,
Daß Contrapunkt und Formenlehre
Mir noch einmal das Herz beschwere.

So über eine Nacht
Gewann es Übermacht.
Und alle Stimmen führen nur
Mehr homophon zu einer Spur.

Das kam so über Nacht
– Ich habe sie durchwacht –
Daß ich, wenn's klopft, im Augenblick
Die Augen nach der Türe schick'.

Ich hör's: ein Mann – ein Wort!
Es tönt mir immerfort –
Ein Canon jeder Art:
Ich blick' zur Tür – und wart'.

Mahler machte seiner Angedichteten sehr bald einen Heiratsantrag. Alma Mahler: »Er hatte eben einfach die Hochzeit beschlossen [. . .] ich hatte [. . .] mich doch umarmen lassen, ohne es recht eigentlich zu wünschen [. . .] ich wußte nun, daß ich ohne diesen Menschen nicht mehr leben wollte. Ich fühlte, daß er allein mein Leben gestalten könne und sein Wert und seine Bedeutung die aller Männer, die ich bis dahin gekannt hatte, um Turmhöhe überrage.« Kaum hatte Mahler das Ja von Alma Maria Schindler, da verbot er ihr auch schon, ein Eigenleben zu führen. Sie dürfe fortan nicht mehr komponieren, an keinen Beruf denken und habe nur ihm zu dienen.

Alma Mahler hierzu: »Was aber hat er mir damit angetan! Ich weinte die ganze Nacht. Am frühen Morgen ging ich tränenüberströmt zur Mutter. Sie war so entsetzt über dieses Ansinnen, daß sie, die Mahler so liebte, mir ernsthaft zuredete, meine Beziehung zu ihm zu lösen. Dieses ihr restloses Zumirhalten brachte mich zur Vernunft. Ich wurde ruhiger und zuversichtlicher und schrieb endlich einen Brief, in dem ich ihm erklärte und versprach, was er erklärt und versprochen haben wollte – und ich habe das Versprechen gehalten.«

Eine begabte Frau begrub ihren Jugendtraum, und im Alter mußte sie bekennen: »Irgendwo aber brannte eine Wunde in mir, die niemals ganz verheilt ist!«

Am 10. März 1902 gaben sich Gustav Mahler und Alma Maria Schindler in der Karlskirche zu Wien das Jawort. Ihre Hochzeitsreise verbanden sie mit einer Konzert-Tournee durch Rußland. Am Tage der Abreise heiratete Mahlers Schwester Justine, die ihm bis dahin den Haushalt geführt hatte, den Konzertmeister Arnold Rosé.

Frau Almas Kommentar zu den Feierlichkeiten: »Zur Hochzeit ging Mahler zu Fuß und in Galoschen, da es heftig regnete; meine Mutter, Mahlers Schwester und ich fuhren. Wir waren in der Karlskirche mit den Zeugen, Moll und Rosé, ganz allein. Es war früh am Tage. Als es zum Niederknien kam, übersah Mahler den Betschemel und sank auf die Steinfliesen; er war ganz klein, mußte aufstehen und sich neuerdings niederlassen. Wir alle lächelten, der Pfarrer auch. Nachher gab es ein ziemlich wortkarges Mittagessen zu sechst, und sofort darauf verabschiedeten wir unsere Gäste, blieben allein, packten und fuhren auf die Bahn. Da unsere Trauung für den Abend angekündigt war, soll es am Abend in der Kirche sehr voll von Schaulustigen gewesen sein.«

Bereits auf der Hochzeitsreise erfuhr Frau Alma, daß sie nicht nur einen Mann von Intelligenz, Ansehen und ungeheurer Aktivität geheiratet hatte, sondern auch einen Hypochonder, Neurastheniker. Mahler bekam Migräneanfälle, war drauf und dran, die nicht sogleich begreifende Gattin zu züchtigen, und verfiel in selbstanklägerische Stimmungen. Doch Frau Alma erwies sich als Diplomatin besten Schlages. Sie hatte die Fähigkeit, sich stundenlang ohne Kommentar seine Jeremiaden anzuhören. Und sie machte ihm keine Vorwürfe, wenn er aus depressiver Ohnmacht urplötzlich in eine Phase der Aggressionen hinüberwechselte. Noch eben beklagte er sein bitteres Los als konvertierter, armseliger Jude, der zufällig etwas Intelligenz besitze, um sich andere Menschen untertan zu machen, da schlug seine Stimmung schon um, und er pries die Juden als Salz der Erde, und er werde schon allen zeigen, was in ihm stecke, und er werde demonstrieren, was Größe, Willenskraft und Genie zu bewirken vermöchten. Mit dem Gefühl der Überlegenheit besaß er seine Frau und merkte nicht, daß sie ihm haushoch überlegen war und tief in die Zerklüftungen seiner Seele hineinsah.

Wichtig war, daß sie ihn verstand und – jedenfalls die ersten Jahre der Ehe hindurch – liebte. Sie liebte einen Außenseiter, einen Kunstextremisten par excellence. Möglich, daß es gerade dies war, was sie faszinierte. Ihrem späteren Gatten Franz Werfel gegenüber erklärte sie einmal: »In Mahler habe ich den extravaganten Geist geliebt, in Gropius die immense Sachlichkeit, in dir liebe ich die Naturgewalt deiner Erotik.«

Nach dem Rußland-Aufenthalt kehrte man nach Wien zurück. Alma Mahler berichtet: »Dort erwartete uns unsere liebe Wohnung, und das Leben begann, das wir sechs Jahre wechselvoll und doch – bis auf den furchtbaren Schluß – in großer Harmonie verbrachten. Diese Wohnung bestand nun aus drei Zimmern und drei Kabinetten, vor unserer Ehe war sie kleiner gewesen [. . .]. Ich übernahm eine vollständig zerrüttete Wirtschaft. Schulden über Schulden! Mahler hatte in Budapest eine große Abfindungssumme bekommen und von der Zeit ab überall viel verdient. Aber seine Geschwister, an der Spitze seine älteste Schwester, vergeudeten sein Geld dermaßen, daß er in Hamburg fast immer im Anfang des Monats bereits bei seinen Freunden Schulden machen mußte, weil er vollkommen ausgeplündert war [. . .]. Ich fand eine Schuldenlast von 50 000 Goldkronen vor. Außerdem war der Hausbau in Maiernigg noch zu bezahlen [. . .]. Mein Ehrgeiz war es nun, Mahler schuldenfrei zu machen. Aber er hat gelitten, wenn wir

uns so gar nichts leisten konnten.«
Frau Alma bekennt aber auch: »Ich fühlte mich in den ersten Jahren sehr unsicher neben Mahler. Nachdem ich mir ihn durch meine Frechheit ahnungslos errungen hatte, war meine ganze physische Sicherheit durch die vorzeitige Schwangerschaft gebrochen worden. Und es ist merkwürdig, von dem Moment seines geistigen Sieges an übersah mich Mahler und fing erst wieder an, mich zu lieben, als ich mich von seiner tyrannischen Suggestion befreit hatte.«
1902 kam Tochter Maria Anna zur Welt, zwei Jahre später wurde Anna Justina geboren. Die beiden Töchter waren – nach den Worten der Eltern – die Liebespfänder der »Splendid isolation«, wie das Ehepaar Mahler die Jahre in Wien zu bezeichnen pflegte.
Natürlich standen die Mahlers im Mittelpunkt des gesellschaftlichen Interesses in Wien. Aber sie machten sich rar. Um so mehr gedieh der Klatsch. Als Gerhart Hauptmann die Mahlers besuchte, tuschelte man über ein Dreiecksverhältnis, das durch die Aussagen eines fristlos entlassenen Hausmädchens belegt sein sollte. Ferdinand Hodler, Richard und Pauline Strauss, Gustave Charpentier, Karl Goldmark und Hans Pfitzner gehörten zu den gelegentlichen Gästen des Hofoperndirektors und seiner Frau, während die Rosés, Roller, Moll, Adler, Lipiner und der Arzt Joseph Fraenkel in der »Wohnflucht« ein- und ausgingen.
Sie alle mußten sich, wenn sie nicht nach den ersten fünf Minuten ihres Besuches vom Hausherrn wieder hinausgeekelt werden wollten, auf das suggestible und empfindliche Wesen Mahlers einstellen.
Lipiner: »Manchmal war er so ungenießbar und so mit den Nerven herunter, daß er mich nach einem fast zurückgehaltenen Husten anraunzte: ›Besteht etwa der Plan, meine Familie und mich durch eine Explosion in die Luft zu jagen?‹«
Adler: »Ich klagte ihm einmal über ein langwährendes Milzstechen. Sofort behauptete er, seit Tagen an dem gleichen Krankheitsbild zu leiden. Er zog sich, ohne mich zu fragen, einen Mantel über und lief mit mir zu einem Arzt, der ihm völlige Gesundheit im Hinblick auf seine Milz bescheinigte.«
Frau Alma besaß ein immenses Einfühlungsvermögen. Sie registrierte

wie ein Seismograph jede aufkommende Erregung in Mahler. Während des Besuches von Pauline und Richard Strauss kam es oft zu Plänkeleien, die gewiß zu Vulkanausbrüchen bei Mahler geführt hätten, wäre die Frau Hofoperndirektor nicht schlichtend und ablenkend zwischen die »Opponenten« getreten.
So hatten sich Strauss und Mahler in eine Diskussion über die Opern Glucks verbissen. Pauline Strauss fuhr dazwischen: »Das Richardl ist da mehr kompetent als Sie, weil er mehr Gluck als Sie dirigiert hat und als Dirigent ein besseres Gespür für das Pathetische hat!« Mahler ballte die Faust und schlug damit hart auf die Tischplatte, so daß mehrere Wein- und Likörgläser in die Gegend sprangen. Frau Alma hob sie lächelnd auf und sagte: »So hab' ich's mir schon immer vorgestellt . . . im Rheingold . . ., wenn der Donner mit seinem Hammer hantiert. Nicht wahr, Gustav, so wirst du's in der kommenden Rheingold-Inszenierung machen?«
Mahler war von diesem Ablenkungsmanöver seiner Frau so begeistert, daß er augenblicklich seine Stimmung wechselte und zu Strauss sagte: »Ich habe die intelligenteste Frau der Welt; sie könnte die gesamte Psychologie revolutionieren!«
Darauf Strauss: »Mit einer Einschränkung: Bei meiner lieben Pauline hätte sie keinen Erfolg, denn bei der ist Hopfen und Malz verloren!«
Frau Strauss empört: »Jetzt spielst du schon wieder auf unsere Verwandtschaft mit der Familie Pschorr an!«

DER PHILHARMONIKER

Arnold Schönberg in seiner »Prager Rede« aus dem Jahre 1913 über Gustav Mahler als Dirigent: »Nirgends eine Bewegung, die nicht genau den Ursachen angemessen ist. So groß sie sein muß, ist sie; sie wird mit Temperament gebracht, lebendig, heftig, kraftvoll, denn das Temperament ist das Exekutivorgan der Überzeugung, und das will nicht feiern. Aber es gibt keinen Ausbruch, der nicht Ursachen hätte. Nicht jedes falsche Temperament, das denen heute so große Erfolge bringt, die Mahlers frühere Dirigierart nachahmen. Als er so dirigierte, sich mit heftigen Bewegungen an einzelne Instrumentengruppen wendend, ihnen die Kraft und Heftigkeit, die sie zum Ausdruck bringen sollten, geradezu vorspielend, da stand er an jener Grenze des Mannesalters, die das noch zuläßt. Als er sie überschritten hatte, trat die Wandlung ein, und er leitete das Orchester mit beispielloser Ruhe. Alle Arbeit geschah in den Proben, die heftigsten Gesten verschwanden, immer größere Klarheit des Ausdrucksvermögens durch Worte ersetzte sie [. . .] das Rubato entsprach der Jugend, das Maßhalten der Reife.« Paul Stefan hat diese Eindrücke noch präzisiert: »Der Dirigent Mahler kannte ein Ziel, das vor ihm nur Wagner so fest gewollt hatte: Deutlichkeit. Die Erfahrung langer Jahre gab ihm eine unfehlbare Sicherheit für die Bedürfnisse jedes Instruments, die Erfordernisse jeder Partitur. Deutlichkeit war ihm ein genaues Verhältnis von Licht und Schatten.

Seine Crescendi, seine Stürme, die von Takt zu Takt wuchsen, einen Augenblick Atem holten und dann mit der stärksten Wucht niedersausten, seine Steigerungen, mit den einfachsten Mitteln erreicht, sein flüsterndes Pianissimo, sein Instinkt für den notwendigen Wechsel von Ruhe und Bewegung, sein Sinn für die Schärfe der melodischen Linie, das alles waren gleichsam erkennbare Teile seiner Kraft. Dazu kam sein äußeres und inneres Gehör für Einzelheiten, verborgene Nebenstimmen, Nuancen, die andere in der Partitur kaum sahen, und endlich eine hypnotische Macht des Willens über alle, die zu gehorchen und zu horchen hatten; eine Macht von Gott oder vom Teufel, wie manche gemeint haben; doch dieser Teufel auch, er war von Gott. Statt der heftigen, wenn auch bezeichnenden, in Wahrheit zeichnenden Bewegung genügte je länger je mehr ein Blick, eine leise Wendung, ein leichtes Hindeuten.«

Mit dieser Art des »Suggestiv-Dirigierens« – wie Karl Kraus Mahlers Orchesterleitung nannte – faszinierte der Herr Hofoperndirektor anfänglich die Wiener Philharmoniker, die ihm nicht nur in der Hofoper zur Verfügung standen, sondern ab 1898 auch auf dem Konzertpodium, denn Mahler hatte nach dem Ausscheiden Hans Richters auch die Leitung der philharmonischen Abonnementskonzerte übernommen. Damit erfüllte er sich einen »brennenden Lebenswunsch«.

Er wußte, daß diese »Philharmonischen Concerte« ein eigen Ding waren. Bereits Richter hatte große Schwierigkeiten mit den autonomen Musici gehabt, die, wie es hieß, als Konzertorchester eine selbständige Republik bildeten. Sie konnten, ohne den als Generalintendanten fungierenden Obersthofmeister konsultieren zu müssen, ihren Chefdirigenten nach eigenem Belieben auswählen. Für Mahler hatte der größte Teil der Orchestermitglieder gestimmt; aber es gab eben auch Opposition, und die wurde dann laut, wenn der Herr Hofoperndirektor sich unterstand, die Programme der populären Sonntagskonzerte im Musikverein zu revolutionieren.

»Neue« Komponisten sollten da keinen Platz haben, und auch wenig bekannte Werke der Klassik waren verpönt. Mahler hatte jedoch keine Lust, weiter an der Wunschkonzert-Idee der Sonntagskonzert-Erfinder festzuhalten. So konnte es nicht lange dauern, bis er Musiker, Pu-

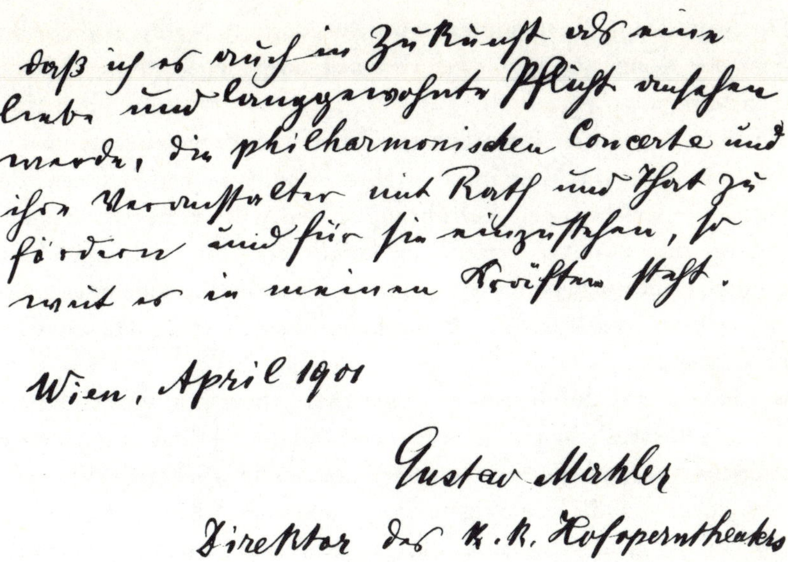
daß ich es auch in Zukunft als eine
liebe und langgewohnte Pflicht ansehen
werde, die philharmonischen Concerte und
ihre Veranstalter mit Rath und That zu
fördern und für sie einzustehen, so
weit es in meinen Kräften steht.

Wien, April 1901

Gustav Mahler
Direktor des k.k. Hofoperntheaters

blikum und Presse gegen sich hatte.

Ersten Unmut bekam er zu spüren, als er in einem Konzert Beethovens Streichquartett in f-Moll mit der kompletten Streichergruppe des Orchesters musizierte. Und dann kam es zu jenem Eklat, dessen Folgen in der gesamten Musikwelt lebhaft diskutiert wurden. Mahler hatte eine Aufführung von Beethovens neunter Symphonie mit Retuschen angesetzt, die darin bestanden, daß er die Bläser verstärkte, die Vortragszeichen verschärfte und hier und dort Striche anbrachte. Es hagelte Proteste. Die Kritik fiel einmütig über ihn her. Es hieß, er habe ein Heiligtum vergewaltigt. Er sei überaus anmaßend und größenwahnsinnig, wenn er glaube, sich über Beethovens Notation und Anmerkungen hinwegsetzen zu können.

Georg Ritter von Schönerer, Haupt der »bürgerlich-antisemitischen Bewegung«, schlug Alarm: Ein Jude aus Böhmen verschandle das größte Musikwerk aller Zeiten! Zeit würde es, die Juden aus so einflußreichen Positionen zu entfernen. Mahler sei ein »Erzübel« im Wiener Musikbetrieb und diskreditiere das gesamte österreichische Kunstansehen in der Welt. Und so weiter.

Die Aufführung der ›Neunten‹ wurde wiederholt. Mahler ließ vor Beginn des Konzerts Flugblätter verteilen, in denen er die Retuschen rechtfertigte:

»Da infolge gewisser öffentlich gefallener Äußerungen bei einem Teil des Publikums die Meinung entstehen könnte, als wären seitens des Dirigenten der heutigen Aufführung an den Werken Beethovens und insbesondere an der 9. Symphonie willkürliche Umgestaltungen in irgendwelchen Einzelheiten vorgenommen worden, so scheint es geboten, mit einer aufklärenden Bemerkung über diesen Punkt nicht zurückzuhalten.

Beethoven hatte durch sein in völlige Taubheit ausgeartetes Gehörleiden den unerläßlichen innigen Kontakt mit der Realität, mit der physisch tönenden Welt gerade in jener Epoche seines Schaffens verloren, in welcher ihn die gewaltigste Steigerung seiner Konzeptionen zur Auffindung neuer Ausdrucksmittel und zu einer bis dahin ungeahnten Drastik in der Behandlung des Orchesters hindrängte. Ebenso bekannt wie diese Tatsache, ist die andere, daß die Beschaffenheit der damaligen Blechinstrumente gewisse zur Bildung der Melodie nötige Tonfolgen schlechthin ausschloß. Gerade dieser Mangel hat mit der Zeit eine Vervollkommnung jener Instrumente herbeigeführt, welche nunmehr nicht zu möglichst vollendeter Ausführung der Werke Beethovens auszunützen, geradezu als Frevel erschiene.

Richard Wagner, der sein ganzes Leben hindurch in Wort und Tat leidenschaftlich bemüht war, den Vortrag Beethovenscher Werke einer geradezu unerträglich gewordenen Verwahrlosung zu entreißen, hat in seinem Aufsatz ›Zum Vortrage der Neunten Symphonie Beethovens‹ jenen Weg zu einer den Intentionen ihres Schöpfers möglichst entsprechenden Ausführung dieser Symphonie gewiesen, auf dem ihm alle neueren Dirigenten gefolgt sind. Auch der Leiter des heutigen Konzertes hat dies in vollster, aus eigenem Durchleben des Werkes gewonnener und gefestigter Überzeugung getan, ohne im Wesentlichen über die von Wagner angedeuteten Grenzen hinauszugehen.

Von einer Uminstrumentierung, Änderung oder gar ›Verbesserung‹ des Beethovenschen Werkes kann natürlich absolut nicht die Rede sein. Die längst geübte Vervielfachung der Streichinstrumente hat –

und zwar ebenfalls schon seit langem – auch eine Vermehrung der Bläser zur Folge gehabt, die ausschließlich der Klangverstärkung dienen sollen, keineswegs aber eine neue orchestrale Rolle zugeteilt erhielten. In diesem wie in jedem Punkte, der die Interpretation des Werkes im ganzen wie im einzelnen betrifft, kann an der Hand der Partitur (und zwar je mehr ins Detail eingehend, desto zwingender) der Nachweis geführt werden, daß es dem Dirigenten überall nur darum zu tun war, fern von Willkür und Absichtlichkeit, aber auch von keiner ›Tradition‹ beirrt, den Willen Beethovens bis ins scheinbar Geringfügigste nachzufühlen und in der Ausführung auch nicht das Kleinste von dem, was der Meister gewollt hat, zu opfern, oder in einem verwirrenden Tongewühle untergehen zu lassen!«

Die Philharmoniker entrüsteten sich nicht nur über die »Taktlosigkeit« dem Beethovenschen Œuvre gegenüber, sie fühlten sich auch darin verletzt, daß Mahler sie zu »unendlichen, zeitverschwenderischen« Proben heranzog. Ein Sprecher des Orchesters erklärte dem Dirigenten, daß man »als Klangkörper von Weltrang« die Klassiker und Romantiker beherrsche und daß es genüge, wenn man die Werke ein- oder zweimal vor den Aufführungen rekapituliere. Mahler: »Ich probe so lange ich es für notwendig erachte. Ich rekapituliere nicht, ich zeige Ihnen, wie es wirklich zu machen ist!«

Man war verschnupft und überlegte auf gut wienerische Art, wie man es dem Herrn Hofoperndirektor heimzahlen könne.

Im Juni 1900 unternahm Mahler mit den Wiener Philharmonikern eine Konzertreise nach Paris. Anlaß war die Weltausstellung des Jahres, bei der sich die Crème de la Crème traf. Die Wiener Presse feierte dieses Gastspiel im voraus als »epochales Ereignis, das alle Musikenthusiasten vor Staunen stumm machen wird«.

Es machte – merkwürdigerweise – überhaupt niemanden vor Staunen stumm. Lag es an dem Programm, das allzu klassisch ausgewählt war, oder an dem schlechten Ruf, den Mahler in Paris genoß, seitdem man aus den Gazetten erfahren hatte, daß er sich in seinem Opernbetrieb gegen alles Französische wandte, das er als seicht, frivol und unkünstlerisch abtat?

Das Gastspiel wurde ein großer Reinfall. Mahler mußte sich erniedri-

gen und den Baron de Rothschild um 20 000 Francs angehen, damit die Musiker überhaupt nach Wien zurückfahren konnten. Guy de Rothschild gab »Monsieur le directeur« folgenden Rat mit auf den Weg: »Paris erobert man nicht, indem man ihm etwas aufzwingen will. Um Paris und seine Leute muß man buhlen und sich bei Ihnen einschmeicheln. Anstatt Beethoven hätten Sie lieber Johann Strauß musizieren sollen, dann wäre Ihre Reise ein Erfolg geworden. Für die Pariser, Monsieur, bleiben Sie zunächst das Malheur, als das Sie angekündigt worden sind!«
Rothschild spielte auf das verunglückte Plakat an, mit dem man für die Konzerte geworben hatte: »Société Philharmonique de Vienne [. . .] sous la direction de Mr. Gustav Malheur«.
Gustav »Malheur« kehrte mißmutig nach Wien zurück. Die Freunde fanden ihn migränig und »voller Todessehnsüchte« vor. In diesem Zustand durfte der Maestro jedoch nur geringe Zeit verharren, denn es standen bedeutsame Programme bei den Wiener Konzerten bevor: Bruckners fünfte und sechste Symphonie und die ›Vierte‹ von Brahms. Mahler: »Irgendwie werde ich mir helfen, denn ich stehe unter besonderem Schutz. Mein Pensum wird erledigt und koste es mich den Verstand und die Gesundheit!« Er arbeitete mit den Philharmonikern »ohne Unterlaß, in aller Strenge, unduldsam, aber schließlich doch recht erfolgsam«. Tschaikowskijs Symphonien wurden aufgeführt, Dvořák, Smetana, Liszt, César Franck und Hermann Goetz dem Publikum mit wenig bekannten Werken vorgestellt. Auch Richard Strauss kam zum Zuge. Gegen ihn richteten sich in erster Linie die Angriffe der Philharmoniker. »Wer einen Strauss bevorteilt, muß entweder mit ihm unter einer Decke stecken oder von der Musik soviel verstehen wie ein Pavian vom Klavierspielen«, hieß es in einer Kritik, die, wie Mahler erwähnt, von einem Konzertmeister des Orchesters »eingeflüstert« worden war. Mahler setzte sich über solche »Kritiken« hinweg. »Strauss gehört ins internationale Konzertleben. Er ist sehr bedeutend und in seinen Neuerungen ungewöhnlich!« schrieb er.
Mit eigenen Kompositionen hielt sich Mahler während seiner Tätigkeit als Chefdirigent der Wiener Philharmoniker sehr zurück, so daß Hanslick erklärte: »Es ist unverständlich, warum er mit einer an Selbstver-

leugnung streifenden Bescheidenheit seine eigenen Kompositionen für Wien versteckt!«

1899 führte er mit den Philharmonikern seine zweite Symphonie auf, später folgten die *»Lieder eines fahrenden Gesellen«* in der Orchesterfassung, die Wunderhorn-Lieder (ebenfalls in Orchesterfassung) und 1900 schließlich die erste Symphonie. 1902, als er sein Amt als Chefdirigent niedergelegt hatte, wurde er eingeladen, seine vierte Symphonie in Wien erstaufzuführen.

Bis zu seinem Abschied im Jahre 1907 gab es noch folgende Mahler-Konzerte unter der Leitung des Komponisten:

1902 *»Das klagende Lied«* mit der Singakademie und dem Philharmonischen Orchester (Uraufführung 1901)

1904 Dritte Symphonie mit dem Philharmonischen Orchester

1905 Wunderhorn-Lieder, *»Kindertotenlieder«*, Lieder auf Texte von Rückert mit der Vereinigung schaffender Tonkünstler und dem Philharmonischen Orchester

1905 Erste Symphonie mit dem Philharmonischen Orchester

1906 Sechste Symphonie mit dem Konzertverein und dem Philharmonischen Orchester

1907 Zweite Symphonie mit dem Philharmonischen Orchester

DER
ANTI-DIALEKTIKER

Die drei großen Instrumental-Symphonien nach der »Vierten« seien Reflexionen auf die Bilderwelt der frühen, heißt es bei Theodor W. Adorno in der »Rede zum 100. Geburtstag Gustav Mahlers«. Und dann der Zusatz: »Mit dem Metier, das ihnen zugewachsen ist, wird jene freilich auch distanziert, in einen rein in sich selbst durchgestalteten musikalischen Zusammenhang aufgehoben; Wiederholung im dialektischen Verstande des Wortes.«

Nach der Herstellung der Partitur der fünften Symphonie schrieb Mahler: »Mir heißt Symphonie: mit allen Mitteln der vorhandenen Technik mir eine Welt aufbauen.«

Mahler war alles andere als ein Dialektiker vom Schlage Adornos, er war keineswegs in begrifflichen Sach- und Winkelzügen erfahren und gestand mehrfach, jeder logisch formalen Disputier- und Beweiskunst abhold zu sein.

An Guido Adler schrieb er: »Meine Ideen lassen sich nicht klassifizieren. Man braucht kein anderes Verfahren, um sie zu erkennen, als das: mit dem Herzen an die Sache heranzugehen, mit dem Gefühl zu hören und aufzugliedern. Intellektuelle Werkzeuge sind auszuschließen. In meinen Arbeiten steckt meine ganze Existenz und meine ganze Lebensanschauung, die freilich eine Anschauung aus Traum und Wirklichkeit ist, wie's sich bei allen Künstlern ergibt. Steckt auch darin meine Angst. Nun wäre es andererseits unsinnig, aus dem Gehörten in jedem Detail auf den Urheber und auf irgendwelche Anlässe zu schließen. Damit bringt man mein Werk um und notzüchtigt mich mit einer Art von erklärenden Philosophie, die nichts als barer Unsinn sein kann!«

Wer Mahlers Symphonien zu analysieren versucht, kann sich auf verhältnismäßig wenig Erfahrungswerte berufen. Die Ausführungen des Komponisten zur fünften und zur sechsten Symphonie sind in sich so widersprüchlich, daß niemand Rückschlüsse auf die Entstehungsmotive wagen sollte. Nach Lipiner hat Mahler diese beiden Werke als »faustisch-verklausuliert« bezeichnet. Lipiner: »Wir kamen auf den Anlaß der Fünften zu sprechen und Mahler sagte rundweg heraus, daß er in dieser Symphonie seinen nie befriedigten Drang nach Erkenntnis irdischer und göttlicher Wahrheit in Musik umgesetzt habe. In der Sechsten sei er einen Schritt weiter gewesen und habe erkannt, daß er seinem Geschick verhaftet sei [. . .] unausweichlich. Er sei sich in seinem eigenen Geschick begegnet.«

Insofern könnte man mit einiger Berechtigung von einem Wirklichkeitsgefühl bei Mahler sprechen, das ihn während der Komposition der »Sechsten« beherrschte.

Der Komponist zu seiner Frau: »Ich bin unentrinnbar überantwortet.« Dazu Alma Mahler: »Er hatte in furchtbarer Weise sein Ich erkannt. Jetzt begann er, vor diesem Ich zu fliehen. Es wäre gründlich falsch, wenn man dieses weiß, die Behauptung aufzustellen, Mahler habe in den Symphonien jener Zeit seine eigene künftige Krankengeschichte investiert. Er wußte eigentlich nicht genau, wovor er Angst hatte, denn das Herzleiden wurde ihm erst später offenbar. Er ahnte, daß sein Weg unheilvoll enden würde. Aber welcher Künstler hat dererlei Gefühle nicht in glücklichster Zeit? Daß sich bei Mahler alles so entwickelte, wie er es in bangen Stunden voraussagte, kann Zufall sein, aber auch das Ergebnis seiner Übersensibilität. Er konnte in andere Menschen hineinhorchen und deren geistigen Pulsschlag registrieren, er konnte auch in sich hineinhorchen und die Stimmen erkennen, die sein Dasein lenkten.«

Adorno erklärt dazu: »Vielleicht ist der vielberufene tragische Charakter der sechsten Symphonie selber Ausdruck des Immanenz-Zusammenhangs, zu dem Mahlers Komposition sich intensivierte. So wie dieser keinen Ausweg duldet, so rauscht in dem großen Finale der Sechsten Leben, nicht um von außen ereilt zu werden von den Hammerschlägen, sondern um in sich selber zusammenzustürzen: der élan vital enthüllt sich als Krankheit zum Tode.«

Dagegen Mahler: »Man wird vergeblich nach einer ökonomischen Entwicklung in meinen Symphonien suchen, denn es gibt sie nicht. Die einzige Entwicklung, die ich anerkenne, ist die, daß ich als einfacher Mensch nichts nütze, daher einen künstlerischen Nutzen sozusagen als idealistisches Prinzip aus meinen Werken ziehen möchte [. . .]. Nicht Spiegelbilder, sondern Bilder des Nie-Erreichten, des Beinahe-Erreichten, einer Welt, in der ich nur wankend und schwankend stehen kann. Ich dosiere die Wirklichkeit. Sie muß zwischen meinem Wollen und dem Unerreichbaren stehen.«

Solche Aussagen machen es schwierig, im Mahlerschen Œuvre innere Gesetzmäßigkeiten aufzudecken, von denen eine Analyse abhängig gemacht werden könnte. Nicht ohne Grund bekannte Bruno Walter am Ende seines Lebens: »Ich habe viel und ausdauernd über Mahler gesprochen und mich inständig um sein gigantisches Werk gekümmert, aber ich muß immer noch bescheiden erklären, daß ich nur bis in die Vorkammern eingedrungen bin und die ganze Seele nicht erfassen konnte, denn sie ist viel zu schillernd, vielschichtig und unergründbar, als daß ich mir anmaßen würde, dem Geheimnis dieser anima candidissima endgültig auf die Spur gekommen zu sein. Man kann in Mahler überaus viel hineindeuten, denn er war, was dieses anbetrifft, einer der ersten modernen Mensch-Künstler, aber man wird hinterher immer wieder erkennen, daß man in der Hauptsache sich selber in das Werk hineingedeutet hat [. . .] und an Mahler letzten Endes immer noch vorbeigegangen ist, weil er ein so Verschlossener, so ein menschlich-unmenschlicher Genius gewesen ist.«

An anderer Stelle schreibt Bruno Walter: »Man kann nach mancherlei Rezepten suchen, um das Eigentliche in Mahler und seiner Musik zu enthüllen, aber ich bin dessen gewiß, daß jede Philosophie um ihn danebengeht, ist man sich nicht klar darüber, daß auch er aus dem

Unergründbaren schuf, aus dem jedes Genie gespeist wird, und das sich unserer Erkenntnis verschließt. Etliches wird man erkennen, der Rest ist fürs Feuer! Man wird das Formale in Mahlers Werken bequem aufzeigen können, nicht aber die Macht, die sie schuf.«

Alma Mahler berichtet, daß Mahler nach der Vollendung der siebenten Symphonie beklagte, nicht einsehen zu können, warum er bestimmte Eingebungen so und nicht anders ausgeführt habe. Er, Mahler, habe keine Gewißheit darüber, nach welchem »Plan« er arbeite, und deswegen sei er von der Gültigkeit mancher Kompositionsteile nicht überzeugt.

Frau Alma versuchte ihn zu beschwichtigen und sagte: »Kein schöpferischer Mensch wird *seinen* Plan je ergründen können, denn er ist für diesen ja nicht verantwortlich.«

Darauf Mahler: »Ich könnte es aber nicht ertragen, wenn sich herausstellen sollte, daß dieser Plan falsch war!«

Als Mahler daranging, seine fünfte Symphonie zu konzipieren, befand er sich in einem Stadium »toll-romantischen Gewinns«, wie er selbst schrieb. Briefe aus jenen Tagen lassen erkennen, wie sehr Mahler sich gegen eine materialistische Weltauffassung stemmte, die all das zerstöre, »was an Gutem, Redlichem, Religiösem und Lebensfähigem« in einem Menschen vorhanden sei.

Bereits 1901 hatte er an Max Kahlbeck geschrieben: »Ich kann nämlich nicht begreifen, daß Sie, eine Musiker-Poetenseele, nichts glauben = wissen. Was entzückt Sie denn, wenn Sie Musik empfinden? Was macht Sie leicht, frei? Ist die Welt weniger rätselhaft, wenn Sie sie aus Materie konstruieren? Ist es eine Erklärung, wenn Sie sie als Spiel der mechanischen Kräfte erkennen? – Was ist Kraft? – Wer spielt? – Sie glauben an die ›Erhaltung der Kraft‹, an die Unzerstörbarkeit der Materie! Ist das nicht auch Unsterblichkeit? Versetzen Sie das Problem an welchen Punkt Sie wollen – zum Schluß geraten Sie doch an die Stelle, wo ›Eure Weisheit‹ zu ›träumen‹ anfängt!« Und an Guido Adler: »Ich beginne jetzt mit der Fünften. Und ich sage, daß ich kein anderes ›Programm‹ weiß als dieses: Die Musik entsteht ohne äußeren Anlaß. Sie ist in mir. Ich ergründe nichts und will mir [. . .] später nicht bescheinigen lassen [. . .], daß es etwas anderes war. ›Es‹ geht in mir um. ›Es‹ soll werden. Nichts anderes wird. Das muß so sein. Niemand soll fragen, warum [. . .]!«

Der erste Satz der fünften Symphonie beginnt »in gemessenem Schritt, streng, wie ein Kondukt«. Eine Totenklage. Mit einem rhythmisch straffen, düsteren Motiv führt die Solotrompete in die Stimmung ein. Violoncelli und Geigen tragen das Funèbre-Thema vor, das an die Melodie erinnert, mit der Bratschen und Celli im Allegretto von Beethovens siebenter Symphonie den Marschrhythmus begleiten. Weiche Sextengänge der Holzbläser hellen die trübe Stimmung vorübergehend auf, aber schon führen die grellen Trompetenmotive und schwirrende Geigenpassagen zur Totenklage zurück, die durch Reminiszenzen an die *»Kindertotenlieder«* noch eindringlicher wird.

Der zweite Satz in a-Moll (Mahlers tragischer Tonart) ist eigentlich ein zweiter erster Satz. Der »allgemeinen Klage« des einführenden Satzgebildes ist eine »persönliche Klage« zugesellt. Stürmisch bewegt, wild, hemmungslos tobt sich dieser »Mensch« aus, der dem Schicksal unterliegen muß.

Furtwängler hat diesen Satz »die erste nihilistische Musik des Abendlandes« genannt. Er war nach einer Probe dieses Symphonieteils mit den Berliner Philharmonikern einmal so mitgenommen, daß er den Taktstock resignierend fallen ließ und sagte: »Diese merkwürdigen Wendungen Mahlers lassen in einem das Bewußtsein aufkommen, daß alles umsonst ist. Ich wüßte keine andere Musik, die mich so pessimistisch stimmen könnte. Sie entwertet, was einem in dieser öden Welt überhaupt noch wertvoll erscheinen könnte!«

Der dritte Satz der »Fünften«, ein ausgedehntes Scherzo – es währt 800 Takte – soll ein »Loblied der Daseinsfreude« sein. »Lebensvolle, stampfende Lust am sinnlichen Geschehen, an der bloßen Tatsache des Lebens« soll sich in ihm offenbaren. Vielfältig sind die Motive, und die Orchesterfarben sind einem permanenten Wechsel ausgesetzt, um das Veränderliche der Zeitlichkeit hörbar werden zu lassen.

Burleske, volksliedhafte Elemente treten neben glänzende, virtuos aufgemachte Phasen, Seraphisches wechselt mit schlagerartigen Platitüden. Das alles wird streckenweise nebeneinandergeführt, überlagert sich und kommt sogar in solistischer Einfalt (Horn!) daher. Mahler nimmt die Collagentechnik späterer Komponistengenerationen vorweg.

Guido Adler betont mit Recht: »In der Fünften [. . .] und darin wiederum im Scherzo [. . .] stellt sich der Zukunftsmusiker Gustav Mahler zum ersten Male mit Vehemenz vor. Hier ist all das vorgegeben, was sich in Hinkunft tun wird: in seinen eigenen Kompositionen und in denen der Fortschrittlichen, die auf ihm bauen und nur weiter können, weil er da war [. . .] so und nicht anders da war!«

Das lebenssatte Scherzo ist aber nur Mittel zum Zweck. Seine schreienden, bis zum Überdruß strapazierten Farben verblassen plötzlich. Das einsetzende Adagietto (»Ich bin der Welt abhanden gekommen«) ist pure Empfindungsmusik. »Sphärenmusik« hat Mahler sie genannt. Die französischen Impressionisten könnten hier Pate gestanden haben. Ein Satz »in abstracto«, herausgelöst aus den tatsächlichen Verhältnissen, die in den vorausgegangenen Teilen »beschrieben« worden sind.

Besonders in diesem Satz wird erkennbar, was Mahler zum Entstehungsprozeß seiner »Fünften« äußerte. Er schildert hier Zustände, für die ein unmittelbarer Anlaß nicht besteht. »Ein Traum der Einsamkeit« – lyrische Ergüsse, zu deren Verwirklichung er nur der Harfe und des Streichorchesters bedurfte.

Die »Sphärenmusik« leitet den »Sieg der Welt« ein: Resignation und Trauer sind überwunden. Nach einer langen, unentschiedenen Einleitung tragen die Hörner das kecke Hauptthema vor, das von einer Hommage à Johann Sebastian Bach abgelöst wird, von der aus alle weiteren Strömungen in freier Rondoform zur Schlußapotheose führen.

Damit wäre im Prinzip der Wechsel zwischen Trauer und Lebensverbundenheit, zwischen Resignation und Zweckoptimismus, zwischen Todessehnsucht und Sinnenfreude beendet. Es lag jedoch im Wesen Mahlers begründet, daß er dieses Schema der Wechselwirkungen (Mead: »Dieser schreckliche Sinuskurven-Mensch [. . .] mal oben, mal unten!«) nicht aufgab.

Schloß die »Fünfte« lebensbejahend, so mußte die »Sechste« zumindest lebensverneinend beginnen. Sie wurde ein schauerlicher Koloß

der Hoffnungslosigkeit, ein Monument der eingekerkerten Seele. Max Brod hierzu: »Franz Kafkas Symbolträchtigkeit und Soseinsartikulierung in Musik vorweggenommen.«
Der erste Satz der »Sechsten« (in freier Sonatensatzform angelegt) beginnt mit einem Allegro energico: einem Marsch. Dieser Rhythmus (außer der »Vierten« hatte bisher jede Symphonie einen Marschsatz) gehört ab ovo zur symphonischen Methodik Mahlers – ein Mittel, das ihm zur Erreichung des gesteckten Zieles notwendig erschien. »Die Bewegung des Daseins anzuzeigen« – so deutete es Bruno Walter. 1910 sprach Mahler einem Zeitungsreporter in New York gegenüber vom »Panta-rhei-Satz« seiner sechsten Symphonie. Der Marsch-Rhythmus gewährleistet ihm eine »größtmögliche Aktualität« (Mengelberg). Die Zuhörer »aller Zeiten« werden »die Vorstellungen des Sichbewegens und des Voranschreitens durch den Marsch-Rhythmus immer begreifen«.
Leonard Bernstein: »Mahler hat stets versucht, seine schwierige kompositorische Materie den Menschen verständlich zu machen. Wenn er einen Marsch wählt, um den Fortschritt im Leben und in der Kunst darzustellen, so weiß er, daß dieses das eindringlichste und zugleich primitivste Mittel ist, um jemandem Bewegung zu demonstrieren. In der sechsten Symphonie geht es aber nicht mehr allein um einen Ausdruck für Bewegung und Fortschritt. Hier marschiert das Schicksal mit [. . .] oder wie es einer seiner frühen Biographen bezeichnet hat: die harmonische Unrast. Mahler ist mitten im Leben vom Tode umfangen. Ich denke, daß dieser Marsch auch so etwas wie ein Totentanz ist, nicht so klar formuliert, daß man es sogleich erkennen könnte [. . .]. Es ist ein moderner Totentanz, so kompliziert und undurchsichtig wie das moderne Leben nun einmal ist. Und neben diesem Marschmotiv entstehen sogleich andere Motive, Leitmotive, die in allen Sätzen wieder auftauchen. Es sind Partikel des Todesmarsches. Er kippt immer wieder von einem halbwegs mutigen Beginnen (A-Dur) in die Resignation zurück (a-Moll). Eine sonderbare Form des Leitmotivs.«
Die Dunkelheit, die Todesnähe ist wiederum nur begreiflich, wenn man sie in Gegensatz zur Helligkeit, zur Lebensfülle stellt. Dreimal erklingen die Marschrhythmen der Exposition: »heftig und markig«, bis

eine Vision den Totentanz-Pessimismus ablöst. Celestaklänge berauschen das Ohr, zwitterige Geigentöne mischen sich darunter, Herdenglocken verkünden milden Frieden. Naturalistische Klangsymbole: Mahler hat sie als »letzten Gruß der Welt an den immer höher steigenden Bergwanderer« charakterisiert.

Diese Klangsymbole dienen nicht der Bereicherung der Instrumentenpalette; sie haben eine strenge Funktion – wie der niedersausende Hammer, der im Schlußsatz den Willen des Menschen endgültig zerschlägt, so daß sich dieser nur noch »in tödlicher Resignation« auflösen kann.

Eine Vision ist zeitlich begrenzt. In der Reprise abermals das Ringen des Homo sapiens um seine Existenz. Man gewinnt den Eindruck, daß die seraphische Milde des Trugbildes seine Abwehrkräfte gesteigert hat. Er bäumt sich auf, verhöhnt, was ihm vom Schicksal vorbestimmt ist. Läuterung und Selbstzufriedenheit verscheuchen die düsteren Erlebnisse. Ein Choral unterstützt den Wunschgedanken, daß aus dem faustischen Menschen ein apollinischer werde. Max Brod: »Sisyphus Mahler-Kafka wälzt den Stein, die berühmten Osterglocken im Ohr [. . .]!«

Der zweite und der dritte Satz, Scherzo und Andante, sind eigentlich nur Variationen der »inneren« Thematik des ersten Teiles. Alles zielt auf das Finale hin, dessen Dimensionen außergewöhnlich sind.

Bruno Walter: »Es geht auf das Ende zu, das keine Auflösung im Sinne der Materialisten ist. Wie könnte sonst all dem Bedrohlichen, dem Unausweichlichen, ein Choral entgegenstehen? Hier zeigt sich, daß Gott bei Mahler immer noch eine Funktion hat. Und wenn dieser Satz auch pessimistisch schließt, in seinem Schöpfer ist doch noch ein Fünkchen Wissen darum vorhanden, daß es eine höhere Macht gibt, die der absoluten Auflösung entgegentritt und die Seele bewahrt vor der letzten, endgültigen Verzweiflung.«

Leonard Bernstein: »Mahler hat sich mit diesem gewaltigen, 822 Takte umfassenden Finale längere Zeit auseinandergesetzt. Diese Komposition entstand in einer äußerlich recht glücklichen Zeit Mahlers. War dieses Glück oberflächlich? Wohl kaum. Aber wie das so ist: Ein Mensch, der zu gedanklicher Tiefe fähig ist, wird gerade in guten Zeiten an das Ungute, an den Abschluß, an die unabwendbare Finis des menschlichen Lebens und Handelns erinnert. Mahler ist hierin ein Paradebeispiel für die moderne Existenzphilosophie. Kein Analytiker und kein Forscher sollte an diesem Paradebeispiel vorbeigehen! Mit dem Finale der Sechsten komponierte er die Katastrophe des homo sapiens schlechthin. Natürlich gibt es eine Form, ein Gerüst; aber das ist gar nicht so wichtig. Was in der Musik zum Ausdruck kommt, das ist allein wichtig. Es zeigt uns den Komponisten Mahler als den ersten und vielleicht sogar kühnsten Verfechter jenes philosophischen Systems, von dem aus Heidegger, Sartre, Camus – eigentlich alle modernen Denker – ihre Systeme entwickelt haben.«

Albert Camus: »Wenn ich beschreibe, wie die Katastrophe des heutigen Menschen aussieht, kommt mir Musik in den Sinn. Musik, die von Gustav Mahler, dem Vielgeschmähten, stammt. Und das ist nicht von ungefähr.«

Willem Mengelberg: »Vor dem Finale der Sechsten packt mich jedesmal ein Grausen. Ich habe das Gefühl, meiner eigenen Zersetzung beizuwohnen. Es gibt nichts Ungeheuerlicheres als dieses genialische Zupacken, als diese musikalischen Fieberkurven, mit denen man jedes Krematorium dekorieren müßte. So verläuft die Tragödie des Menschen der Neuzeit. So, so, so und nicht anders! Mahler hat keinen Spuk komponiert; er war ein Visionär! Gnade dem Menschengeschlecht Gott, wenn eintrifft, was er gesehen und erlitten hat!«

Max Brod: »In der Sechsten von Mahler, vor allem in diesem Hamagedon von Finale, steckt eine fürchterliche Vorausahnung des grausigen Geschehens von Treblinka, Auschwitz [. . .]. Aber nicht auf die Stätten des Todes kommt es an, sondern auf die Moral des Todes. Sie ist bei Mahler eingefügt in die Moraledikte des 19. Jahrhunderts. Faustisch das Ganze [. . .] ja! Aber doch nicht überfaustisch. Als er mit der Komposition der Achten beschäftigt war und ans Finale kam und den Schluß vom ›Faust‹ eingewoben hatte in das Labyrinth dieser Komposition, da ging er daran, Teile der Sechsten zu retuschieren. Er ließ unter anderem den dritten Hammerschlag fort. Warum? Seine Lebens- (auch Todes-)erfahrung hatte inzwischen einen ganz anderen Sinn bekommen. Das Unzerstörbare war ihm bewußt geworden.«

Erwin Ratz: »Das, was Mahler 1903 als ein vollkommenes Auslöschen empfunden oder zumindest in den Vordergrund gestellt hat (nennen wir es den Tod oder den Zusammenbruch des Helden), zeigt sich nun in einem anderen Licht. Der Mensch hat seine Aufgabe erfüllt. Mag es auch in seinem äußeren Anschein ein Scheitern gewesen sein, so hat doch die Individualität eine höhere Entwicklungsstufe erreicht, die ihr nicht verlorengeht. So ist der Tod nicht mehr Ende, sondern Aufstieg zu neuen Sphären [. . .]. So mußte also der dritte Hammerschlag gestrichen werden, denn er hätte das Gefühl eines absoluten Endes zu sehr verstärkt, das in Wahrheit kein Ende ist.«

Die siebente Symphonie bedeutet »Rückkehr ins Leben«. Sie führt in mancherlei Hinsicht zur »Dritten« zurück. Noch einmal kommt Mahlers Naturliebe zum Durchbruch. Eine romantische Symphonie. Mit Mitteln von gestern wird der Stil von übermorgen geprägt. Adorno: »Bei nachdrücklichster Konstruktion ist der Satz bunter als alles, was Mahler zuvor schrieb.«

Wieder ist es ein Marsch, der das Bewegungs-Ideal versinnbildlicht: in der ersten Nachtmusik. Es ist aber auch der letzte Marsch, den Mahler in einer Symphonie verwendet. Ein Marsch für eine »geisterhafte Scharwache«. Das Orgiastische des Scherzos wird durch die zweite Nachtmusik abgelöst: ein Ständchen, getragen von Mandoline, Gitarre und Harfe.

Mahler hat seine Lust an tändelndem Gerank, an Drolerien und Don-Giovanni-Erotik entdeckt. Es buhlt, schlüpft und kost diesmal ohne Derbheit, ohne bizarren Kirmes-Drive. Es geht »graziosissimo« zu, wie eine der musikalischen Bezeichnungen lautet. Das Schluß-Rondo ist Hingabe, eine optimistische Offerte an die Welt: »Sieghaftes, zweifelfreies Bewußtsein, beglückende Hingabe an die Helle!«

»VENI,
CREATOR
SPIRITUS«

Im Jahre 1906 schreibt Mahler seiner Frau aus Amsterdam: »Gestern spielte ich Mengelberg und Diepenbrock ein paar Sachen aus meiner Achten. Es ist komisch, dieses Werk macht immer den typisch starken Eindruck. Es wäre sonderbar, wenn gerade mein wichtigstes Werk am leichtesten verständlich wäre.«
Mengelberg hat die *»Symphonie der Tausend«* (die Bezeichnung stammt aller Wahrscheinlichkeit nach von Paul Stefan, der so seinen Bericht über die Uraufführung in München – 1910 – betitelte) nicht das Hauptwerk Mahlers genannt, wohl aber das typischste. Er schreibt: »Endlich war er, Mahler, zu jener Ebene durchgedrungen, die nichts mehr – oder nur noch wenig – mit dem Respekt vor dem Irdischen zu tun hatte. Mahler war in seiner eigentlichen Welt, die – losgelöst von allen Folterungen, allem Erbärmlichen und Kleinlichen – eine Krönung seiner symphonischen Ideen zuließ.
Mahler schrieb dieses Werk kurz vor der Wiener Katastrophe. Nach dieser blieb ihm nichts mehr übrig, als sich von jeglichem Bezug zum Alltäglichen abzukapseln. Nach der Achten hatte Mahler, was seine Kompositionen anbetrifft, jeden Bezug zur Welt zu leugnen. Er wandelte nur noch im Fern-Geistigen, in jenen Welten, die nicht Hader und Egoismus, nicht Korruption und Boykott kennen.
In der Achten schwebt er über den Dingen. Um auszudrücken, was in

ihm vorgeht, bleibt ihm nichts anderes übrig, als auf den ›Faust‹ zurückzugreifen. Hier findet er sich bestätigt, hier ist der Ansatz zur Erlösung, hier findet sein Wähnen den Frieden, den ihm die Welt nicht geben kann.
Manche finden es problematisch, daß er den lateinischen Text mit dem Goetheschen verbindet. Aber: das ist letzte Konsequenz. Hier geht es nicht um literarische Möglichkeiten, um literarischen Geschmack, hier geht es einzig und allein darum, eine Wort-Artikulation zu finden, die es dem Komponisten möglich macht, seine Ideen von der allumfassenden Liebe, von der Liebe, die erst den höchsten schöpferischen Akt möglich macht, zu vermitteln. Mahler ist noch über den ›Faust‹ hinausgekommen, denn er hat es vollbracht, Musik werden zu lassen, damit: hörbar werden zu lassen, was Goethe nur in wenigen Zeilen andeuten konnte. Das Wort des Dichters hat hier den Anlaß gegeben, das Höchste und zugleich Erhabenste in einen tönenden Kosmos einzuschließen.«
Mengelberg und Bruno Walter hatten während der Entstehung der achten Symphonie einen besonders engen Kontakt zu Mahler. Und daher sind ihre Aussagen über das Werk so eminent wichtig. Beide erklären, Mahler habe während der Komposition der »Siebenten« zu seiner »romantischen Grundhaltung« zurückgefunden. Ein idealistischer Universalismus habe sich damals in seiner Gedankenwelt eingenistet, und durch den allein sei es ihm möglich geworden, sich zu seinem »Sehnsuchts- und Liebesideal« in der »Achten« »freizuschwimmen«.
Bruno Walter: »In diesem bedeutsamen Augenblick fiel ihm der Hymnus des Hrabanus Maurus in die Hand, und nun sammelte er seine aufs höchste gesteigerten symphonischen Kräfte, um auf die Sehnsuchtsfrage des Herzens mit dem ›Veni, creator spiritus‹ und mit Goethes Unsterblichkeitsdeutung in der Schlußszene des Faust in einem musikalischen Gebilde größten Ausmaßes, seiner achten Symphonie, Antwort zu erteilen. Kein Werk Mahlers ist so vom Geist feurigen Jasagens erfüllt wie dieses; er klingt aus den Wundern der brausenden Vielstimmigkeit des Hymnus, die Mahlers Meisterhand zum Tempelbau eines geschlossenen Symphoniesatzes gestaltet hat; er tönt wie aus den

MEINER LIEBEN FRAU
ALMA MARIA.
ACHTE
SYMPHONIE
VON
GUSTAV MAHLER
PARTITUR
AUFFÜHRUNGSRECHT VORBEHALTEN
DROITS D'EXÉCUTION RÉSERVÉS
„UNIVERSAL-EDITION"
AKTIENGESELLSCHAFT
WIEN. — LEIPZIG.
COPYRIGHT 1911 BY UNIVERSAL-EDITION

Faustworten so aus den Strömen der Musik, die sein erlöstes Gefühl ihm dazu eingab. Der Gottsucher bestätigt in vorgerückten Jahren, von höchster Lebensstufe aus, die Gewißheit, die er als jüngerer Mensch im Herzensaufschwung der Zweiten errungen hatte. In dieser späteren Schöpfung herrscht völlige Klarheit in der Beziehung zwischen Gedankenwelt und Musik; der Meister hat vom Anfang an zum Wort gegriffen, von Anfang an bekannt, daß es die Ewigkeitsfragen waren, aus denen die Symphonie entstanden ist, die in ihr ihre Antwort finden sollten.«

Die »Achte« ist keine Symphonie im herkömmlichen Sinne mehr. Vielleicht hätte sie eher die Bezeichnung Kantate oder Oratorium verdient. Die Viersätzigkeit der Symphonie ist aufgegeben. An ihre Stelle treten zwei Teile, deren Fundamente hymnisch-ekstatische Chor- und Solopartien sind. Verschwommen wird im ersten Teil die Form des großen Sonatensatzes sichtbar: Der Einleitungschor (»Veni, creator spiritus«) beherrscht mit seinem Thema die »Szene«; Solostimmen führen das lyrische zweite Thema ein, bis sich dann in der Durchführung, die in einer kunstvollen Fuge gipfelt, noch ein weiteres Thema hinzugesellt, das von allen Chören und Soli einschließlich des Knabenchors (»Accende lumen sensibus«) getragen wird. Die Reprise beginnt mit der Wiederholung des ersten Themas. Die Coda ist ein Hymnus auf die Dreifaltigkeit (Knabenchor).

Weihevoll wirkt das Orchestervorspiel des zweiten Teils, das auf dem »Accende«-Thema des ersten Teils basiert. Es schließt sich die teils von Solostimmen, teils von den Chören vorgetragene Schlußszene aus dem »Faust« an. Instrumentale Zwischenspiele verbinden die einzelnen Abschnitte, die, formal gesehen, äußerst vage Adagio, Scherzo und Finale erkennen lassen. Ein feierlicher »Chorus mysticus« auf den Text »Alles Vergängliche ist nur ein Gleichnis« bildet den Ausklang der »Achten«; in ein kurzes Nachspiel fließen noch einmal Reminiszenzen an das Thema »Veni, creator spiritus« ein.

Das alles wird von einer kolossalen Besetzung getragen: rund fünfzig Streichinstrumente, etwa vierzig Blasinstrumente, Orgel, Harmonium, fünf Harfen, Celesta, Klavier, Mandoline, Batterie mit neunzehn Gattungen; hinzu kommen sieben Gesangssolisten, zwei große

gemischte Chöre und ein Knabenchor.
Zur Deutung dieses wahrhaft gigantischen Werkes hat Gustav Mahler eine Reihe von Erklärungen hinterlassen. Wichtig vor allen ist der Brief an seine Frau, den er 1909 in Toblach schrieb:
»Nun, mit den Deutungen eines Kunstwerkes hat es seine eigene Bewandtnis. Das Rationale, das heißt: das vom Verstand Aufzulösende, ist fast immer das Nichtwesentliche und eigentlich ein Schleier, der die Gestalt verhüllt. Soweit aber eine Seele einen Leib braucht – es ist ja gar nichts dagegen zu sagen – muß der Künstler seine Mittel zur Darstellung aus der rationalen Welt herausgreifen. Dort, wo er selbst noch nicht zur Klarheit, oder eigentlich zur Ganzheit, durchgedrungen, wird das Rationale das künstlerisch Unbewußte überwuchern und zur Ausdeutung übermäßig auffordern.
Der ›Faust‹ ist nun allerdings ein rechtes Gemisch von alledem – und, wie seine Schaffung ein ganzes, langes Leben umfaßt, so sind nun auch die Bausteine, aus denen er sich zusammensetzt, recht ungleich und oft bloßes Material geblieben. Das macht, daß man dem Werk auf verschiedene Art und von verschiedenen Seiten beikommen muß. Aber die Hauptsache ist doch das künstlerische Gebilde, das sich in dürren Worten nicht ausdeuten läßt. Die Wahrheit ist für jeden – und für jeden zu verschiedenen Epochen verschieden – anders geartet; so wie es mit den Symphonien Beethovens ist, die auch für jeden und zu jeder Zeit immer etwas anderes und Neues sind. Soll ich Dir nun sagen, in welchem Stadium sich gegenwärtig meine ›Rationalität‹ diesen Schlußversen gegenüber befindet, so will ich es also versuchen – ob es gehen wird, weiß ich nicht! Also: diese vier Zeilen nehme ich in engster Verknüpfung mit dem Vorausgegangenen, als direkte Fortsetzung der letzten Zeilen einerseits und andererseits als Spitze der ungeheuren Pyramide des ganzen Werkes, welches uns eine Welt in Gestalten, Situationen, Entwicklungen vorgeführt hat. Alle deuten, zuerst ganz schattenhaft und von Szene zu Szene (besonders im zweiten Teil, wo der Autor selbst dazu herangereift war) immer selbstbewußter auf diese *Eine,* nicht Auszudrückende, kaum Geahnte, aber innigst Empfundene!
Alles ist nur ein Gleichnis für etwas, dessen Gestaltung nur ein unzu-

länglicher Ausdruck für das sein kann, was hier gefordert ist. Es läßt sich eben Vergängliches wohl beschreiben; aber, was wir fühlen, ahnen, aber nie erreichen werden (also was hier ein Ereignis werden kann), eben das hinter allen Erscheinungen dauernd Unvergängliche ist unbeschreiblich. Das, was uns mit mystischer Gewalt hinanzieht, was jede Kreatur, vielleicht sogar die Steine, mit unbedingter Sicherheit als das Zentrum ihres Seins empfindet, was Goethe hier – wieder in einem Gleichnis – das Ewig-Weibliche nennt – nämlich das Ruhende, das Ziel – im Gegensatz zu dem ewigen Sehnen, Streben, sich Hinbewegen zu diesem Ziel – also dem Ewig-Männlichen!
Du hast ganz recht, es als die Liebesgewalt zu charakterisieren. Es gibt unendlich viele Vorstellungen, Namen dafür. (Denke nur, wie es das Kind, das Tier, wie es ein niederer oder ein hoher Mensch lebt und webt!) Goethe selbst bringt hier, je weiter gegen den Schluß, immer deutlicher eine unendliche Stufenleiter dieser Gleichnisse zur Darstellung; das leidenschaftliche Suchen Fausts nach Helena – immer weiter in der Walpurgisnacht, vom Homunculus, dem noch Ungewordenen – über die mannigfaltigen Entelechien niederer und höherer Ordnung, immer bewußter und reiner dargestellt und ausgesprochen, bis zur Mater gloriosa – dies ist die Personifikation des Ewig-Weiblichen!
Also direkt mit Anknüpfung an die Schlußszene spricht Goethe persönlich seinen Hörer an und sagt: ›Alles Vergängliche (was ich Euch da an den beiden Abenden vorgeführt habe) sind lauter Gleichnisse; natürlich in ihrer irdischen Erscheinung unzulänglich – dort aber, befreit von dem Leibe der irdischen Unzulänglichkeiten, wird es sich ereignen, und wir brauchen dann keine Umschreibung, keinen Vergleich – Gleichnisse – dafür. Dort ist eben getan, was ich hier zu beschreiben versuchte, was aber doch nur unbeschreiblich ist, und zwar: was? – Ich kann es Euch wiederum nur im Gleichnis sagen: Das Ewig-Weibliche hat uns hinangezogen. Wir sind da. – Wir ruhen. Wir besitzen, was wir auf Erden nur ersehnen, erstreben könnten. Der Christ nennt dieses ›die ewige Seligkeit‹, und ich mußte mich dieser schönen und zureichenden mythologischen Vorstellung als Mittel für meine Darstellung bedienen – der adäquatesten, die dieser Epoche der Menschheit zugänglich ist.«

Die Uraufführung der achten Symphonie ließ auf sich warten. Im September 1910 begannen in München die Gesamtproben. Mahler war von seiner letzten Krankheit bereits tief gezeichnet. In Toblach hatte er einen regnerischen, »ungnädigen« Sommer verbracht. Er war nicht in bester Verfassung. Täglich gab es zwei Proben: morgens Chöre und Solisten »mit kleiner Besetzung«, nachmittags volles Orchester.

Die Chöre kamen aus Leipzig und Wien, der Knabenchor wurde aus Schülern der Münchner Zentral-Singschule zusammengestellt. Mit seinen »Jüngsten« hatte Mahler schnell einen munteren Kontakt. Er fütterte sie in den Pausen mit Konfekt – und sie dankten es ihm mit Bereitwilligkeit, die schwierigen Sätze zu meistern. Tagtäglich holten sie ihn vom Hotel ab, und in der Zeitung stand eines Tages das Wort vom »Kinder-Mahler«, das ein Schwabinger Bewunderer des Komponisten geprägt hatte.

Die Uraufführung der *»Symphonie der Tausend«* wurde wochenlang vor dem Ereignis in den Gazetten gewürdigt und bespöttelt. In der »Vossischen Zeitung« konnte man lesen: »In München spielt sich demnächst das größte Musikspektakel aller Zeiten ab. Herr Gustav Mahler, der in einigen Kreisen gewissen Ruhm genießt, welchen wir allerdings als zweifelhaft darzustellen uns nicht entbrechen können, hat eine Symphonie geschaffen, in der fast eine ganze Stadt von Musikanten und Geräuschemachern mitwirken soll. Nun sind wir schon allerhand von Herrn Strauss gewohnt (siehe *›Elektra‹*!), aber dieses Spektakel stellt denn doch wohl alles in den Schatten, was es bisher gab. Dabei soll die Musik alles andere als melodiös und angenehm sein. Was Herr Strauss in der Oper verbricht, setzt uns Herr Mahler nunmehr in der Symphonie vor. Es wird Zeit, daß man mit diesen Scharlatanen endlich einmal gehörig ins Gericht geht. Herr Strauss hat schon viel verdorben, Herr Mahler setzt allem die giftige Krone des Ungeschmacks auf!«

Die Uraufführung fand in einer dreitausend Besucher fassenden Ausstellungshalle statt. Zwei Aufführungen waren angesetzt. Schon vierzehn Tage vor den Abenden waren die Karten vergriffen. Allein an Rezensenten waren einhundert Billette verteilt worden.

Der greise bayerische Prinzregent hatte sich angesagt, die Komponisten Goldmark, Bittner, Schmidt, Schönberg, d'Albert, Nedbal, Korngold, Elgar, Fall, Siegfried Wagner, Williams und Rachmaninoff waren anwesend, an namhaften Dirigenten Weingartner, Muck, Balling, Pollak, von Schuch, Stiedry und Blech.

In den »Rangier-Logen« gaben sich die Ehre: der Berliner Hofopernintendant von Hülsen-Haeseler, Pauline Strauss de Ahna, die Primadonnen Thila Plaichinger und Lola Artôt de Padilla, der amerikanische Multimillionär Ford, der König der Belgier, das Ehepaar Max von Schillings/Barbara Kemp und schließlich Frau Alma Mahler mit ihrem Stiefvater Carl Moll.

Der »Bayerische Courier« schrieb zu diesem gesellschaftlichen Aufmarsch: »Soviel erste Klasse hat man selbst nicht bei der Uraufführung der ›*Elektra*‹ in Dresden gesehen [. . .] und da war's schon wie bei einer fürstlichen Hochzeit. Mahler, der Komponist, feiert hier folglich auch ein allererstes gesellschaftliches Ereignis. Er kann zufrieden sein [. . .]!«

Und in der »Täglichen Rundschau« stand zu lesen: »So gewaltig diese neue Symphonie des Herrn Mahler ist, so gewaltig der Einzug der Gäste. Was Rang und Namen hat, will die Taufe dieses musikalischen Undings miterleben. Welch ein Pomp! Wo hat es das zuvor gegeben? Wie arm waren die Uraufführungen Mozarts und Haydns besucht; wer weiß noch, was geschah, als Beethovens Symphonien das Licht der Welt erblickten? Es ist zwar für ein Werk nicht wesentlich, wer es zuerst vernommen hat. Aber unsere Zeit sieht auf die gesellschaftliche Garnierung. Mahler hat – zumindest, was die illustren Gäste anbetrifft – gesiegt!«

Natürlich war auch die Schar der Mahler-Gegner beachtlich. Sie hatten sich mit allerhand Rasseln, Pfeifen und Krach-Erzeugern gerüstet, kamen jedoch nicht dazu, von diesen Lärmutensilien Gebrauch zu machen, denn Frau Alma bezeugt, daß die »allgemeine Stimmung« so »pro Mahler« gewesen sei, daß niemand es gewagt habe, »den frommen Fluß« zu unterbrechen. Zeuge Paul Stefan: »Und als er [Mahler] am Abend des 12. September vor seine tausend Mitwirkenden trat und den Stab hob, hemmte ihn durch Minuten der rauschende Jubel einer festlichen Menge. Dann war es still. Und dann [. . .]. Der letzte Ton verklang. Die Stille hielt an. Plötzlich brachen die Viertausend, Hörer wie Ausführende, los, und dieser Sturm währte fast eine halbe Stunde. Man wich nicht, und Mahler mußte kommen, immer wieder kommen. Da war es auch mit der Haltung der dreihundert Kinder vorbei. Sie rannten von allen Seiten auf den ganz hilflosen Sieger zu, reichten ihm Blumen, klammerten sich an seine Hände. Draußen warteten die Wagen; aber als Mahler kam, ein kaum je verkostetes Glück auf dem Antlitz, fand sich nur langsam ein Weg für ihn durch die noch immer erregten Scharen. Die Freude des zweiten Abends war nicht geringer. Mahler hatte, so schien es, die Höhe seines Lebens und seines Ruhmes erreicht.«

DIE KATASTROPHE

Ein roter Teppich war nicht ausgelegt worden; wenn es aber nach dem Plan Arnold Schönbergs gegangen wäre, hätte ein solcher den Perron des Wiener Westbahnhofs am Morgen des 9. Dezember 1907 bedeckt, eingefaßt mit Trauerflor, »damit der Märtyrer würdig der verruchtesten aller Welten entschreite«. Rund zweihundert Menschen drängten sich auf dem Bahnsteig. Einige hatten Blumen in den Händen, andere Bücher oder Päckchen mit Konfekt. Man trampelte sich die Füße warm, denn es war eisig kalt.

Unter den Wartenden befanden sich der Dramatiker Arthur Schnitzler, Hofschauspieler Adolph Sonnenthal, der Maler Gustav Klimt und die Hofopernsängerin Maria Gutheil-Schoder. Sie zählten sich zu jenen »Gleichgesinnten«, die Schönberg per Billet aufgefordert hatte, an der Verabschiedung Gustav Mahlers und seiner Familie auf dem Bahnhof teilzunehmen. »Wir haben die Pflicht, dem größten Genie unserer Zeit freundschaftlichst Geleit zu geben, wenn dieses sich anschickt, die gehässigste und korrupteste Stadt der Welt zu verlassen, die ihm nichts als Pein und Schikane bereitet hat. Gustav Mahler geht; in Wien bleiben die Neider und Dilettanten zurück!«

Mahler war zu Tränen gerührt, als er der Menge ansichtig wurde, die ihm und seiner Frau schweigend zuwinkte. Er schloß die Gutheil-Schoder stürmisch in die Arme und zeichnete sie vor allen mit den

Worten aus: »Mein Gott, was mach' ich jetzt ohne Sie? Mit Ihnen lass' ich ja meine halbe Seele in Wien zurück!«
Dann drückte er Schönberg, Zemlinsky, Schnitzler und Klimt die Hand und stieg in das Coupé, dessen Sitze bekränzt und mit kleinen Präsenten überhäuft waren. Ein gewisser Alban Berg, Schüler Schönbergs, hatte ein Notenblatt mit einem frisch komponierten Lied auf Mahlers Platz gelegt; Frau von Mildenburg ließ das Gepäcknetz über Mahlers Sitz mit Lilien und Orchideen schmücken, die sie für teures Geld aus den Hofgärtnereien erworben hatte. Als Mahler ihre Karte las, sagte er zynisch: »Madame schickt mir die Unschuld und den Geruch von Moder hinterher!«
Mahler sah krank aus, als er Wien verließ. Er war krank; aber er fühlte sich auch »irgendwie« erlöst. Alma Mahler: »Wir fuhren langsam aus der Halle, ohne Bedauern, ohne Sehnsucht. Zu schwer waren wir getroffen, wollten nur weg, nur in die Ferne. Wir waren sogar fast glücklich, je mehr wir uns von Wien entfernten. Wir sehnten uns nicht einmal nach unserem Kinde, das wir bei meiner Mutter gelassen hatten. Wir wußten: Keine Sorgfalt und Liebe kann das Entsetzliche fernhalten. Man ist nirgends gefeit. Wir waren weißgeglüht. So glaubten wir. Aber eines waren wir trotz alledem beide: voll Zukunft!!«
Hinter ihnen lag ein Jahr schwerster Enttäuschungen und Strapazen. Es hatte damit begonnen, daß die Wiener Presse Anfang 1907 eine regelrechte Offensive gegen den Hofoperndirektor startete. Das kam nicht von ungefähr. Mahler hatte sich viele Jahre hindurch in der Gesellschaft und in Fachkreisen äußerst negativ über die »Kulturschänder an der Donau« ausgelassen, womit er in erster Linie drei Kritiker meinte: Ludwig Karpath, Julius Korngold und Ernst Decsey.
Karpaths Zorn auf Mahler stammte bereits aus der Anfangszeit in Wien. Der Kritiker hatte überall erzählt, Mahler habe es einzig und allein ihm zu verdanken, daß er Hofoperndirektor geworden sei, worauf ihn der frisch Ernannte eines Tages stellte und wie beiläufig zu ihm sagte: »Ach ja, lieber Karpath, ich muß mich ja noch bei Ihnen dafür bedanken, daß Sie mich in Wien gemacht haben!«
Der Kritiker war über diese sarkastische Bemerkung so erbost, daß er von nun an zu einem der eifrigsten Gegner aller Mahlerschen Konzep-

tionen an der Hofoper wurde.
Julius Korngold kannte nur einen Ehrgeiz: aus seinem Filius Erich Wolfgang ein Wunderkind zu machen. Er glaubte, in Mahler den Mann gefunden zu haben, der dem »zweiten Mozart« in jeder Hinsicht förderlich sein würde. Korngolds Vater versprach dem Herrn Hofoperndirektor die günstigste Presse und jedweden Beistand, sollte es zu irgendwelchen Schwierigkeiten in der Zusammenarbeit mit dem Hofmeisteramt kommen.
Mahler ließ sich das Wunderkind vorführen, belobigte die ersten Kompositionsversuche, genügte aber damit keineswegs den Wünschen des ehrgeizigen Vaters, der eine Art von Beglaubigungszeugnis haben und die Werke Erich Wolfgangs im Musikverein mit den Philharmonikern aufgeführt wissen wollte.
Mahler winkte ab: Es sei noch zu früh, mit dem Buben an die Öffentlichkeit zu treten. In einigen Jahren vielleicht . . . Julius Korngold schied in Rage von Mahler. Bruno Walter kommentierte: »Wie die Königin der Nacht: Der Hölle Rache kocht in meinem Herzen!«
Ernst Decsey, gebürtiger Hamburger und zu Mahlers Wiener Direktionszeit Musikreferent der »Tagespost« in Graz, hatte Mahler gebeten, sich für seinen Freund, den Komponisten Salmhofer, einzusetzen. Die Hofoperndirektion lehnte mit einem offiziellen Schreiben ab. Man sehe sich nicht in der Lage, »gewisse Opernaspiranten« zu fördern, die sich besser zunächst in der Provinz umtäten. Decsey tat sich für Salmhofer in der Provinz um. Alma Mahler über Decsey: »Er stank förmlich gegen Mahler an. Widerliches Geschmeiß!«
Durch die Pressekampagne sollte der Sturz des Hofoperndirektors beschleunigt werden. Unterstützt wurden die gehässigen Kritikaster von Adels- und Großbürgercliquen, denen der getaufte Jud' ein Dorn im Auge war, weil er ihnen durch die Abschaffung des Star-Rummels, die ungemütliche Modernität seiner Inszenierungen und die vielen Verhaltensmaßregeln für die Besucher der Hofoper den Spaß an der Opernfreud' genommen hatte.
Karpath, Korngold, Decsey und Konsorten waren sich darin einig, daß Mahler zuwenig für die einheimischen Tonschöpfer tat und daß er ein »Zerstörer des Ensembles« sei.

Obersthofmeister Fürst Montenuovo ließ sich zunächst von den Presseberichten nicht beeinflussen. Er stellte sich sogar vor Mahler und ließ Karpath durch einen Vertreter des Innenministeriums eine Rüge wegen der Ausfälle gegen den Hofoperndirektor erteilen.
Dann kam der Fall Roller, und Montenuovo gelangte zu der Meinung, daß Mahler die Zügel fallen gelassen habe und bereit sei, Ungerechtigkeiten zu decken. Außerdem war der Hof in der Person der Allerkatholischsten Majestät seit kurzem gegen den Herrn Direktor eingenommen, weil dieser sich geweigert hatte, eine ältere Sängerin zu engagieren, die mit Franz Joseph ein Panscherl gehabt hatte und dafür hochherzig belohnt werden sollte.
Diese Ablehnung verzieh der greise Monarch dem Komponisten-Direktor nie. Als Mahler 1911 gestorben war und man dem Kaiser davon Mitteilung machte, sagte dieser: »Ach, der ist hinüber?! Wie gut, daß er nicht mehr in unseren Diensten steht. Da haben wir das teure Geld für den Kondolenzkranz gespart.«
Mahler war in Ungnade gefallen. Zunächst tat er so, als beeindrucke ihn das Presse-Gezeter nicht im geringsten. Eingeweihte wußten, daß er sich seit einiger Zeit mit dem Gedanken trug, das belastende Amt des Hofoperndirektors aufzugeben.
1906 hatte er bereits Freunden gegenüber geäußert:
»Ich scheide im nächsten Jahre von der Hofoper, denn ich bin im Lauf der Zeit zur Überzeugung gelangt, daß die ›ständige Opernbühne‹ eine unseren modernen Kunstprinzipien geradezu widersprechende Einrichtung bedeutet. Das ist nur zu begreiflich. Rührt sie doch aus einer Zeit her, deren Kunstbegriffe ganz andere waren als die unsrigen.
Für die Epoche des ›alten Opernschlendrians‹ war es eine leichte Sache, einige hundert Aufführungen im Jahre zustande zu bringen, weil sie alle auf dem gleichen künstlerischen, richtiger gesprochen unkünstlerischen Niveau standen. Ein moderner Operndirektor, und wäre er ein Genie wie Wagner, vermag jedoch unmöglich eine solche Riesenzahl zu bewältigen, wenn er unseren heutigen Begriffen von künstlerischer Vollendung gerecht werden will. Die ›Musteraufführungen‹ haben aber den berechtigten Vorwurf zur Folge, daß alle übrigen Aufführungen viel zu wünschen übrig lassen.

An eine Trennung der künstlerischen von der administrativen Leitung ist auch nicht zu denken. Denn eine solche ›Arbeitsteilung‹ ist überall möglich, nur nicht bei einer Opernbühne. Hier muß, um ein Beispiel aus dem Alltagsleben zu nehmen, der ›Koch‹ nicht nur die ›Speisen zubereiten‹, sondern auch die ›Einkäufe selber besorgen‹.

Etwas anders wäre eine moderne Musikbühne in Wien – Wagner- und Mozarttheater nebeneinander – etwa auf dem Kahlenberg erbaut, mit kurzer Spielzeit während der Sommermonate, mithin also kein ›Konkurrenzunternehmen‹ der Hofoper gegenüber. Doch das ist für Wien auf lange Zeit hinaus noch ›Zukunftsmusik‹. Übrigens, alles überlebt sich mit der Zeit, so auch ich und meine Leistungen als Operndirektor. Ich bin für Wien nichts ›Neues‹ mehr. So will ich denn zu einem Zeitpunkt scheiden, wo ich erwarten kann, daß die Wiener das, was ich geleistet, noch in späteren Tagen zu schätzen wissen werden.«

Wenn Mahler auch solche Sätze aussprach, niemand nahm sie ernst, nicht einmal seine Frau, die noch zu Weihnachten 1906 an Gerhart Hauptmann schrieb: »Wien wird uns wohl ewig halten. Gustav sitzt hier fest und schreitet von Erfolg zu Erfolg. Der Ärger ist groß, aber die Liebe zu diesem Fleckerl Erde siegt.«

Mahler war seiner Arbeit an dem k. u. k. Operninstitut tatsächlich überdrüssig geworden. Und was er im Freundeskreise an Argumenten gegen die bestehende Form der Oper vorbrachte, das war seine innere Überzeugung. Freilich konnten seine Zuhörer mit den »überkandidelten« Ideen nichts anfangen, und Guido Adler riet ihm eines Tages, mit Hilfe eines Psychologen wieder »um die Vernunft zu ringen«, die dem lieben Freund doch wohl abhanden gekommen sei. Die Oper stehe in höchster Blüte, keine Kunstform sei ihr gleichzusetzen, sie sei der »erschöpfende Ausdruck okzidentalen Kunsteifers«.

Mahler antwortete: »Wir werden es nicht erleben, aber unsere Kinder: Es bleibt nicht so. Man wird etwas anderes neben der Oper erfinden müssen, weil sie sich aus sich selbst überlebt. Die Oper hat so keine Zukunft; sie wird zu einem Unikum der Gesellschaft, die sie abgöttisch liebt, aber nicht mehr für ernst nimmt [. . .]!«

Oscar Bie griff diese Gedanken Mahlers auf und machte sie zur Grundlage seiner »Anti-Opern-Schau«, mit der er 1913 das konservative

Opernpublikum schockierte.
Mahler war mit so avantgardistischen Ansichten, wie er sie Adler und Stefan gegenüber äußerte, seiner Zeit weit voraus. Als Pierre Boulez Ende der sechziger Jahre die Forderung erhob: »Sprengt die Opernhäuser in die Luft!«, hatte er eigentlich nichts anderes gesagt als Gustav Mahler im Jahre 1906.
Gustav Mahlers Ruhm – als Komponist und als Dirigent – war inzwischen auch über den Ozean gedrungen. Arthur Seidl hatte in New York und andernorts für ihn die Werbetrommel gerührt, und auch die Sängerschar, die alljährlich von Wien zur »German Season« über den großen Teich reiste, war voll des Lobes über den Hofoperndirektor.
Im Mai 1907 meldete sich ein Agent bei Mahler, der im Auftrag Heinrich Conrieds, des Direktors der New York Metropolitan Opera, kam und eine Position anzubieten hatte, die dem Komponisten-Dirigenten in jeder Hinsicht zusagen mußte. Ein Vierjahresvertrag wurde in Aussicht gestellt, ein Honorar, das jenes an der Wiener Hofoper bei weitem übertraf (Mahler: »Ich kann in kurzer Zeit und in ehrlicher künstlerischer Arbeit ein Vermögen verdienen!«), und vor allem: Die Tätigkeit war auf drei Monate im Jahr beschränkt, so daß Mahler die restliche Zeit zum Komponieren nutzen konnte.
Mahler versicherte dem Agenten, daß er an dem Angebot Conrieds, der sich auf dem Weg nach Europa befand, interessiert sei. Der Chef der »Met« und der Direktor der k. u. k. Hofoper trafen sich Anfang Juni in Berlin. Mahler drahtete nach Wien: »Es ist alles wohlweislich überlegt. Ich riskiere nur, mich drei Monate im Jahr unbehaglich zu fühlen, dagegen habe ich binnen vier Jahren rein 300 000 Kronen verdient.«
Conried berichtete nach der entscheidenden Unterredung mit Mahler an seinen Chefdramaturgen: »Ich dachte nicht, daß es so schnell und einfach gehen würde. M. war reichlich nervös und sah kränklich aus, aber er gehört zu diesen wilden, unersättlichen Künstlertypen, die ruhelos wie Ahasver ihr Leben durcheilen. Gerade so einer ist mir nur zu recht, um wieder Schwung in den Laden zu bringen. Er kommt [. . .] und die Presse soll ihn gehörig feiern!«

Mahler kehrte einigermaßen beruhigt von Berlin nach Wien zurück. Seine geschäftlichen Probleme waren geregelt. Keine Wiener Presse, kein Montenuovo, kein Franz Joseph würden ihn künftig mehr belästigen können. Da geschah das Unglück: Am 5. Juli starb Tochter Maria Anna an Diphtherie. Der Tod des Kindes traf Mahler wie ein Keulenschlag. Frau Alma hat die »Passion von Maiernigg« in ihren »Erinnerungen« festgehalten:
»Auf dem Lande zeigten sich schon am dritten Tage bedrohliche Symptome bei dem älteren Kinde. Es war Scharlachdiphtherie, und das Kind von Anfang an verloren. Vierzehn Tage Bangigkeit – Verfall – Erstickungsgefahr. Mahler liebte dieses Kind dermaßen, daß er sich mehr und mehr in sein Zimmer verkroch, von diesem geliebten Kinde im Inneren Abschied nehmend. In der letzten Nacht, in der der Kehlkopfschnitt gemacht wurde, stand die ganze Zeit hindurch der Diener vor Mahlers Schlafzimmertüre, damit er, falls er durch den Lärm geweckt würde, beruhigt und wieder in sein Schlafzimmer zurückgebracht werde [. . .]. Es war fünf Uhr früh [. . .], da kam meine Engländerin und sagte: ›Es ist vorbei!‹ Und ich sah dieses herrliche Kind mit großen Augen liegen und röcheln, und so litten wir alle noch einen Tag – bis es aus war.«
Die Tragödie hatte Frau Alma derartig geschwächt, daß ein Arzt konsultiert werden mußte, der ihr strenge Bettruhe verordnete, weil das Herz geschwächt war. (Vier Wochen zuvor hatte sie eine schwierige Unterleibsoperation durchstehen müssen.) Mahler bemühte sich mit gespielter Gelassenheit, seine Frau von der Trauer abzulenken. Als eines Tages der Arzt Dr. Blumenthal zur Visite kam, sagte Mahler scherzhaft: »Gehn's, Doktor, wollen Sie mich nicht auch untersuchen? Meine Frau hat immer Angst wegen meines Herzens. Sie soll heute eine Freude haben, sie braucht es.« Der Arzt nahm die Untersuchung vor. Alma Mahler berichtet: »Tiefernst erhob er sich, Mahler war auf dem Sofa gelegen, Dr. Blumenthal hatte gekniet, und er sagte fast heiter (wie die meisten Ärzte, wenn sie eine Todeskrankheit diagnostizieren): ›Na, auf dieses Herz brauchen Sie aber nicht stolz zu sein!‹ Und mit diesem Befund begann das Ende Mahlers.«
Mahler fuhr sofort nach Wien, um einen Herzspezialisten zu konsul-

tieren, der die Diagnose des Arztes aus Maiernigg bestätigte: Herzklappenfehler. Hals über Kopf flohen die Mahlers aus ihrem Domizil am Wörthersee. Sie haben das idyllische Maiernigg nie wieder betreten. Den Rest des Sommers verbrachte man im tirolischen Schluderbach.

Durch einen Bekannten seiner Frau erhielt Mahler Hans Bethges Lyrik-Anthologie »Die chinesische Flöte«. Die tieftraurige Poesie der Gedichte paßte zu seiner Stimmung. Er las sie wieder und wieder ... – und bald trug er die ersten musikalischen Skizzen zu den Texten in sein Notenbüchl ein. Zwölf Monate später war das *»Lied von der Erde«* vollendet.

Mahler hatte seine Demission beim Obersthofmeister eingereicht und sie sofort bestätigt erhalten. Am 15. Oktober dirigierte er zum letztenmal in der Hofoper: Beethovens *›Fidelio‹*. Die Ovationen am Schluß wollten kein Ende nehmen. Sein Direktionszimmer glich einem Blumenladen. Am 24. November verabschiedete er sich mit seiner zweiten Symphonie vom Wiener Konzertpublikum. Hugo von Hofmannsthal schrieb über dieses Ereignis: »Wer das erlebt hat, vergißt es nie! Mahler auf der einen Seite geschmäht, auf der anderen Seite emporgehoben wie ein Gott der Musik. So geht es zu: Wer stürzt, ist dem Himmel näher.«

Am 7. Dezember wurde den Pressevertretern von Freunden des emeritierten Hofoperndirektors der Brief »An die geehrten Mitglieder der Hofoper!« übergeben. Gleichzeitig wurde ein Duplikat an die Anschlagtafel der Oper geheftet. Da stand zu lesen:

»Die Stunde ist gekommen, die unserer gemeinsamen Tätigkeit eine Grenze setzt. Ich scheide von der Werkstatt, die mir lieb geworden, und sage Ihnen hiemit Lebewol.

Statt eines Ganzen, Abgeschlossenen, wie ich geträumt, hinterlasse ich Stückwerk, Unvollendetes: wie es dem Menschen bestimmt ist.

Es ist nicht meine Sache, ein Urteil darüber abzugeben, was mein Wirken denjenigen geworden ist, denen es gewidmet war. Doch darf ich in solchem Augenblick von mir sagen: Ich habe es redlich gemeint, mein Ziel hochgesteckt. Nicht immer konnten meine Bemühungen von Erfolg gekrönt sein. ›Dem Widerstand der Materie‹ – ›der Tücke des Objekts‹ ist Niemand so überantwortet wie der ausübende Künstler. Aber immer habe ich mein Ganzes darangesetzt, meine Person der Sache, meine Neigungen der Pflicht untergeordnet. Ich habe mich nicht geschont und durfte daher auch von den Anderen die Anspannung aller Kräfte fordern.

Im Gedränge des Kampfes, in der Hitze des Augenblicks blieben Ihnen und mir nicht Wunden, nicht Irrungen erspart. Aber war ein Werk gelungen, eine Aufgabe gelöst, so vergaßen wir alle Not und Mühe, fühlten uns reich belohnt – auch ohne äußere Zeichen des Erfolges. Wir alle sind weiter gekommen und mit uns das Institut, dem unsere Bestrebungen galten.«

Viele Künstler, darunter der Dirigent Franz Schalk (mit dem Mahler nie hatte auskommen können), empfanden Mahlers Abschiedsbrief als eine Selbstanklage. Montenuovo ließ sich zu einem Zeitungsinterview hinreißen, in dem er Mahler bezichtigte, die Etats der Hofoper »selbstherrlich und unverantwortlich« verwirtschaftet zu haben. Tatsache aber war, daß das von Wilhelm Jahn übernommene Defizit von Jahr zu Jahr geringer geworden war.

Freunde berichteten Mahler über die »Nach-Kampagne«, und er schrieb seelenruhig aus New York zurück: »Mögen die Papageien kreischen, meinen Ohren und meinem Herzen tun sie nichts mehr an [. . .]!«

Deutschnationale Gruppen finanzierten eine Anti-Mahler-Broschüre, in der sich Schalk, Karpath und Decsey neben Schönerer und Lueger verewigten. Man konnte sich offenbar nicht damit abfinden, daß die Ära Mahler an der Hofoper vorbei war. Karpath erklärte öffentlich: »Schade, daß wir ihm nicht schon eher eins haben auswischen können. Er war zu geschickt, aber er hat deswegen umso mehr büßen müssen!«

Der Kampf um Mahlers Erbe begann. In Berlin rührte sich Richard Strauss; aber dessen Wiener Zeit sollte noch nicht kommen. Auch er ließ an dem nach Amerika »emigrierten« Kollegen kein gutes Haar. Nun war plötzlich Mahler daran schuld gewesen, daß 1905 von der Hofzensur die Aufführung von ›*Salome*‹ verboten worden war, obwohl der Generalmusikdirektor Wilhelms II. genau wußte, daß sich Mahler mit allen Mitteln für das Werk eingesetzt hatte.

Felix Edler von Weingartner wurde der neue Chef der Wiener Hofoper. Als Mahler in Amerika davon erfuhr, sagte er: »Nun gut, jetzt wird in meinem Direktionszimmer wieder Heurigen gesoffen und auf den Borten liegen anstatt der Partituren die Glacées und Schmalrampftler der Herren Rezensenten!«
Mahler hatte die Genugtuung, daß sich der größte Teil der geistigen High-Society Wiens weiterhin zu ihm bekannte. Man stand zu der Dankadresse, die Schnitzler, Polgar, Zweig, Hofmannsthal, Schönberg, Kainz und viele andere im Mai 1907 unterzeichnet hatten und mit der man ihm zeigen wollte, daß es Menschen gab, die ihm »viel schuldig geworden waren«, die wußten, was sie an ihm hatten, Menschen, in deren Herzen jene Werke, denen er durch sein grandioses Nachschaffen Gestalt gegeben hatte, unauslöschlich bleiben würden.

GUSTAV MAHLER UND DIE NEUE WELT

Auszüge aus einem Rundfunkinterview des Autors
mit Alma Mahler vom 14. März 1962

Wessling:
Als Gustav Mahler und Sie im Dezember 1907 nach Amerika aufbrachen, war das wohl so etwas wie eine Abnabelung von der Alten Welt . . .

Alma Mahler:
Nicht ganz. Wir waren ja nur für einige wenige Monate drüben. Es war also keine Abnabelung im lokalen Sinne. Es hatte ein Bruch stattgefunden, ein gewaltiger, alles verändernder Bruch. Die Katastrophe von Maiernigg, der Abschied von der Wiener Oper, die Querelen, das dauernde In-Anspruch-genommen-Sein unter negativsten Bedingungen – das alles hatte den Mann Gustav Mahler physisch und psychisch erledigt. Streß nennt man das heute. Mahler war ein Opfer des Stresses. Wir brachen auf in die Neue Welt, aber der »struggle for life« sollte erst beginnen. Mahler – und natürlich auch ich – mußte sich dem Stil Amerikas anpassen. Und das fiel ihm schwer. Er war krank, er war nicht mehr jung. Die Art des Lebens und Leistens mußte geändert werden, ob er es wollte oder nicht. Noch besaß er die Fähigkeit, sich unmittelbar aus eigenem Antrieb aktiv zu bestätigen; aber auch das sollte bald erlöschen. Bemerkenswert war es für mich, seinen inneren Wandel zu beobachten: Die Welt der wahrnehmbaren Dinge spielte keine Rolle

mehr für ihn, hingegen war es jetzt die Welt der Gedankendinge, die ihn voll und ganz beanspruchte. Er wurde noch sensibler, als er es je gewesen war. Die Sensibilität deckte sogar seine Erregungszustände zu. Er war eben schon woanders . . ., und ich hatte es streckenweise sehr schwer, ihm zu folgen. Vielleicht wollte er auch gar nicht, daß ihm jemand folgte.

Wessling:
Mahler hatte eine Pension von vierzehntausend Kronen bei seinem Rücktritt vom Direktionsposten der Wiener Hofoper zugesichert bekommen. Davon hätte er mit Ihnen bequem leben können. Statt dessen unternahm er das Abenteuer Amerika, kaufte ein Haus am Semmering für die Europa-Monate und gab sich den größten Strapazen hin. Warum blieb er nicht nur Komponist?

Alma Mahler:
Wenn Sie fragen, warum sich der liebe Gott nicht nur mit einem Schöpfungstag begnügte, dann wäre es eine ähnliche Frage. Mahler war ungeheuerlichen inneren Spannungen ausgesetzt. So brauchte er einfach ein Gegengewicht. Hier die Schöpfungsaktivität, dort die Praxis. Das war lebenswichtig für ihn. Wie oft verfluchte er den Theaterbetrieb! Und doch war er nach ihm süchtig. Ohne praktische musikalische Tätigkeit hätte ich mir Mahler nie vorstellen können. Ein Motor war er. Und der rostet, wenn er nicht betrieben wird. Außerdem: Mahler wußte ganz genau, wie es mit seiner Gesundheit bestellt war. Er war in Sorge um mein Schicksal. Er wollte uns, seine Familie, abgesichert wissen. In den Staaten konnte er genügend Geld verdienen – für eine Zukunft, von der er wußte, daß er an ihr nicht mehr teilhaben würde.

Wessling:
Die andere Welt . . . Wie stellte sich Mahler auf sie ein?

Alma Mahler:
Nach außen hin glänzend! Wenn er mit Conried verhandelte, mit den Damen der Philharmonischen Gesellschaft sprach, die soviel Einfluß

besaßen und ihn schließlich zum Chef des New Yorker Orchesters machten, spielte er den großen Charmeur. Er hing nicht mehr am Detail, wurde großzügiger, übersah Theaterpannen, die ihm in Wien die Galle gereizt hätten. Natürlich jammerte er auch darüber, daß die Inszenierungen an der »Met« grauenhaft waren. Eines Tages faßte er den Plan, Roller nach New York kommen zu lassen, um der Inszenierungs-Misere Herr zu werden. Der Plan zerschlug sich. Conried hatte offenbar in Wien Erkundigungen eingeholt, und die waren nicht gerade zum Vorteil Rollers ausgefallen. So blieb es beim alten: Rampen-Gesinge, jeder machte, was er wollte. Dabei waren es ja erste Kräfte, die Mahler zur Verfügung standen: Caruso war da, die Destinn, Schaljapin kam, Marcella Sembrich gehörte zu den Utilitäten, dann die Farrar, von der Mahler außerordentlich viel hielt. Selma Kurz kam . . . Was die Sänger betraf, konnte man sehr zufrieden sein. Nur – wie gesagt – die Regie, die Ausstattungen, das war museal, so heruntergekommen, daß es einem weh tat. Mahler war machtlos, und er sagte mir sehr bald, daß er des Theaters überdrüssig sei und den Tag bereits voraussehe, an dem er dem Opernbetrieb endgültig Valet sagen würde. Er dirigierte zum erstenmal am Neujahrsabend 1908 an der »Met«, und zwar den ›*Tristan*‹. Bald kam ›*Fidelio*‹, dann – wenn ich mich recht erinnere – ›*Don Giovanni*‹, ›*Siegfried*‹ und ›*Walküre*‹ und in der folgenden Saison ›*Figaros Hochzeit*‹ sowie ›*Die verkaufte Braut*‹.

Wessling:
Und dann mußte Conried gehen . . .

Alma Mahler:
. . . und mein Mann wurde gebeten, die Nachfolge zu übernehmen, wozu er sich aber nicht verstehen konnte. Noch einmal in die Opern-Hölle, in den trivialen Opern-Alltag? Nein! Mahler blieb beharrlich, obwohl die einflußreichsten Leute immer wieder versuchten, ihm den Posten schmackhaft zu machen. Es kam dann der Direktor der Mailänder Scala, den wir flüchtig kannten, von dem wir aber nicht allzuviel hielten, weil er ein typischer Vertreter des Star-Theaters war. Es war uns klar, daß die Italiener von nun an das Terrain beherrschen würden.

Arturo Toscanini wurde engagiert. Mahler war von ihm nicht gerade begeistert. Toscaninis ›*Tristan*‹ – eine enttäuschende Angelegenheit! Mahler hielt zwei Spielzeiten durch, dann war's mit der Opernseligkeit an der »Met« aus.

Wessling:
Was Toscanini angeht, so war er aber doch ein Dirigent von Weltgeltung.

Alma Mahler:
Ich habe in meinem Leben so unendlich viele Dirigenten »von Weltgeltung« erlebt, daß ich darüber nur staunen kann, wie viele Taktstock-Akrobaten dieses »einmalige« Niveau gehabt haben sollen. Über den Geschmack läßt sich streiten. Ich will über Toscanini nichts Negatives sagen. Mahler und auch mir lag er nicht. Wenn er Wagner dirigierte, war's nicht zum Aushalten! Nun ja, er dirigierte immer noch präziser und anschaulicher als Richard Strauss mit seiner Ein-Arm-Manier. Ich kann mich nicht erinnern, daß Toscanini je ein Opus von Mahler dirigiert hat. Sie waren sich wesensfremd.
Wer seine Leidenschaft nur mit dem Rumtata-Rumtata italienischer Opernrührseligkeit ausleben kann, wer in Puccini das Nonplusultra der Musik um die Jahrhundertwende sieht, ist von der geistigen Welt eines Gustav Mahler unendlich weit entfernt und wird vermutlich – bei aller Anstrengung – nie einen Zugang zu ihr finden. Toscanini trug seine Ablehnung der Mahlerschen Musik offen zur Schau; er mochte auch den Menschen Mahler nicht. Demonstrativ pflegte er an Mahler vorbeizugehen, kam man sich in der »Met« entgegen. Er grüßte nicht.
Es gab sicherlich viele Musiker, die damals keinen Zugang zu Mahlers Musik fanden, ihn aber doch menschlich sehr hoch einschätzten. Zum Beispiel der uns sehr gut bekannte französische Komponist Gustave Charpentier, der die ›*Louise*‹ schuf. Ein wunderbarer, unkomplizierter Mensch. Mahler kapitulierte vor Charpentiers Musik. Er fand sie falsch-pathetisch, süßlich, operettenhaft. Und Charpentier sagte: »Ich kenne keinen Kollegen, der mir mehr bedeutet als Gustav Mahler, aber

gerade dieser Gustav Mahler läßt mich künstlerisch links liegen.« Er hatte aber ebensowenig Zugang zu Mahlers Musik. Er, Charpentier, sagte: »Warum begeht Mahler den großen Fehler und kopiert das Allzumenschliche?« Auf den Trauermarsch in Callots Manier anspielend: »Er beginnt wie eine Wallfahrt zu Böcklins Toteninsel und endet im Kabarett!« Welten trennten sie, aber sie waren sich gut. Der Mensch Charpentier verstand den Menschen Gustav Mahler. Zu Toscanini gab es keinen Draht. Conried formulierte das sehr bildhaft: »Mahler und Toscanini sind wie zwei Lokomotiven, die vorn und hinten an einem schweren Güterzug ziehen – und jeder möchte die Mehrzahl der Waggons für sich haben.

Wessling:
Hatte Mahler eine Abneigung gegenüber der italienischen, vor allem der italienisch-veristischen Musik?

Alma Mahler:
Sein Verhältnis zu den Italienern war gebrochen – wie bei allen Musikern, die aus der böhmisch-österreichischen Landschaft stammen. Das Urmusikantentum solcher Menschen verträgt sich eben doch schlecht mit dem exaltierten italienischen Musikantentum. Aber ich glaube nicht, daß Mahlers Verhältnis zu Toscanini aus dieser Sicht zu analysieren ist. Er ahnte, daß man den exzentrischen Maestro überschätzen würde. Mahler hatte ein geradezu magisches Auge und Ohr, um die geringsten Unzulänglichkeiten aufzudecken, herauszuhören. Nach Toscaninis ›*Tristan*‹ sagte er lediglich: »Na ja . . .«

Wessling:
Sie erwähnten, Mahler sei in späteren Jahren einerseits sensibler geworden, andererseits aber aufgeschlossener, konzessiver.

Alma Mahler:
Sensibler in all dem, was den intimen künstlerischen und menschlichen Bereich betrifft. Aufgeschlossener nach außen, der Gesellschaft, der Umwelt gegenüber. Also kein Widerspruch, wie man meinen könnte.

Gäbe es diesen, ich fände keine Antwort auf die »letzten Fragen« Mahlers.
Auf der einen Seite die abgründige, rätselhafte Absetzung der Werke nach der »Achten«, diese unfaßbare Trauer, in welcher der Keim jenseitigen Erlebens steckt, andererseits der Charmeur, der sich selbstsicher durch die Salons bewegt und salopp über Tangomusik und Bubikopf plaudert. Kein Zwiespalt, keine nervliche Zerrüttung, die dieses bewirkt hätte! Er war alles andere als schizophren. Natürlich stand er vielen Menschen wie ein Fragezeichen im Wege. Der Alltagsmensch kann sehr wenig mit dem Genie und seinen Äußerungen anfangen. Man spekuliert, man rätselt herum. Es hieß: Was ist denn mit ihm los? Hat sein Lächeln nicht etwas Diabolisches angenommen? Stimmt es, daß er bei Freud in Holland war?
Wie oft habe ich solche Reden gehört. Es gab sogar eine Dame der ersten New Yorker Gesellschaft, die mir riet, ihn einsperren zu lassen, denn womöglich sei ich in Gefahr. Andere gerieten in eine Mahler-Euphorie ohnegleichen. Endlich konnten sie an ihn herankommen, ließ er mit sich reden. Sie kamen ihm mit dem Unsinnigsten. Eine Mäzenin verlangte, Mahler möge die Ouvertüre zur ›*Zauberflöte*‹ für acht Klaviere arrangieren, damit ihre acht Lieblingspianisten gemeinsam in einem Konzert auftreten könnten. Mahler bedankte sich – zu meinem Erstaunen und Entsetzen – bei der Lady für die »genialische Anregung« und versprach das Arrangement für das Jahr 1920, da er bis dahin ausgebucht sei. Er war auf ganz bewußte Art Mensch geworden. Die molluskenhafte Scheu, die er früher besessen hatte, war von ihm gewichen. Er wollte immer alles gut machen. Eine stereotype Frage seiner letzten Jahre: »Habe ich es gut gemacht, Almschi?«
Nachdem er die Berufung auf den Intendantenstuhl der Metropolitan Opera New Yorks abgelehnt hatte, fragte er mich: »Habe ich das gut gemacht?« Ich antwortete: »Sehr gut!« Darauf Mahler: »Ich weiß, daß ich jetzt zu einem besonderen Erkenntnisgrad vorgedrungen bin, was die Entscheidungen für mich und mein Werk betreffen. Ich bin jetzt im Transobjektiven.«
Der Mensch Gustav Mahler war von der Eigengesetzlichkeit seiner Person erfüllt. Zu Dr. Fraenkel sagte er: »Ich bin jetzt ganz!« Eine sol-

che Haltung ließ ihn gegenüber den amerikanischen Machenschaften bestehen.

Wessling:
Die Begegnung mit der Neuen Welt brachte für Mahler und Sie aber nicht nur negative Ergebnisse.

Alma Mahler:
Gewiß nicht. Als der Garantiefonds reicher Mäzene zustande gebracht und Mahler zur Verfügung gestellt worden war, konnte er in der Tat behaupten, unabhängig zu sein. Das waren neunzigtausend Dollar im ersten Jahr. Er hatte endlich ein Orchester für sich, mit dem er das erarbeiten konnte, was ihm auf der Seele brannte.
Wenn ihm auch nur eine verhältnismäßig kurze Zeit zusammen mit den New Yorker Philharmonikern vergönnt gewesen ist, so konnte er doch mit Genugtuung sagen: »Mein Orchester!« Die Impulse, die er diesem Klangkörper gab, haben Jahrzehnte hindurch nachgewirkt. Und dieses Orchester wurde später in Amerika zu einem der wichtigsten Mahler-Orchester. Als seine Werke während der Nazi-Ära in Deutschland und Österreich verboten waren, gab es in New York, Philadelphia und in vielen anderen amerikanischen Musikzentren hervorragende Aufführungen der neun Symphonien und des *»Liedes von der Erde«*. Mahler war in den Staaten sehr viel eher ein »Großer« als in seiner Heimat.

DIE »NEUNTE«

Das *»Lied von der Erde«* wurde von denen, die das Werden der Komposition am Rand miterlebten, eine Schöpfung »sub specie mortis« – »im Angesicht des Todes« – genannt.
Bruno Walter schreibt:
»Die Erde ist im Entschwinden, eine andere Luft weht herein, ein anderes Licht leuchtet darüber, und so ist es ein völlig neues Werk Mahlers, hat einen neuen Kompositionsstil, eine neue Art der Erfindung, der Instrumentation, der Satztechnik. Und es ist ein ›Ichwerk‹, wie Mahler noch keines, auch nicht in seiner Ersten, geschaffen.
Dort war es das natürliche Ichgefühl des jungen, leidenschaftlichen Menschen, dem sein persönliches Erlebnis die Welt verstellt. Hier aber wird, während die Welt unter ihm wegsinkt, das Ich selbst zum Erlebnis, eine Gefühlskraft ohne Grenzen entfaltet sich in dem Scheidenden; und jeder Ton, den er schreibt, spricht nur von ihm, jedes von ihm komponierte Wort, das vor tausend Jahren gedichtet wurde, drückt nur ihn aus – das ›Lied von der Erde‹ ist der persönlichste Laut in Mahlers Schaffen, vielleicht in der Musik.
Auch die Erfindung, die von der Sechsten an dem großen Symphoniker gelegentlich weniger wichtig an sich wie das Material für sein gestaltendes Formen war, erlangt wieder persönlichsten Charakter, und in diesem Sinne ist es vollkommen richtig, das ›Lied von der Erde‹ das ›Mah-

lerischste‹ seiner Werke zu nennen.«

Das *»Lied von der Erde«* wäre eigentlich Gustav Mahlers neunte Symphonie gewesen; aber er hatte Angst vor der »geheimnisvollen, magischen« Neunzahl. Beethoven, Schubert und Bruckner waren in ihrem symphonischen Œuvre nicht über neun Arbeiten hinausgekommen. Mahler fühlte sich in der Tradition dieser Meister. »Wäre die Neunte das Ende?« schrieb er an Lipiner. Er wich der chronologischen Bezeichnung aus und nannte seine Symphonie für eine Tenor- und eine Alt- oder Baritonstimme und Orchester *»Das Lied von der Erde«*. Als er später seine »Neunte« vollendet hatte, redete er sich ein, das Schicksal überlistet zu haben: Die eigentliche »Neunte« sei ja *»Das Lied von der Erde«*, und mit der nominellen »Neunten« habe er bereits seine zehnte Symphonie abgeschlossen; nun könne er getrost die »Elfte« angehen, denn es würde ihm nichts mehr passieren. »Die Schwelle ist überschritten!« schrieb er voller Optimismus.

Man wundert sich über den naiven Zahlenaberglauben Mahlers; aber für ihn waren in Ziffernkombinationen »urweltlich-mystische Schicksalsverankerungen« erkennbar. Er lehnte es grundsätzlich ab, an einem dreizehnten oder einem sechsundzwanzigsten eine Premiere anzusetzen. Ob dieses Unsinns von seinen Freunden zurechtgewiesen, erklärte Mahler: »Es ist durchaus denkbar, daß an diesen Tagen nichts geschieht. Warum aber soll ich das Schicksal herausfordern? Geschieht wirklich etwas, mache ich mir die größten Vorwürfe. Schließlich gibt es genügend andere Tage, an denen man etwas Neues anbieten kann.«

Eines Tages erörtete Mahler mit dem Mediziner Dr. Fraenkel »das lebenswichtige Zahlenproblem«.

Mahler: »Es mag Zufall sein, daß Beethoven nach seiner Neunten vollendet war [. . .] und daß Schubert und Bruckner über diese Zahl nicht hinauskamen. Nun frage ich Sie, Dr. Fraenkel: Wenn schon Zufall, warum sollte sich dann dieser Zufall nicht auch bei mir wiederholen?«

Fraenkel: »Sie müssen sich endlich von Ihrem Lotteriedenken frei machen, sonst fangen Sie sich in den Netzen Ihrer eigenen Phantasie!«

Mahler ließ sich jedoch nicht beirren. »Künstler haben einen tieferen Einblick in Zusammenhänge, die dem Alltagsmenschen verborgen sind«, meinte er.

DAS LIED VON DER ERDE
EINE SYMPHONIE
FÜR EINE TENOR- UND EINE ALT-
(ODER BARITON-)STIMME UND ORCHESTER
(NACH HANS BETHGES
„DIE CHINESISCHE FLÖTE")
VON
GUSTAV MAHLER
PARTITUR
AUFFÜHRUNGSRECHT VORBEHALTEN
DROITS D'EXECUTION RÉSERVÉS
„UNIVERSAL-EDITION"
AKTIENGESELLSCHAFT
WIEN — LEIPZIG
COPYRIGHT 1910 BY UNIVERSAL-EDITION

Darauf Dr. Fraenkel: »Sie beschwören okkulte Phantome!«
Mahler: »Ich beschwöre nichts, aber ich weiß, was ich weiß!«
Aus dem Wissen um den baldigen Tod, um Vergänglichkeit und »letzte« Einsamkeit erwuchs in Mahler das *»Lied von der Erde«*, komponiert auf altchinesische Texte, die der Dichter Hans Bethge ins Deutsche übertragen hatte. Die sechs Gesänge haben folgende Überschriften:

1. Das Trinklied vom Jammer der Erde
2. Der Einsame im Herbst
3. Von der Jugend
4. Von der Schönheit
5. Der Trunkene im Frühling
6. Abschied

Mahler fand jedoch in den Versen »keinen Epilog übersinnlicher Bedeutung«, der seinen Vorstellungen entsprochen hätte. Und so fügte Mahler den Worten Bethges eigene Dichtung hinzu:

Ich suche Ruhe für mein einsam Herz!
Ich wandle nach der Heimat, meiner Stätte!
Ich werde niemals in die Ferne schweifen.
Still ist mein Herz und harret seiner Stunde!
Die liebe Erde allüberall blüht auf,
Blüht auf im Lenz und grünt aufs neu
Allüberall, und ewig, ewig blauen licht die Fernen.
Ewig . . . ewig . . .!

Was der Wortbildung nach romantisch-melancholisch klingt, entspringt jenem spirituellen Realismus, von dem Mahler während der Komposition des *»Liedes von der Erde«* und der »Neunten« erfüllt war. »Ich habe jetzt Gesichte, die Wahrheit sind. Nichts als die reine Wahrheit. Ich denke voraus. Was ich jetzt schaffe, sind Erlebnisse von morgen. Ich sehe alles überdeutlich und ohne Märchenbrille. Es gibt Tage, da tut mir mein überdeutliches Erkennen geradezu weh.«

DAS LIED VON DER ERDE.

I. DAS TRINKLIED VOM JAMMER DER ERDE.

Gustav Mahler.
(1860-1911.)

U. E. 3392. 3687.

Die »Erlebnisse von morgen« sind Fakten der Resignation und der Auflösung. Kein Wunder, daß hier der romantische Wohllaut erstirbt. Es gibt keine Melodie im herkömmlichen Sinne mehr; alles ordnet sich der Entstofflichung und der Entmythologisierung des Klanges unter.

Mahler hatte seinen Altersstil gefunden. Er war der Meinung, daß »das Eigentliche« erst jetzt beginne. Das zurückliegende Schaffen galt ihm »als nur schwacher Anfang«. Das Neue versuchte er zunächst in einer Askese des orchestralen Klanges zu binden. Er reihte winzige Motive aneinander, Bausteine seiner Tonvisionen, die das Gerüst des Werkes bilden. Ein Chitinpanzer, der das Ganze trägt: Hinter dieser Architektur verschwindet das harmonische und kontrapunktische Skelett; es ist unwichtig geworden. Willem Mengelberg, einer der frühen Mahler-Apologeten, schreibt dazu: »Der Motor in Mahler lief weiter, mit unverminderter Kraft. Möglich, daß er noch aufgedrehter war als zuvor. Aber er hatte einen neuen Klang, der nicht mehr von den Antriebswellen und Kurbeln erzeugt wurde, sondern von der mitschwingenden Materie. Ich kann es verstehen, daß Mahler in einem Anfall von Schwermut ausrief: ›Verfluchte Geistermusik!‹ In der Tat: Mit dieser neuen Musik war der Durchbruch ins Geisterreich geschaffen, war er drüben, war er im Jenseits, war er ein Jenseitiger, obwohl er noch im Diesseits stand, das er in wehmütiger Rückschau betrachtete.«

Arnold Schönberg bezeichnet das *»Lied von der Erde«* als jenes Werk Mahlers, »das am weitesten in die Zukunft ragt«. Von dieser Komposition sei der Schritt »zum Absoluten in der neuen Musik« minimal. Schönberg: »Mahler konnte nicht zur allerletzten Konsequenz vordringen. Es fehlte ihm das Wissen um das Strukturelle der neuen Ideen. Hätte er zehn Jahre länger gelebt, die Welt würde ihn als das erste Genie der neuen Musik feiern, das turmhoch über allen anderen anzusiedeln gewesen wäre!«

Auch Schönberg war von der »Endlichkeit des Irdischen« im *»Lied von der Erde«* überzeugt. Vor dem Phänomen der neunten Symphonie verharrte er zeit seines Lebens »in heiligster Ehrfurcht«. Wie Mengelberg rief er aus: »Eine Schöpfung nicht von dieser Welt!« 1913, in seiner »Prager Rede«, erklärte der eine Vater der Zwölftonmusik:

»Mahlers Neunte ist höchst merkwürdig. In ihr spricht der Autor kaum mehr als Subjekt. Fast sieht es aus, als ob es für dieses Werk noch einen verborgenen Autor gebe, der Mahler bloß als Sprachrohr benützt hat. Dieses Werk ist nicht mehr im Ich-Ton gehalten. Es bringt sozusagen objektive, fast leidenschaftslose Konstatierungen, von einer Schönheit, die nur dem bemerkbar wird, der auf animalische Wärme verzichten kann und sich in geistiger Kühle wohlfühlt.
Was seine Zehnte, zu der, wie auch bei Beethoven, Skizzen vorliegen, sagen sollte, das werden wir sowenig erfahren wie bei Beethoven und Bruckner. Es scheint, die Neunte ist eine Grenze. Wer darüber hinaus will, muß fort. Es sieht aus, als ob uns in der Zehnten etwas gesagt werden könnte, was wir noch nicht wissen sollen, wofür wir noch nicht reif sind.
Die eine Neunte geschrieben haben, standen dem Jenseits zu nahe. Vielleicht wären die Rätsel dieser Welt gelöst, wenn einer von denen, die sie wissen, die Zehnte schriebe. Und das soll wohl nicht so sein.«
Die neunte Symphonie ist das letzte Werk, das Gustav Mahler noch vollenden konnte. Max Brod nennt sie »die vierte Säule der abendländischen Musik«. Die drei anderen sind für ihn Bachs ›*Matthäus-Passion*‹, Mozarts ›*Zauberflöte*‹ und Wagners ›*Tristan*‹. Es besteht kein Zweifel daran, daß die »Neunte« den Höhepunkt in Gustav Mahlers Schaffen bildet und daß sie eines der bedeutendsten musikalischen Kunstwerke überhaupt ist. Mit ihr ist das Thema Symphonie in der Musikgeschichte abgeschlossen.
Alles in diesem Werk ist ungewöhnlich. Das beginnt mit der Anordnung der Sätze: In schärfstem Kontrast zu den drei bewegten Mittelsätzen stehen die beiden umrahmenden langsamen Sätze. Und jeder Satz steht in einer anderen Tonart. Die konventionelle Gesetzmäßigkeit ist aufgehoben, der Begriff Symphonie »zu höherer Ordnung zerschlissen« (Bernstein).
Ungewöhnlich, neuartig sind in Mahlers »Neunter« die Handhabung der Harmonik, die Klang-Montagen, die auf Techniken in der zweiten Hälfte des 20. Jahrhunderts hinweisen. Es gibt noch vorgeschriebene Tonarten, aber sie werden nicht mehr im traditionellen Sinn genutzt.

Tonarten werden als Farbwerte, als Kontrastwerte herangezogen ohne Rücksicht auf dissonante Überschneidungen. Mahler hat hier nicht mehr die lineare, die vertikale Idee komponiert, sondern sich auf die Konstituierung eines horizontalen Klangprozesses verlegt. Busoni hat das recht deutlich erkannt, als er 1918 schrieb: »Es beeindruckt mich mächtig, daß der musikalische Heilige Geist bei Mahler nicht mehr senkrecht von oben herabschießt, sondern von links oder von rechts kommt, irdisch angesiedelt ist und ein Gewand trägt, das sich vom banalen Alltagskostüm der Mitmenschen nicht mehr unterscheidet. Der Klangmaler unseres elenden und doch so herrlichen Erdenalltags.«
In der neunten Symphonie artikuliert sich der »Farbenmusiker« Mahler, der – wie Claude Debussy – mit konventionellen Mitteln Klangspektren entwarf, die mit geläufigen Formbegriffen nicht mehr zu reflektieren und zu analysieren sind.
Mahlers »Neunte« entstand in einer Zeit, da Arnold Schönberg an seinen Orchesterstücken arbeitete und den Operneinakter ›*Erwartung*‹ konzipierte. Neben diesen Schöpfungen wirkt Mahlers Symphonie altmodisch. Man hat das Gefühl, als vermittle der Komponist unversehrt ein Stück Tradition. Aber der Schein trügt. Mahler benutzte »Traditionsblöcke«, um sie ungeniert und nach völlig eigenen Gesetzen neben- oder übereinanderzusetzen. Der »Block« an sich ist traditionell, nicht aber die Art und Weise, wie er an den nächsten angefügt wird.
Schönberg bekannte: »In seinen musikalischen Bindemitteln war er uns allen über.«
Und Theodor W. Adorno kam zu dem Beschluß: »Mahler hat die Folgerung aus etwas gezogen, was heute erst ganz offenbar ward: daß die abendländische Idee einheitlicher, in sich geschlossener, gewissermaßen systematischer Musik, deren Zusammenschluß zur Einheit identisch sein soll mit dem Sinn, nicht mehr trägt. Sie ist unvereinbar geworden mit einem Zustand der Menschen, die keiner verpflichtenden Erfahrung solchen positiven Sinnes ihrer Existenz mehr mächtig sind [. . .]. Seine Welt ist wie die seines Landsmanns Kafka eine mit unendlich viel Hoffnung, nur nicht für uns. Erglühend setzt sie alles auf das Absurde, es könne doch noch werden. Dieser Gehalt schwebt aber

nicht abstrakt über seiner Musik, sondern durchsickert ihre Komplexion bis in die technische Verfahrensweise hinein; sie ist konkret bestimmt zur Idee. Mahlers Technik ordnet sich um das Prinzip, ganz logisch, ohne Willkür, ohne Rücksicht auf Wirkungszusammenhänge zu komponieren und zugleich Logik zu übersteigen.«

Mahler hatte die neunte Symphonie – wie das *»Lied von der Erde«* – in Toblach während der Sommermonate geschrieben. Frau Alma hatte das »Nest« für ihn mit ihrer Mutter ausgemacht. Nahezu abgeschirmt von Straßenlärm und Besuchern, konnte er hier seine großen Pläne verwirklichen. Auch die Entwürfe zur zehnten Symphonie entstanden in Toblach. Der Ort und das »Häusl« waren für Mahler »von sakraler, jenseitsverlockender Bedeutung«. Der Sinn dieser Worte ist verschleiert, wird aber einigermaßen deutlich, wenn man erfährt, wie Mahler kämpfte, um der »gefahrvollen Lebenskrise« Herr zu werden, die ihn physisch und psychisch bedrohte.

Er wußte um seinen Gesundheitszustand. Er wußte, daß er »täglich um Jahrzehnte alterte«. Zynisch-herausfordernd fragte er seine Frau und deren Mutter: »Ihr müßt es doch sehen, wie ich zusammenfalle, nicht wahr?« Stundenlang lag er im hohen Gras der Wiesen hinter dem »Häusl«. Frau Alma ließ ihn »weltverloren«. Eines Tages sagte er zu ihr: »Wenn ich da so liege, bin ich gar nicht mehr ich selbst. Meine Seele geht von mir ab und schwebt über einen armen, alten Körper, der nun bald zu Staub wird.«

Frau Alma befand sich ebenfalls in einer seelischen Krise. Die Depressionen Mahlers steckten sie an; zudem war sie körperlich unerfüllt. Mit großen, allzu gewichtigen Worten beschreibt sie die »unendliche« Liebesfähigkeit ihres Mannes; aber nur zu deutlich liest man zwischen den Zeilen, daß sie hier mehr Wunschdenken als Realität enthüllt. Sie war eine Frau in den besten Jahren, an einen verfallenden, übersensiblen Mann gekettet. Sie sah sich gelegentlich nach anderen Männern um, ohne daß Mahler es merkte. Sie sah das »Notwendige« keineswegs als Betrug an: Mit Herz und Verstand war sie ihrem Heiland Gustav zu eigen, das »andere« waren »Begleitumstände von neutralisierendem Effekte«. Die einzigen, die von Almas Eskapaden wußten, waren ihre Mutter, der Arzt Dr. Fraenkel und Bruno Walter. Die Mutter erklärte ihrer Tochter: »Das ist gesund!«, Dr. Fraenkel warnte vor der Spitzfindigkeit des Gatten, »der irgendwann hinter alle Dinge kommt«, und Walter bemerkte: »Ab und an schaltet sie das grelle Licht des Heiligenscheins aus, ist Mensch und stillt das Verlangen, das man als Heilige nicht stillen darf.«

Wenn Frau Alma und ihr Gatte von den Wiener Jahren als einer »Splendid isolation« gesprochen hatten, so war es Gustav Mahler allein, der diese Isolation auch auf die »amerikanischen Jahre mit Toblacher Sommer« ausdehnte. Er verkapselte sich mehr und mehr und schwebte zuletzt in derart weltfremden Regionen, daß ihm niemand dorthin zu folgen vermochte.

Der Prinz Troubetzkoy wurde Mahler bei einem Empfang in New York vorgestellt. Man schwatzte, war guter Dinge, bis der Prinz feststellte, daß Mahler sich recht geistesabwesend ausdrückte. Troubetzkoy: »Das war also der berühmte Herr Mahler: Er benahm sich wie ein Pfau, der keine Federn mehr zu einem Rad hat, aber so tut, als schlüge er den schönsten Fächer der Welt. Was er sagte, klang hohl, war nichts als Konvention, wenn auch nicht ohne Wirkung. Ich merkte, daß diesem Menschen die Umgebung ganz gleichgültig war, daß er mit seinen Gedanken und Ideen in einer völlig anderen Sphäre weilte. Er sprach von den Juwelen einer bestimmten Dame der Aristokratie, seine Augen waren leer auf mich gerichtet, der Zeigefinger seiner Rechten taktierte [. . .]. Während er mit mir Konversation machte, lebte er in seiner Musik. Ich war erstaunt, erschüttert und begeistert zugleich: Ich erlebte einen Menschen, der in der Tat zweigleisig denken und reagieren konnte.«

Ähnliche Beobachtungen machte Poultney Bigelow – Freund Kaiser Wilhelms II. –, der in New York wie ein Fürst residierte: »Es war zu der Zeit, da Mahler sich inständig mit seiner neunten Symphonie beschäftigte, als ich ihn mit seiner liebenswerten Gattin bei einem Lunch traf. Man kann sich kein Paar vorstellen, das unterschiedlicher in jeder Hinsicht reagierte. Sie: dauernd bemüht, es ihm recht zu machen, ihn zu umturteln, ihn in den Mittelpunkt stellend; er: ein zerfahrener, fuchsschlauer E. T. A. Hoffmann, vor dem man auf der Hut sein mußte, weil er einem dauernd eine Falle stellte. Er redete teilweise und unter dem Einfluß von bestimmten Medikamenten ohne Unterlaß, ein Wasserfall, hemmungslos, aber ohne Direktiven, wobei ich den Eindruck hatte, daß er diese Art von Konversation wie einen Wandschirm benutzte, wie eine Barrikade, hinter der erst sein eigentliches Denken und Fühlen lag. Hier traf ich auf einen Menschen, der in sonderbarer Weise zweigeteilt war. Nicht schizophren, sondern in einen diesseitigen und einen jenseitigen Teil gespalten. Hier der irdische, unbedeutende, konventionelle Mensch, dort der Künstler, allem irdischen Treiben voll und ganz entrückt.«

Mahler bemerkte diese innere Teilung natürlich auch. An Bruno Walter schrieb er: »Ich sehe alles in einem so neuen Lichte – bin so in Bewegung; ich würde mich manchmal gar nicht wundern, wenn ich plötzlich einen neuen Körper an mir bemerken würde.«

Auch vor seiner Frau versuchte er sich zu rechtfertigen, denn er wußte, daß sie unter seiner Weltfremdheit litt. Er schrieb ihr:

»Der Mensch – und alle Wesen wahrscheinlich – sind unaufhörlich produktiv. Auf allen Stufen geschieht dies unzertrennlich vom Wesen des Lebens: wenn die Produktionskraft versiegt, so stirbt die ›Entelechie‹, das heißt, sie muß einen neuen Leib erhalten. Auf jener Stufe, auf der sich höhere Menschen befinden, wird die Produktion von einem Akt des Selbstbewußtseins begleitet und dadurch einerseits gesteigert, andrerseits als Forderung an das sittliche Wesen aufgestellt. Die ist nun eben die Quelle aller Beunruhigung solcher Menschen.

Abgesehen von den kurzen Momenten im Leben des Genies, wo diese Forderungen sich erfüllen, sind es die langen, unausgefüllten Strecken des Daseins, die dem Bewußtsein solche Prüfungen und unerfüllbaren Sehnsüchte auferlegen. Und eben dieses unaufhörliche und wahrhaft schmerzvolle Streben verleiht dem Leben dieser Wenigen das Gepräge.

Nun wirst Du vielleicht schon ahnen oder wissen, was ich von den ›Werken‹ des Menschen halte. Sie sind das wahrhaft Flüchtige und Sterbliche, aber was der Mensch aus sich selbst macht – was er durch rastloses Streben und Leben wird, das ist das Dauernde.«

Mahlers Streben und Leben waren einzig und allein auf die Musik ausgerichtet, »gespeist durch das, was schon ist und immer im Kommen ist, denn das Gestrige und das Heutige gebären wohl das Zukünftige«. Musik vermochte ihm die Rätsel des Lebens zu lösen. Wohl suchte er in allen Wissenschaften (»Ich bin versessen auf das, was sich jetzt im physikalischen Bereich tut; auch kann ich Nächte hindurch Werke über Chemie und Medizin studieren [. . .] und was Freud erarbeitet, wälzt alles so mächtig und radikal um, daß in wenigen Jahren eine neue Welt der Wissenschaften dasteht«) nach der »blauen Blume«, nach dem Schlüssel »zu den Räumen jenseits unseres Verständnisses der Dinge«. Doch Antworten auf seine Fragen fand er lediglich dort, »wo Klänge eine Welt des eigenen bilden«.

Mahler: »Merkwürdig, wenn ich Musik höre – auch während des Dirigierens – höre ich ganz bestimmte Antworten auf all meine Fragen – und bin vollständig klar und sicher. Oder eigentlich, ich empfinde ganz deutlich, daß es gar keine Fragen sind.«

Mahler verschlang die Abhandlungen jener Wissenschaftler, die von den konservativen Kräften jener Jahre als Umstürzler, Saboteure und Handlanger des Kommunismus abgestempelt wurden. An Lipiner schrieb er:

»Was ich da erfahre, muß ich Stück für Stück, sehr langsam verdauen. Eine neue Welt des Diesseits, eine neue Erfahrung des Jenseits. Das erstere wird aufgewertet, das letztere abgewertet.

Nun habe ich aber bereits seit vielen Jahren meine klaren, eigenen Vorstellungen vom Jenseits, die durch nichts zu zertrümmern sind. Das Jenseits der modernen Wissenschaft wird konfrontiert mit meinem Jenseits. Keine Richtung siegt. Das Wahre kommt in mir auf, es ist ganz klar, beweist sich wie von selbst, es bedarf keines äußeren Zutuns [. . .]. Es ist alles da, unumstößlich, wohl für den Außenstehenden wenig faßbar. Ich erkenne sogar, daß in den modernen Vorstellungen sehr viel Wahrheit liegt. Atheismus zum Beispiel ist nicht gleich Atheismus. Wichtig: Man leugnet nicht den Kern der Erfahrungen, man leugnet das Gewand, in den dieser Kern seit Jahrhunderten gekleidet war. Nun ist dieses Gewand in unserer Zeit abgetragen, zerschlissen [. . .]. Der kleine, große Kern liegt bloß, man muß ihn neu gewanden. Ich tu's auf meine Art, auch, wenn sie nicht die ist, die der Wissenschaftler von heute verlangt.

Ich bin eben in mir selbst, ganz fertig, ganz abgeschlossen, losgelöst, jedes Bannes frei, kann tun und fühlen, was ich will, ohne, daß ich damit jemandem Schaden oder Leid zufüge. Fast möchte ich sagen: Ich befinde mich in einem idealen Zustand.«

Während der Komposition der neunten Symphonie eilte Mahler eines Tages zu seiner Frau und sagte aufgeregt zu ihr: »Alma, stell' dir vor, was mir soeben passiert ist: Ich konnte für einen Augenblick in mindestens sieben Dimensionen leben.« Sie fragte ihn, wie sich diese Dimensionen angekündigt, ihm vorgestellt hätten. Er antwortete: »Sie eröffneten sich mir wie in einem Zustand von Trance. Ich habe für einige Minuten etwas erlebt, was ich nicht darstellen kann, was aber mein ganzes Leben verändern wird. Ich weiß jetzt, daß ich nur ein winziges, ein kleines Rädchen im Getriebe des Weltgefüges bin, aber immerhin doch so bedeutsam, daß auf dieses Rädchen nicht verzichtet werden kann. Ohne dieses Rädchen, also ohne mich, würde der Ablauf der Musik stehenbleiben.«

Dr. Fraenkel diskutierte stundenlang mit Mahler über die »jenseitigen Erfahrungen«. Der Arzt warnte Mahler davor, in seiner Musik solch »pathologische Ideen« zu verwerten. »Die Menschheit wird es nicht begreifen, wenn Sie derlei in Töne umsetzen«, sagte er zu ihm. »Bleiben Sie auf dem Boden der Realität, hüten Sie sich vor solcher Art von Traum-Dämonismus, dem Sie allmählich ganz zu unterliegen drohen.«

Darauf Mahler: »Es sind weder Dämonen noch Engel, die mich zu den neuen Aussagen verleiten. Mir ist lediglich die Gnade zuteil geworden, weiter zu sehen. Vor uns, Dr. Fraenkel, liegen Epochen, in denen all das auf den Kopf gestellt wird, was wir heute noch für endlich, für unumstößlich, für wahr halten. Es wird eine neue Wahrheit kommen: in der Kunst, in der Wissenschaft. Das, was ich von dieser Wahrheit, dieser neuen Realität bereits voraussehe und vorausfühle, das investiere ich in meiner Musik.«

Die neunte Symphonie wurde das Dokument der »neuen Wahrheit«.

WINDMÜHLENKÄMPFE

Am 19. September 1908 dirigierte Mahler in Prag zum erstenmal die siebente Symphonie. Weder das Publikum noch das Gros der Kritiker verstanden dieses Werk.
Der junge Otto Klemperer war Zeuge der Aufführung und der außergewöhnlichen Vorbereitungen. Klemperer berichtet:
»Er, Mahler, machte ungefähr vierundzwanzig Proben. Seine Arbeitsweise war erstaunlich. Jeden Tag nach der Probe nahm er das ganze Orchestermaterial mit nach Hause, verbesserte, feilte, retuschierte. Wir anwesenden jüngeren Musiker, Bruno Walter, Bodanzky, von Keußler und ich, wollten ihm gerne helfen. Er duldete es nicht und machte alles allein.
Am Abend waren wir gewöhnlich mit ihm in seinem Hotel. Da war er entspannt und sehr lustig. Er sprach ungezwungen und ziemlich laut über seinen Nachfolger in Wien und sagte, daß dieser Wagner noch ferner stünde als ihm. Weingartner, den er meinte, hatte nämlich ungeheure Striche in der ›Walküre‹ gemacht, die von den Besuchern der Vierten Galerie in der Hofoper durch Zischen und Lärmen quittiert wurden [. . .].
Die siebente Symphonie war kein Erfolg. Namentlich der Berliner Kritiker Leopold Schmidt sprach durchaus gegen das Werk, das auch heute noch namentlich im ersten und letzten Teil sehr proble-

matisch ist, aber die drei Mittelsätze wirken hinreißend in ihrer Einfachheit.«

Die »Vossische Zeitung« in Berlin schrieb nach der Prager Aufführung: »Herr Mahler ist nichts weiter als ein gewaltiger Störenfried unter den Komponisten von heute. Was er macht, ist nichts weiter als ein bombastisches, unverständliches, aufdringliches, unechtes Getue. Wahllos schichtet er Musik aufeinander und scheut sich nicht, den ganzen Plunder am Ende mit Donnern und Getöse anzustecken und sich an diesem scheußlichen Brand auch noch zu berauschen. Mahlers Musik ist ein Nichts, und gäbe es noch weniger als Nichts, dann wäre es dieses.«

Eine Münchner Zeitung schrieb: »[. . .] hier kämpft ein Größenwahnsinniger gegen Windmühlen an. Nichts wird von dieser überzüchteten Kakophonie übrigbleiben. Bereits eine Stunde nach der Aufführung hatte man diese erbärmliche Musik wieder vergessen.«

Ebensolches Unverständnis brachte man meistenorts auch Mahlers übrigen Symphonien entgegen. Besonders hart traf Mahler die Ablehnung seiner Musik durch Claude Debussy und Paul Dukas, die er als seine Wahlverwandten zu bezeichnen pflegte.

In Paris war im April 1910 seine zweite Symphonie aufgeführt worden. Die Schar der Freunde hatte den Komponisten bereits mit Ovationen am Nordbahnhof empfangen. Sogleich wurde Mahler die Neuigkeit hinterbracht, daß Debussy den Wunsch geäußert habe, ihn unverzüglich kennenzulernen. Man speiste in einem vornehmen Restaurant des Montmartre.

Debussy schreibt über das Treffen:

»Monsieur Mahler, den ich im Prinzip hoch einschätzte, kam mir sehr spontan entgegen, ungewohnt bereitwillig, denn ich hatte von Freunden gehört, daß er genau das Gegenteil eines mitteilsamen, ›offenen‹ Charakters sei. Dies war mir etwas merkwürdig. Merkwürdig benahm sich das kleine, sehr elend aussehende Männchen den ganzen Abend über. Ich wurde in seiner Gegenwart an eine Charakterstudie von Jacques Offenbach erinnert, diese vielverbreitete Karikatur, die den Meister des Vaudevilles als dünnbeinige Spinne mit einem Geierkopf zeigt.

Mahler war bemüht, mich umständlich und ausführlich in die Geheimnisse seiner Musik einzuführen, was sich im Prinzip erübrigte, denn ich kannte bereits eine Reihe seiner Werke – zumindest von der Partitur her – und hatte bereits den Teil einer Probe seiner Zweiten genossen.
Ich sagte ihm ziemlich offen, daß mir viele Dinge in seiner Musik unverständlich seien und daß ich mich an die Art der musikalischen Zusammenhänge erst gewöhnen müsse. Mahler schien das alles zu überhören und war nur davon angetan, daß ich – wie er sich sehr merkwürdig ausdrückte – zu seinen absoluten Jüngern gehören sollte. Das bin ich nicht, denn seine künstlerische Auffassung ist mir wesensfremd. Ich denke, daß er zu viele ungeschliffene Bausteine verwendet, um seine kolossalen Symphonien aufzutürmen. Er ist kein Meister des Details, er ist mir zu klotzig, so felsig, zu hindernisreich. Er ist ein Montblanc in der Musik.«
Mahler dirigierte die »Zweite« im Théâtre du Châtelet. Er sah, wie Debussy und Dukas den Saal bereits nach dem ersten Satz verließen. Tief betroffen kam er in seine Garderobe, wo ihm Freunde offenbarten, den französischen Kollegen sei die Musik »zu blaß, zu fade, zu unoriginell, zu epigonal, zu unausgegoren und zu schubertisch«. Mahler konnte sich daraufhin nur mit Mühe aufraffen, das Werk weiterzudirigieren.
Paul Dukas schrieb wenige Tage nach der Aufführung in einem Leitartikel: »Die neue Musik hat in Monsieur Mahler gewiß kein tragendes Element. Da werkelt einer mit Materialien herum, die er nicht bändigen kann. Alles ist ungehobelt, derb, unschön [. . .]. Die Konzertagenten tun gut daran, solche Aufführungen zu unterlassen!«
Auguste Rodin, der ein Jahr zuvor eine Mahler-Büste modelliert hatte, die noch heute im Foyer der Wiener Staatsoper zu sehen ist, schrieb an Mahler: »Lassen Sie sich nicht von dem neidischen Gequäke Ihrer hiesigen Kollegen beeindrucken. Sie verdammen jeden, der es besser macht als sie. Kämpfen Sie weiter. Morgen wird Ihnen die Welt sicher sein. Sie sind kein Don Quichotte, Sie sind ein echter Held. Kopf hoch, Sie werden's schon schaffen.«
Interessant ist die Tatsache, daß sich die Universal-Edition in Wien, die Mahlers Symphonien verlegte, durch die negativen Kritiken nicht

abschrecken ließ. Direktor Hertzka machte mit Mahler einen Vertrag, der dem Komponisten eine glänzende materielle Basis schuf. Mit den Einnahmen aus der Dirigententätigkeit in Amerika und dem Verlagshonorar war Mahler ein gemachter Mann.
In einem Gespräch mit Arnold Schönberg sagte er: »Es ist sehr merkwürdig, wie man vom Schicksal behandelt wird: Ist man soweit, daß man genug hat, daß man sich einen gewissen Luxus und Sonderwünsche erlauben kann, da muß man einsehen, daß es im Grunde schon zu spät dafür ist. Geld ist nicht alles, aber bedeutet wenigstens etwas. Für mich hat es keinen Wert mehr. Die Mediziner werden's auffressen, für meine Familie muß gesorgt sein [. . .] und den Rest kann man für einen Stein auf meinem Grabe nehmen.«
Mahler dirigierte unaufhaltsam: Beethovens Symphonien, Bruckners »Geniewerke auf Felsenhöhen« und seine eigenen Schöpfungen. In München erlebte er den Triumph der Uraufführung seiner »Achten«. Aber er war mit »der ganzen unübersichtlichen Sachlage« nicht zufrieden. An Dr. Fraenkel schrieb er: »Wenn ich es nicht mache, sind lauter Pfuscher am Werke. Ich muß mich aufopfern [. . .] wenn alles Akkuratesse haben soll. Das gilt für die Werke Beethovens und Bruckners, noch mehr aber für das, was ich selber geschaffen habe.«
Die Freunde bestärkten ihn in seiner Meinung, für den europäischen und amerikanischen Musikbetrieb »einfach unentbehrlich« zu sein. Hermann Bahr mahnte ihn: »Ich habe von Ihrer Erkrankung gehört. Schonen Sie sich [. . .], aber lassen Sie die Musikwelt um Gottes willen nicht im Stiche. Ohne Sie [. . .] ist alles verloren! Sie sind einer der wenigen, die das musikalische Gewissen dieser Zeit tragen!!«
Romain Rolland pries den »göttlichen Freund« als Papst unter Päpsten und schrieb: »Sein Ruhm, seine künstlerische Allmacht bescheren uns das Höchste [. . .]. Wie jämmerlich, wenn uns das verlorenginge! Mahler muß uns erhalten bleiben. Der Gigant, der Größte [. . .]!«
Gerhart Hauptmann: »Ihnen liegt alles zu Füßen [. . .]. Seien Sie gnädig und bleiben Sie unser musikalischer Schutzpatron!«
Thomas Mann: »Ich weiß nur einen Menschen, in dem sich, wie ich zu erkennen glaube, der ernste und heiligste künstlerische Wille unserer Zeit verkörpert!«

Mahler nahm solche Dankadressen »mit äußerster Genugtuung« entgegen. »Das wirkt wie Medizin für mich!« sagte er zu Dr. Fraenkel. »Sehen Sie mal an, wer sich alles zu mir bekennt!«

Die Zahl seiner Gegner war größer und mächtiger als die seiner Freunde.

Mahler: »Sie brauen meinen Untergang zusammen, aber ich hoffe, daß es eine höhere Gerechtigkeit gibt, die mich vor dem Abgrund bewahrt.«

Mit einer zwei Wochen währenden starken Migräne (»die sich in eine furchtbare Angina auswuchs«) reagierte Mahlers Körper auf die Schocks, die die Artikel des Antisemiten Rudolf Flach in der »Deutschen Tageszeitung« ausgelöst hatten. Mahler war darin als abartig, »christenblutsäugerisch«, unkünstlerisch, dekadent und verbrecherisch bezeichnet worden. Ferner hieß es da: »Dieser böhmische Vampir aus dürftigsten jüdischen Verhältnissen nimmt überall den ehrlichen Dirigenten das Brot weg, behauptet ein Komponist zu sein und wendet die schändlichsten Methoden an, um sich in höheren Kreisen einzuschmeicheln, die er dann verbrecherisch ausnimmt.«

Der kranke Mann Mahler wurde durch solche Hetzschriften noch elender. Eine Leberentzündung wurde diagnostiziert, die mit »wundersamen medizinischen Quellen aus dem Orient« behoben werden konnte. Mahler fühlte sich »den Umständen entsprechend« gesund und unterlief alle Vorsichtsmaßnahmen der Ärzte, die der fortschreitenden Herzerkrankung ohnehin nicht Einhalt zu gebieten vermochten.

»Ich kann nichts als arbeiten, alles andere habe ich im Laufe der Jahre verlernt!« antwortete er auf die ihm lästigen Ermahnungen seiner Freunde und Ratgeber, die ihn davon abhalten wollten, die vierte Überfahrt nach Amerika zu wagen.

Fünfundsechzig Konzerte sollte Mahler in der Saison 1910/1911 in den Vereinigten Staaten dirigieren. Er wollte vor allem eine Reihe moderner Komponisten vorstellen, die bis dahin in Amerika noch wenig in Erscheinung getreten waren. Er wollte so vieles, aber es war ihm nur noch eine begrenzte Schaffenszeit vergönnt.

GUSTAV MAHLER UND DIE MODERNEN SEINER ZEIT

Auszüge aus einem Rundfunkinterview des Autors
mit Alma Mahler vom 17. März 1962

Wessling:
In seinen letzten Lebensjahren setzte sich Gustav Mahler mit Nachdruck für eine Reihe damals als modern geltender Komponisten ein . . .

Alma Mahler:
Was war damals modern? Strauss mit ›*Salome*‹ und ›*Elektra*‹ ganz gewiß. Aber Franz Schmidt, Hans Sommer, Emil von Reznicek oder wie sie alle hießen? Ich bin mir nicht einmal klar, ob wir Pfitzner damals als besonders modern ansahen. Die Avantgarde setzte gerade zum umwerfenden Coup an: Schönberg, Alban Berg . . . Aber davon wußten wir Anno 1908, 1909 oder 1910 noch allzuwenig. Strauss galt als extrem Moderner . . . Wenig später, mit dem ›*Rosenkavalier*‹, war's dann mit der Modernität schon wieder aus. Der hohe Herr reduzierte, weil das Publikum meuterte. Und meuterndes Publikum bedeutete: leere Kassen. Die aber mochte Herr Richard Strauss ganz und gar nicht. Dann lieber reduzieren, umkehren.
Mahler hat sich zeit seines Lebens für seine Zeitgenossen eingesetzt. Als er in Hamburg war, ging es noch um den Avantgardisten Wagner; Tschaikowskij und Rubinstein wurden wohl weniger als »moderne Narren« hingestellt. In Wien war's dann schwieriger, Novitäten

durchzubringen. Max von Schillings, der wie Strauss schrieb, hat es nie verwinden können, daß Mahler sich nicht mit Haut und Haaren für ihn verwandte. Schillings starb ja bereits zu Beginn der Nazi-Ära, aber er war einer der ärgsten Hintertreiber. Juden wurden von ihm nicht geduldet. Sicherlich hat er wesentlich dazu beigetragen, daß eine ganze Generation junger Deutscher nichts mehr von Mendelssohn, Meyerbeer, Offenbach, Mahler und vielen anderen erfuhr. Als Hitler 1933 höchstpersönlich die Urne mit der Asche von Schillings' zu Grabe trug, da trug er auch gleichzeitig die ganze Pseudo-Kunst dieses Machenschaftlers mit zu Grabe, der den Ruin Mahlers wollte. Es gab auch im ersten Jahrzehnt dieses Jahrhunderts geradezu bewundernswerte Musik-Idealisten. Sie schauten nicht zuerst darauf, ob die Kasse stimmte. Sie schufen um der Kunst willen. Und das sind doch wohl die eigentlichen Träger eines kulturellen Bewußtseins. Ein solcher Musik-Idealist war Ferruccio Busoni, ganz gewiß ein Moderner jener Epoche.
Ihm war Mahler sehr zugetan. Das letzte Konzert, das Mahler in seinem Leben dirigierte – es war am 21. Februar 1911 –, enthielt Busonis *›Berceuse élégique‹*, ein großartiges Werk, das ganz gewiß wiederentdeckt wird, wenn Busonis Zeit anbricht. Mahler war von diesem Werk hingerissen. Er, der seit Wochen fast ständig Fieber hatte und von Tag zu Tag weniger wurde, opferte sich auf für die Idee eines Avantgardisten, dem er die Treue hielt.
Busoni war bei dem Konzert anwesend. Was sich zwischen den beiden, Mahler und Busoni, abspielte, war wundersam. Ein Meister sah zum anderen Meister auf und spürte, daß hier eine Seelenverwandtschaft aufblühte, wie sie sehr selten zwischen Künstlern besteht.
Busoni fuhr mit uns nach Europa zurück, als Mahler zusammengebrochen war. Er war dauernd um Mahler bemüht, scherzte mit ihm, las und spielte ihm vor. Busoni war der heiter-melancholische Geist der letzten Wochen Mahlers. Ein Bote, den das Schicksal gesandt hatte, um einem Genie das Ende zu erleichtern. Nur so kann ich es heute – in der Nachschau – deuten.
Aber nicht nur der Werke Busonis nahm sich Mahler an. Er entdeckte auch den frühen Ravel und wußte, welch eine Potenz in dem blutjungen Alban Berg heranwuchs.

Wessling:
Schönberg aber war sein Sorgenkind . . .

Alma Mahler:
Ja, sein Liebling! Als Mahler wußte, daß er nur noch wenige Tage zu leben hatte, sagte er: »Wenn ich gehe, hat Schönberg niemand mehr!« Wir verstanden diese Äußerung als einen Auftrag und haben dann später versucht, Arnold Schönberg, wo es nur ging, zu helfen. Es wurde ein Kuratorium gebildet, das Geld für notleidende Musiker sammelte. Schönberg hat mehrfach aus diesem Fonds Summen erhalten.

Wessling:
Sie haben über Mahlers Verhältnis zu Richard Strauss und über das zu Arnold Schönberg gesprochen. Zwei Welten! Woraus resultierte Mahlers Abneigung gegenüber Strauss?

Alma Mahler:
Mahler mochte die unkünstlerische Art Straussens nicht, dieses dauernde Antichambrieren, dieses um jeden Preis Auf-Geld-Aussein. Er empfand Strauss als eine unkünstlerische Natur. Die Begegnungen, die sie miteinander hatten, verliefen nicht glücklich. Entweder wollte Strauss als Gönner belobigt werden, oder aber er war neidisch auf die Erfolge seines Kollegen. Die zwitterige Art von Strauss, daß er so absolut unter dem Pantoffel seiner Gattin Pauline stand, diese Unterwürfigkeit und dieser penetrante Kaufmannsgeist – das konnte in Mahler keine Entsprechung finden.
Man muß es Strauss absolut zu danken wissen, daß er sich für die ersten Arbeiten Mahlers einsetzte und dem Genie den Weg ebnete. Daran besteht kein Zweifel. Aber später . . ., als Mahler ihm gleichrangig wurde, als er ihn übertraf – zumindest als Symphoniker –, da zeigte der Herr Kollege sein wahres Gesicht. Ich glaube, daß es Bruno Walter war, der schon 1910 das Wort prägte: »Mahlers Ruhm wird in dem Maße zunehmen, in dem der Wert und der Ruhm von Richard Strauss abnehmen.« Ich bin dessen gewiß, daß sich diese Prophetie jetzt zu erfüllen beginnt.

Wessling:
Mahler war also in gewisser Weise voreingenommen, was Strauss betraf.

Alma Mahler:
Er hat mit größter Hochachtung und Enthusiasmus ›*Salome*‹ und ›*Elektra*‹ begrüßt. Den ›*Rosenkavalier*‹ lernte er nicht mehr kennen. Ich könnte mir denken, daß er von diesem Werk an ein Strauss-Gegner gewesen wäre. Nicht der Künstler Strauss war ihm unangenehm, sondern der Mensch. Von der Dirigierkunst Straussens hielt Mahler zwar auch nicht viel, aber von den Kompositionen, die er kennenlernte, war er schon angetan. Er schätzte Strauss auf jeden Fall höher ein als Hans Pfitzner.
Zu Pfitzner, soweit das möglich war, habe ich ihn gebracht. Daß die ›*Rose vom Liebesgarten*‹ an der Wiener Hofoper herauskam, lag an mir. Ich habe Mahler mit Musik aus dieser Oper geradezu überhäuft. Immerzu habe ich aus diesem Werk gespielt, der Klavierauszug stand ständig auf dem Flügel, bis Mahler darüber stolperte und er der Sache geneigter wurde.
Ich bin mir dessen bewußt, daß dieses Werk heute nicht mehr aufführbar ist. Zuviel Pseudo-Romantik, zuviel Belanglosigkeiten. Möglich, daß Mahler auch in diesem Falle in die Zukunft sah – und daß er die Oper womöglich mir zum Gefallen ansetzte.
Er lernte dann Pfitzner persönlich kennen, der sich allenthalben vordrängte und all das starrsinnig wieder umstieß, was andere für ihn aufbauten. Mahler mochte Teilaspekte des Künstlers Hans Pfitzner. Der Mensch war ihm zuwider. Mahler hielt Pfitzner für größenwahnsinnig, außerdem ärgerte ihn die penetrante Deutschtümelei, der ja viele Zeitgenossen Mahlers verfallen waren – siehe Max von Schillings.
Wenn wir von den Modernen sprechen, zu denen Mahler irgendein Verhältnis gehabt haben soll, so muß ich auf eine Tatsache hinweisen, die viel zuwenig von der Musikforschung beachtet wird: Mahler verehrte glühend den Genius Franz Liszts. Oft hat er sich als ein Komponist in der Nachfolge dieses Großen gesehen, dessen Zeit, wie Mahler überzeugt war, ebenso anbrechen würde wie die seinige. Liszt sei viel

kühner, viel zukunftweisender als Wagner, sei der eigentliche Vater der Moderne gewesen. Mahler sollte recht behalten, denn ich sehe ja, wie man heute den wahren Liszt erkennt, den Liszt, der die Brücke zur Musik in der zweiten Hälfte des 20. Jahrhunderts baute.

Der Begriff Modernität, um auch das zu erwähnen, hatte bei Mahler eine andere Bedeutung, als wir sie diesem Begriff heutzutage geben. Sein Bestreben, der tiefen Religiosität, die in ihm wurzelte, die rechte Basis zu geben, hatte ihn in den Jahren 1908/1909 zu den Schriften von William James und Henri Bergson geführt, die man damals die Väter einer modernistischen Bewegung in der Philosophie nannte. Es gab eine Reihe katholischer Theologen, die sich dieser Richtung anzuschließen versuchten, die also einen Ausgleich zwischen den vorhandenen Glaubenslehren und den Anforderungen des modernen Lebens herbeizuführen trachteten. Mahler übertrug die Erkenntnisse, die von Rom verworfen wurden, auf die Kunst.

Er meinte, daß die Kunst zu unterstützen sei, die im Sinne der modernistischen Bewegung ausgerichtet sei. Kunst also in Beziehung zum Alltagsleben, zum Augenblick, zur Gegenwart und Zukunft. Heute würde man sagen: Ein realistischer Zug – vielleicht sogar mit sozialkritischem Background.

Bei James hatte er den Satz gefunden: »Kunst und Religiosität müssen zu einem gewissen Teil auch dem Handeln dessen entsprechen, dem sie innewohnen; Kunst und Religion sind ein Teil praktischer Lebensanschauung; Kunst und Religiosität sind nur dann von Nutzen, wenn der Urheber von der Nützlichkeit für einen Teil der Umwelt überzeugt ist.«

Mag Mahlers Werk, vor allem das Spätwerk, manchem Hörer noch so esoterisch erscheinen, es hat doch etwas von dem Pragmatismus, von den Erkenntnissen der modernistischen Bewegung seiner Zeit. »Esse est percipe« . . . Das wußte Mahler. Das Wahrgenommenwerden kam aber nicht von ungefähr. Es mußte in eine Form gekleidet werden; wenn Sie so wollen: Esoterisches wirksam, erkennbar gemacht werden.

Sicherlich hat jeder künstlerische Mensch, sofern er sich an Gesetze gebunden fühlt, die seit Jahrhunderten bestehen, das Bestreben, seine

Ideen faßbar, erkennbar zu machen. Aber bei Mahler lag das anders: Das Jenseitige erkennbar zu machen, das war die Schwierigkeit. Ein unerklärbarer Rest würde bleiben, ein Rest, der selbst ihm verhüllt sein würde. Aber die Masse des von ihm Produzierten sollte analysierbar sein. Deswegen in den frühen Arbeiten die hinzugefügten oder vorausgegebenen Programme, die nichts als Schlüssel für eine Analyse sind.

In seinem Spätwerk ist dieser sichtbare Schlüssel nicht gegeben. Klar, daß die Menschen seiner Zeit mit der Musik-Materie, die er schuf und zu der er keine »Lösung« gab, nichts anzufangen wußten.

Aber heute ist das anders. Man hat den Schlüssel immer noch nicht gefunden, der einem in herkömmlicher Art und Weise die Tür öffnen könnte, weil es ihn womöglich gar nicht gibt. Aber man hat andere Methoden gefunden, um der Sache und der Idee auf die Schliche zu kommen. Man schließt nicht mehr von der Form auf den Inhalt, sondern versucht den umgekehrten Weg. Man läßt den Inhalt, die Klänge, die Zusammenhänge auf sich einwirken und überlegt dann, ob diese Zusammenhänge unwillkürlich oder bewußt geschaffen worden sind. Gelegentlich kommt es dann vor, daß plötzlich auch die Form sichtbar wird, das Gefäß, das den Inhalt umschließt.

Diese Art, ein Werk Mahlers zu analysieren, ist modern. Hinzufügen will ich: Es kam Mahler eben auf die Inhalte an, nicht so sehr auf die Form.

Und unter diesen Aspekten wertete er das musikalische Schaffen seiner Zeitgenossen. Den Form-Fanatikern ging er tunlichst aus dem Wege. In Busoni entdeckte er – wie er es einmal nannte – verwundbare Gralsseligkeit. Max Bruch oder Pfitzner waren ihm »Logarithmentafeln-Exponenten«.

Wessling:

Mahler war also ein Mann der Evidenz, der höchsten, im Bewußtsein erlebten und zur Gewißheit führenden Einsichtigkeit . . .

Alma Mahler:

Mahler war ein durch und durch philosophischer Mensch, ständig dem auf der Spur, was dem Denken und der Erkenntnis einleuchtet. Insofern: ein Mann der Evidenz. Er hielt es mit Kant, der ja erklärte, daß Evidenz nur intuitiven Grundsätzen entspringen kann. Das Gefühl des Überzeugtseins war in Mahler unglaublich stark. Es machte ihn manchmal zum Diktator in künstlerischen Entscheidungen.

DAS ENDE

Wer jemals mit Alma Mahler zusammengekommen ist, muß ihr ein Höchstmaß an Diplomatie zubilligen. »Ich habe gelebt und viel geliebt«, sagte sie am Ende ihres Lebens, »aber ich habe mich auch oft zum Leben und zur Liebe hindurchmanövrieren müssen!« Zwang zum Leben, Zwang zum Lieben?

In seinem letzten Lebensjahr war sie Mahler »auf höherer Ebene« wieder nähergekommen. »Ich bin ihm gänzlich zugewachsen!« – so drückte sie es aus. Und Mahler registrierte ihre Bemühungen »um Leib und Seele« mit hellstem Entzücken. Körperlich ein Ruin, wußte er es zu schätzen, daß ihm seine Frau »Nibelungen-Treue« hielt. Sie war der einzige Halt, den er hatte, denn die Freunde waren ständig am Schimpfen, nörgelten an ihm herum und machten ihm Vorwürfe wegen seines »unsteten amerikanischen Lebenswandels« und seiner Gutmütigkeit, die andere angeblich ausnutzten, um ihn zu schädigen.

»Almschi« merkte, daß Mahlers Kräfte nachließen und daß er kaum noch einen Versuch unternahm, sie in irgendeiner Weise zu bevormunden. Sie wurde in ihrer Ehe »mündig«; sie dominierte. Mahler wurde immer mehr zu ihrem »Kindchen«, mit dem sie tun und lassen konnte, was sie wollte. Dem dahinsiechenden Mann bekam diese Bemutterung; der Frau schaffte sie »redliches Vergnügen« (Bruno Walter).

Alma Mahler liebte ihren Mann nunmehr anders als in früheren Jahren.

Sie hatte etwas von der Art Cosima Wagners angenommen, die ihren greisen Richard mit spekulativer Erotik für sich einnahm: Je nebensächlicher das Bett wurde, desto mehr wurde getan, um die Persönlichkeit herauszustreichen, um ihr den Anstrich der Heiligmäßigkeit und des Extraordinären zu geben.
Mahler war nicht in der Lage, diesen Sinneswandel in seiner vergötterten Frau zu registrieren. Er sah in ihr das Weib, das ihn von der ersten Begegnung an fasziniert hatte. Für ihn war Alma dieses begehrenswerte, herrliche, »einmalig-kostbare« Weib geblieben. Auf ihre im großen und ganzen platonisch ausgerichteten Liebesbezeugungen reagierte er mit dem letzten Feuer, das in seinem ausgemergelten Körper brannte, »dem Feuer, das unauslöschliche Brandmale zu setzen weiß«. Mahlers letzte Briefe an Alma sind Zeugnisse dieser Todes-Erotik. Er wollte seine Gefährtin für die Ewigkeit an sich binden, zu einem Teil des Mythos werden lassen, der sich bereits um ihn gebildet hatte.

München, 1910

Mein geliebtes, wahnsinnig geliebtes Almschili!
Glaube mir, ich bin krank vor Liebe! Seit Samstag 1 Uhr lebe ich nicht mehr! Gott sei Dank – jetzt habe ich eben Deine beiden Brieferln bekommen! Nun kann ich atmen. Eine halbe Stunde war ich selig. Aber jetzt halte ich es nicht mehr aus.
Wenn Du eine ganze Woche noch ausbleibst, so bin ich gestorben. Wie lieb waren diese entzückenden Briefe! Sie sagten mir etwas, was Du mir noch nie gesagt hast. Ach, sage es mir oft, daß ich es immer auf's Neue glauben kann [. . .]. Ewig Dein Gustav.

München, 1910

Meine Geliebte!
Da sitze ich schon wieder! Die Nachmittagsprobe ist vorüber – Schlußszene – jede Note an Dich gerichtet! Es hat mich so furchtbar aufgeregt, als ob ich wieder an Deinem Bett säße, wie damals in den entzückenden Tagen und spräche alles zu Dir!
Ach, wie herrlich es ist, zu lieben! Und jetzt erst weiß ich, was es ist! Der Schmerz hat seine Gewalt und der Tod seinen Stachel verloren.

Wie wahr sagt Tristan: »Ich bin unsterblich, denn wie könnte Tristans Liebe sterben?« Jetzt verbringe ich wieder einen ruhigen Abend – mir ist schon beinahe ganz gut. Ich habe mit Appetit gegessen und will ganz frisch sein, wenn mein Schatz kommt. Immer denk ich an den Moment – »Ist es wahr? Hab ich Dich wieder? Kann ich es fassen? Endlich! Endlich!« Wenn ich nur wüßte, wann Du kommst! Morgen ist Dienstag, da wolltest Du doch kommen?
Von Gustav Frank bekomme ich eben eine Karte, daß er hier ist und mich sehen möchte. Bitte, schreib ein Wort, ob Du willst, daß ich im Nebenzimmer schlafe und Guckerl bei Dir oder was sonst? Denn ich möchte unser Nesterl ein bißchen einrichten, bevor Du kommst [. . .].
Dein heutiger Brief war so lieb und zum ersten Mal seit acht Wochen – eigentlich in meinem ganzen Leben – fühle ich dieses selige Glück, das einem die Liebe verleiht, wenn man von ganzer Seele liebt und sich wiedergeliebt weiß. Ich habe es doch richtig geträumt: »ich starb der Welt, ich bin im Hafen!« Aber, Almschi, Du mußt es mir doch immer wieder sagen – denn morgen schon, weiß ich, glaub ich's nicht mehr! Denn es ist ein »Glück ohne Ruh«.
Nun gute Nacht, meine Holde, Süße – vielleicht lachst Du heute über Deinen Gymnasiasten – telegrafiere, wann Du kommst! Meine Geliebte Dein Gustav.

Die Mahlers kamen »vollständig derangiert« zur letzten Saison in Amerika an. Mahler klagte über einen Halskatarrh, der nicht weichen wollte, seitdem er sich in Wien die Mandeln hatte kappen lassen. Er lief ständig mit Fieber umher, war ungnädig und tyrannisierte seine Umgebung. Almas Mutter hatte die »Oberherrschaft« übernommen. Sie sorgte für die Unterkünfte, für die Diät, die Dr. Fraenkel seinem Patienten empfohlen hatte, und erledigte sogar einfache Korrespondenz. Mahlers Zustand war beängstigend und nicht nur für die Familie äußerst strapazierend. Dauernd lag sich der Todgeweihte mit den Orchestervorständen in den Haaren. Im Komitee der New Yorker Philharmoniker brodelte es.
Alma Mahler hierzu:

»[. . .] und Mahler merkte nichts davon. Sie redeten ihm jetzt Programme ein, die er nicht machen wollte, wurden scharf, wenn er sich wehrte.
Der Geiger Jonas hatte das Orchester schon so verhetzt, daß Renitenz laut wurde, und Mahler fühlte sich unsicher. Die Gewohnheit, wegzuschieben, was ihm nicht genehm war, verhinderte es, daß er klar sah, bis er eines Tages [. . .] zu Mrs. Sheldon gebeten wurde, die an der Spitze des Board stand. Dort fand er mehrere Herren vom Komitee vor. Man nahm ihn scharf ins Gebet. Er hatte sich in den Augen der Damen allerlei Mißgriffe zuschulden kommen lassen. Er verteidigte sich, doch Frau Sheldon rief irgendeinen Namen, eine Portiere hob sich, und ein Advokat trat ein, der [. . .] die ganze Zeit mitgeschrieben hatte. Nun wurde offiziell ein Protokoll aufgenommen, Mahlers Kompetenzen festgelegt, und er war so fassungslos und wütend, daß er mit einem Schüttelfrost nach Hause kam. Langsam nur kehrte die Freude an der Arbeit in ihm zurück. Er beschloß, diese Weiber alle zu ignorieren, bis auf eine: [. . .] Frau Untermeyer [. . .], dieser Engel, die immer Unheil verhütete, immer half. Damals war sie verreist, sonst wäre das Ganze nicht möglich gewesen.«

In Mahler keimten die »Wiener Gefühle« wieder auf. Er sah sich abermals eingeschränkt, von Intriganten umgeben, in seiner künstlerischen Existenz bedroht. Dr. Fraenkel, der ihn jetzt fast jeden Tag sah, ermahnte ihn, sich nicht allzusehr zu verausgaben. »Sie steuern einem Zusammenbruch entgegen!« warnte er. Darauf Mahler: »Sie bedrohen mich auch noch zusätzlich. Ich bin kerngesund. Basta.«

Am nächsten Abend lag Mahler mit hohem Fieber im Bett. Er klagte über entsetzliche Spannungen in der Kehlkopfgegend und war völlig heiser. Dr. Fraenkel verordnete Umschläge und befahl dem Patienten, auf gar keinen Fall aufzustehen. Das war am 20. Februar 1911. Anderntags sollte ein Konzert in der Carnegie Hall stattfinden. Mahler bettelte so lange, bis Fraenkel ihm erlaubte, Generalprobe und Hauptkonzert durchzuführen.

Es lag Mahler vor allem daran, dem New Yorker Publikum seinen Schützling Busoni vorzustellen, dessen ›*Berceuse élégique*‹ auf dem Programm stand.

Busoni: »Ich war tief gerührt, daß Mahler das Dirigat tatsächlich übernahm. Er erschien wie ein lebender Leichnam. Der Arzt hatte ihn mit Medikamenten geradezu gespickt. Aber es ging gut, erstaunlich gut! Und hinterher sagte Mahler, er habe das Gefühl, nun endgültig vom Fieber befreit zu sein. Er fühle sich sehr wohl, gesund und munter und gedächte, zur Feier des Tages, mit seinen Freunden zu speisen und zu trinken. Es wurde ein wunderschöner Abend, niemand ahnte, daß Mahler ein dem Tode Geweihter war.«

Nach wenigen Tagen kehrte das Fieber zurück. Die Kurve ging auf und ab, und Dr. Fraenkel war sich über dieses merkwürdige Erscheinungsbild nicht im klaren. Er beriet sich mit einem bekannten Internisten. Dann erlitt Mahler einen Kollaps. Die Meldung ging durch die New Yorker Zeitungen. Schlagartig bildeten sich mehrere Komitees, um Hilfssammlungen für Mahler zu veranstalten.

Alma Mahler berichtet: »Von allen Seiten kamen Diener, die Essen brachten. Alle Delikatessen der Erde füllten jetzt unseren Tisch. Freunde schickten sie, aber auch ganz fremde Menschen [. . .]. Mahler war mir jetzt wie ein kleines Kind anheimgegeben. Er aß nichts mehr allein, jeden Bissen steckte ich ihm in den Mund, in der Nacht schlief ich angezogen in seinem Zimmer [. . .]. Nach acht Tagen wurde auf Veranlassung Fraenkels eine Blutuntersuchung gemacht, die das Ergebnis erbrachte: Streptokokken. Mahler und ich, gleich harmlos dieser Krankheit gegenüber, deren Namen wir bis dahin nie gehört hatten, waren durch die Diagnose nicht erschreckt.«

Gesamtblutbilder wurden angefertigt und Infusionen mit Kollargol, dann mit Kochsalzlösungen. Keine Besserung. Schließlich beschloß Dr. Fraenkel, den Schwerkranken nach Europa zu bringen. In Paris und Wien gab es berühmte Bakteriologen. Möglich, daß sie Rettung bringen konnten.

Hals über Kopf wurden die Zelte in Amerika abgebrochen. Es ging heim.

Busoni begleitete die Mahlers. Er saß den ganzen Tag über bei Mahler, hielt ihm die Hand und versuchte ihn aufzuheitern. Die Überfahrt verlief ohne Komplikationen. In Paris erlitt Mahler einen weiteren Kollaps. Der Bakteriologe Chantemesse untersuchte ihn und wies ihn sofort in ein Sanatorium ein. Frau Alma mißtraute den ärztlichen Künsten des Pariser Arztes und telegrafierte an Professor Chvostek in Wien, den ihr Fraenkel empfohlen hatte.

Chvostek kam sofort nach Paris. Er sah, daß Mahler nicht mehr zu retten war, verschwieg jedoch die Todesnähe und schlug dem Patienten vor, unverzüglich nach Wien überzusiedeln. Es kam Mahlers letzte Fahrt.

Frau Alma schilderte die Begleitumstände:

»Wien, Rettungswagen, Sanatorium Löw, Riesenzimmer mit Veranda. Schon der Gang dahin, die Zimmer, alles ein Blumenhain. Mahler freute sich sichtlich. Und es kamen immer weitere. Und ich mußte alles an sein Bett bringen und es schön arrangieren. Ein weißer Korb kam: Von den Philharmonikern! ›Von *meinen* lieben Philharmonikern!‹ sagte er immer wieder.

Mahler lag ganz ruhig. Das Sensorium trübte sich. Seine Schwester kam wieder. Mahlers Augen weiteten sich unnatürlich, er stammelte: ›Wer ist diese fremde Dame?‹ Und die Arme floh entsetzt.«

Es bildeten sich große Geschwülste an den Knien Mahlers, Ödeme verunstalteten seinen Körper. In den letzten Stunden mußte er künstlich beatmet werden. Urämie!

Er flüsterte zweimal »Mozartl!«. Dann begann der Todeskampf. Gegen Mitternacht des 18. Mai verstummte das Röcheln. Mahler war tot.

Alma Mahler: »Sein Sterben, die Größe seines Gesichtes, das immer schöner wurde, nahe dem Tode – ich will und werde es nie vergessen! Sein wahrhaftes Ringen um die ewigen Güter, sein Erhobensein über jeder Alltäglichkeit, seine Wahrheitsseligkeit bis in den Tod sind das Beispiel eines heiligmäßigen Lebens.«

Mahler hatte sich eine Beisetzung »ohne jedweden Pomp« gewünscht. Frau Alma erfüllte ihm den Wunsch. Paul Stefan war Zeuge der Bestattung. Er berichtet:

»Morgen und Wien. Ein Chaos. Man klammert sich an Einzelheiten, die doch niemand wissen kann. Er soll auf dem kleinen Friedhof in Grinzing bestattet werden, neben dem Töchterchen. Die Leiche wird hingebracht.

Der andere Morgen. Die Straße führt querfeldein zu Zypressenbäumen. Die Kapelle ist ein enger Raum, nur für den Sarg und ein paar Kränze. Die anderen umsäumen die Wege bis zum Grabe. Eine Frau kommt vorbei, sagt zu einer anderen: ›Jetzt hat er drinnen Ruhe. Dem war auch alles zu klein.‹
Die Kirche von Grinzing ist klein, der Kirchhof eng. Und ein Spektakel für die Wiener steht bevor. Da wird Kirche und Friedhof abgesperrt. Nur Karten werden Zutritt geben.
Man erfährt, daß Franz Schalk, Gregor, das Regiekollegium gewünscht haben, daß man am Begräbnistag die Oper schließe. Darauf kein Bescheid. Der Hof, die Gemeinde Wien rührt sich nicht. Und dann die Feier: Wir stehen vor der Kirche, als der Sarg herausgetragen wird. Es regnet. Über einen Weinbergweg kommen wir rascher an das Grab.
Der Zug langt an. Der Regen hört auf. Eine Nachtigall singt, die Schollen fallen. Ein Regenbogen. Und die Hunderte schweigen.«
Mahlers Tod und der Hergang des Begräbnisses werden von der internationalen Presse auf den Titelseiten verkündet. Auch die Wiener Zeitungen bedauern das »allzuplötzliche Hinscheiden des bedeutungsvollen Musikers«. Die Berichterstattung in Wien ist . . . eben wienerisch.
»Der Merker«, Österreichische Zeitschrift für Musik und Theater, 2. Mai-Heft 1911:
»Nur wer es weiß, was sein großes Leben bedeutete, kann ermessen, was mit ihm dahinging. Ein Mensch von einziger Art ist fort; einer, der immer in Flammen stand, der in Ekstase sich selbst zu verbrennen schien, einer, dessen bloßes Dasein all denen, die ihn liebten, Besitz, Erkenntnis, Beispiel und geistige Zuflucht war. Und denen, die jetzt weinenden Auges und trauernden Herzens zurückbleiben, ist es, als wäre es plötzlich finster geworden [. . .].
Was an ihm und seinem Werk derartig bezwang, war nicht das gebändigte Gleichmaß ruhiger Harmonie; es war der Sturm in ihm, der unerhörte Wille zum Äußersten und Letzten, die verzehrende Intensität seines Erlebens, die fanatische Energie und die herrliche Unduldsamkeit gegen sich und andere, die der eigenen Tondichtung und seiner Wiedergabe jeglichen Werks den extremsten und lautersten Ausdruck

erzwang. Diese prachtvolle, unbeugsame und unbarmherzige, fast asketische Reinheit und Strenge der künstlerischen Gesinnung, die kein Beschwichtigen kannte, ehe das letzte Ziel erreicht wurde, war es, die alle Liebe und allen Haß gegen ihn wachrief, und wenn es jetzt manche gibt, die mit gleißnerischem Augenaufschlag gelassen das Wort sprechen: ›Wir hätten ihn geliebt, aber er hat uns nicht verstanden!‹, so haben sie nicht unrecht. Er hat sie wirklich nicht verstanden, wie er Leichtfertigkeit, Indolenz und Oberflächlichkeit nie zu verstehen vermochte; wie ihm alles fremd war und ein fast ungläubiges Staunen erweckte, was sich ohne innere Andacht an das Große wagte und sich mit dem Beiläufigen und Gefälligen zufriedengab.

Das Ringen gegen alles gedankenlose Hergebrachte und gegen die Hemmnisse, die ihm die bloß äußerlich liebenswürdige Alltagstradition und ihre Vorkämpfer bereiteten, hat ihn krank gemacht, und damals schon, vor drei Jahren, ist er mit wunder Seele von Wien fortgegangen.

Ein hoher Trost ist da: das Werk, das er uns hinterläßt. Jeder, der ihm innerlich nahe gekommen ist, weiß, daß in diesen zehn symphonischen Kolossen und in all den, in ihrer verzehrenden Schmerzlichkeit und ihrer wunderschönen, kindlich heiteren Einfalt ergreifenden Gesängen ein Dämon sich aufreckt und eine Größe waltet, die an das Höchste reicht, was wir besitzen. Mag sein, daß es noch geraume Jahre währen wird, bis diese Größe ganz erkannt werden kann, bis alle es wissen werden, daß ein Auserwählter unter uns gewandelt ist – geraume Jahre, trotz der innigen Bewunderung für seine Art, in der – immer mehr und mehr – sich die besten Geister unserer Zeit in frohem Dank zusammenschließen.«

Karl Kraus in »Die Fackel«, Juni 1911:

»Der Nachruf muß – das Handwerk bringt es mit sich – lange vor dem Tod geschrieben sein, damit er unmittelbar nach dem Tod erscheinen kann, und eine Zeitung, die ihn irrtümlich vor dem Tod erscheinen läßt, steht immer noch höher im Ansehen als eine, die ihn nach dem Tod erst schreibt.

Das Odium des Handwerks nehmen jene auf sich, die sich ihm ergeben. Die journalistischen Särge müssen vorher bestellt werden, und der

Leser wartet nicht so lange wie der Totengräber. Wer jener Concordia angehören will, die die Leichen schneller bestattet, darf nicht vor der Vorstellung zurückbeben, daß er eines Tages genötigt sein könnte, sich hinzusetzen und in der einen Hand die Telephonmuschel dem Abonnenten zu antworten: Mahler geht's besser, und mit der anderen zu schreiben: Mahler ist nicht mehr!

Wer's nicht nötig hat, wird diesen Beruf nicht ergreifen. Verächtlich ist er in einer aufgeklärten Zeit so wenig wie der des Henkers. Soziale Notwendigkeiten sind eben notwendig. Verächtlich sind bloß jene, die sich freiwillig in den Dienst solcher stellen, die dafür bezahlt werden [. . .]. Verächtlich sind Hoftheaterdirektoren, die über Gustav Mahler, der am Donnerstag 11 Uhr fünf Minuten nachts gestorben ist, im Freitag-Morgenblatt der Neuen Freien Presse, Nachrufe veröffentlichen.

Die Hoftheaterbehörde frage unverzüglich die Herren Gregor und Berger, wie der Hergang war.

Sie frage den Herrn Gregor, der die Disziplin der Theaterfremdheit hält und hier in Wien im Verkehr mit Schauspielernerven just die Ordnung herstellen will, die der Schutzmann von der Oper nicht erzielen kann: Wann er zwischen 11 Uhr 5 Minuten – vorausgesetzt, daß er den Tod Mahlers in derselben Minute erfuhr – und der Drucklegung des Morgenblattes den Satz niedergeschrieben hat: ›Nun hat ihn ein unerbittliches Schicksal niedergestreckt!‹ Um wieviel Uhr er Betrachtungen über das Universum, über die Bezirke, wo unser Kausalitätsgesetz endet (ich glaube, es sind sämtliche Bezirke Groß-Wiens), angestellt hat. Wann er die von tiefer Bescheidenheit zeugende Erkenntnis ausgesprochen hat, daß wir da, wo Mahler war, jetzt eine Leere empfinden [ ]

Man frage den Herrn von Berger, um wieviel Uhr er das [. . .] Wort niedergeschrieben hat: ›Und jetzt hat dieser Feuergeist in der heimatlichen Erde dauernd Ruhe gefunden.‹ In der Nacht seines Todes war Mahler noch nicht begraben. Aber vielleicht war, als Herr von Berger aus Entgegenkommen für die Neue Freie Presse das Begräbnis veranstaltete, Mahler auch noch gar nicht gestorben.

Wenn die beiden Hoftheaterdirektoren sich wecken ließen, um der Zeitung zu Willen zu sein, so ist das ein schöner Eifer, für den sie die

vorgesetzte Behörde loben darf. Aber es besteht der dringende Verdacht, daß die beiden Herren den Tod Mahlers verschlafen haben und dafür schon früher ihre Pflicht erfüllt hatten.
Das ist nun ein Punkt, über den selbst die Preßfreundlichkeit einer vorgesetzten Behörde nicht hinüberkönnen sollte. Es mag der Zeiten Schande sein und nicht individuelle Schuld, daß Hoftheaterdirektoren sich um Mitternacht wecken lassen, um für die Zeitung zu schreiben, anstatt sich nicht wecken zu lassen oder wenn es schon geschehen ist, den Ruhestörer hinauszuwerfen und die Kondolenz auf den nächsten Tag verschieben. Aber es ist eine für das gröbste und dem Zeitungsgeist dienstbarste Gefühl unerträgliche, schändliche und entehrende Vorstellung, daß Hoftheaterdirektoren beim Tode Gustav Mahlers geschlafen und am Morgen aus ihren Nachrufen erfahren haben, daß er gestorben sei.
›Unser Raum ist viel zu beschränkt‹ – sagt der Musikreferent, der im Neuen Wiener Tagblatt den Nachruf schrieb –, ›als daß wir uns über die Bedeutung des Komponisten Mahler des näheren verbreiten könnten.‹«
So reagierte die Wiener-Presse.
»Wenn ich einmal gestorben bin«, sagte Mahler 1907 zu Natalie Bauer-Lechner, »werden die Wiener eine Entschuldigung dafür haben, daß sie nichts über mich berichten können. Und wenn sie etwas berichten werden, dann ist es garantiert das, was mich nicht bedeutend gemacht hat.«

ADAGIO
IN
FIS-DUR

Im Nachlaß Ludwig van Beethovens befanden sich Skizzen zu einer zehnten Symphonie. Anton Bruckner erklärte während der Arbeit am ersten Satz seiner »Neunten«, daß er Stoff für eine weitere Symphonie »im Kopf und im Büchl« habe. Gustav Mahler hinterließ ebenfalls Teile einer zehnten Symphonie; aber nur ein Adagio in Fis-Dur geriet über die Skizzen hinaus.

»Die zehnten schreiben sie für den Himmel«, sagte Carl Muck in seiner Naivität, »denn es muß aus ihrer Kraft etwas geben, das uns verschlossen bleibt. Irgend etwas von ihnen muß unvollendet bleiben, das uns die Gewißheit des Weiter-Machens auf der anderen Seite gibt.«

Arnold Schönberg in seiner Prager Gedenkrede von 1913: »Wir sollen noch weiter in einem Dunkel bleiben, das nur gelegentlich durch das Licht des Genies erleuchtet wird. Wir sollen noch weiter kämpfen und ringen, sehnen und wünschen. Und es soll uns noch weiter versagt sein, dieses Licht, solange es bei uns weilt, zu sehen. Wir sollen blind bleiben, bis wir Augen erworben haben. Augen, die die Zukunft sehen. Augen, die mehr als das Sinnliche, das nur ein Gleichnis ist, die das Übersinnliche durchdringen. Unsere Seele soll dieses Auge sein . . .«

Schönberg warnte Mahlers Witwe davor, den Versuch zu unternehmen, »den Schleier vor dem Fragment der zehnten Symphonie Mahlers wegzureißen«. Doch Frau Alma hielt sich nicht an die Weisung des Freundes und beauftragte der Reihe nach Franz Schalk, Alban Berg und Ernst Křenek, den ersten und den dritten Satz nach den vorhandenen Skizzen zu vollenden. Schalk schied sehr bald aus dem »Vollendungs-Gremium« aus, Berg hatte große Bedenken, Křenek nahm die Sache in Angriff und zimmerte etwas Mahler-Ähnliches zusammen, das mit dem Adagio in Fis-Dur und dem Scherzo-Purgatorio 1924 in Wien uraufgeführt wurde.

Alma Mahler war mit der Bearbeitung nur teilweise zufrieden, aber sie wollte die Symphonie, die sie »Kapelle des Adagio« nannte (zunächst bezeichnete sie nur den ersten Satz so) gerettet wissen. Ihre Bemühungen, das von Křenek vervollständigte Werk hier und da aufgeführt zu hören, schlugen samt und sonders fehl. Selbst die nächsten Freunde Mahlers – wie Bruno Walter, Otto Klemperer und Willem Mengelberg – waren skeptisch und wollten »den letzten Willen« Mahlers nicht »durch Unkenntnis, Mängel und Unterlassungen« beeinträchtigen.

Erst 1958 gab es eine Wiederholung der Křenekschen Fassung: Otto Matzerath dirigierte sie im Frankfurter Rundfunk. Inzwischen waren andere Komponisten bemüht worden, eine neue Fassung der »Zehnten« anzufertigen. Benjamin Britten, der sich intensiv für Mahlers Werk eingesetzt hatte, wurde mehrfach von Frau Alma gebeten, den ersten und den dritten Satz zu bearbeiten. Er fand sich jedoch nicht dazu bereit. In den sechziger Jahren (nach dem Tode – am 11. Dezember 1964 – von Mahlers Witwe) kam dann Deryk Cooke mit seiner ebenfalls umstrittenen Bearbeitung der »Zehnten« heraus. Er hatte sich etliche Zutaten aus dem Erinnerungsbuch Frau Almas herausgesucht und glaubte nun, anhand dieser Hinweise das Werk »sachgemäß und authentisch« vollenden zu können. Theodor W. Adornos Kommentar zu der neuen Vervollständigung: »Das Adagio – ja! Alles andere – nein!«

Einer der Hinweise zur Entstehung gewisser Klangeffekte im Torso der »Zehnten« kommt von Mahlers Witwe so:

»Die junge Kunstgewerbeschülerin Marie Uchatius war einst bei mir im Hotel Majestic. Wir wurden aufmerksam. Auf der breiten Straße, entlang des Centralparks, Getümmel und Lärm. Wir lehnen uns aus

dem Fenster, unten eine große Menschenmenge. Ein Leichenbegängnis – der Kondukt naht.
Jetzt wissen wir auch aus unsern Zeitungskenntnissen, es war ein Feuerwehrmann, der bei einem Brand den Opfertod fand. Der Zug steht. Der Obmann tritt vor, hält eine kurze Ansprache, wir ahnen im 11. Stock mehr als wir hören, daß gesprochen wird. Kurze Pause, dann ein Schlag auf die verdeckte Trommel. Lautloses Stillstehen – dann Weitergehen. Ende.
Diese seltsame Totenfeier preßte uns die Tränen aus den Augen. Ich sah ängstlich zu Mahlers Fenster hin, aber da hing auch er weit hinaus, und sein Gesicht war tränenüberströmt. Die Szene hatte einen solchen Eindruck auf ihn gemacht, daß er diesen kurzen Trommelschlag in der zehnten Symphonie verwendet hat.«
Ein inspiratives Erlebnis; ob man daraus musiktechnische und atmosphärische Funktionen ableiten kann, muß den Bearbeitern überlassen werden.
»Man hört, man sucht nicht; man nimmt«, heißt es bei Friedrich Nietzsche in bezug auf die Entstehung eines Kunstwerkes. Wer will für den anderen *nehmen*?

GUSTAV MAHLERS NACHRUHM

Auszüge aus dem Rundfunkinterview des Autors
mit Alma Mahler vom 14. März 1962

Wessling:
Es ist schwer, die Ideen eines Komponisten nachzuvollziehen; bei Gustav Mahler scheint es mir besonders schwierig zu sein . . .

Alma Mahler:
Ich weiß, was Sie sagen wollen: Es gibt Strecken der chaotischen Musik bei Mahler – und da kann sich ein Dirigent kaum hineinversetzen. Ist es denn so wichtig, daß alles bis aufs I-Tüpfelchen nachvollzogen wird? Mahlers Werk erlebt Aufstieg und Krönung in einem Zeitalter absoluter Perfektion. Ich muß gestehen, daß mir eine individuelle Interpretation – also auf den Dirigenten bezogen – wesentlich angenehmer ist als so eine schulmeisterliche, sterile und im Grunde tote Abwicklung des Ganzen. Bruno Walter hatte Hinweise und Anregungen aus erster Hand. Und doch unterschied sich seine Interpretation enorm von der Mahlers. Walter hatte Abstand, hatte abwarten können, hatte sich sättigen können an und mit der Materie. Inzwischen hatten sich die Musiker an Mahlers Partituren gewöhnt. Ein Vorteil für Walter. Mahler mußte praktisch drauflos wirtschaften, mußte die Musiker vor vollendete Tatsachen stellen. Sie hatten ihm zu folgen – und es ist ihnen oft genug sauer geworden. Also: Wer macht es nun besser, wer vollzieht korrekter und werkgetreuer nach? Ich glaube, der, dem das Werk so in

Fleisch und Blut übergegangen ist, daß er es wie sein Eigentum hegt, besitzt und auslebt, dem ein Instinkt der rhythmischen Verhältnisse zuteil wurde, der alle Räume und Formen der Komposition überspannt.

Wessling:
Sie sprachen von chaotischer Musik bei Mahler . . .

Alma Mahler:
Diesen Begriff haben viele Forscher und Dirigenten geprägt, und ich akzeptiere ihn mittlerweile. Chaotische Musik bei Mahler hat weniger mit der Form als mit dem Inhalt ganz bestimmter Stellen zu tun. Zum Beispiel in der »Neunten«: Da gibt es zwischen und während der thematischen Verknüpfungen Überlagerungen von Klangströmen, von Klangflächen, die man nicht ergründen kann. Man weiß nicht, warum Mahler das so und nicht anders komponiert hat. Vielleicht wollte er gar keine Begründung, wußte sie selber nicht.
Chaos bei Mahler – das ist kein formloser, ungestalteter Zustand in der Musik, es ist vielmehr ein mythischer Urzustand der Musik, der Klänge erreicht, aus dem dann sehr bald wieder der geordnete Kosmos der Symphonie gebildet wird. Das hat es vor Mahler nicht gegeben. Nach ihm wurde es zur Mode. Man ahmte ihn nach, aber es blieb bei der Attrappe.

Wessling:
Trägt es zum Nachruhm Gustav Mahlers bei, daß er derartige Neuerungen – wie die chaotische Musik – einführte?

Alma Mahler:
Erst einmal: Ich glaube nicht, daß Mahler bewußt irgendwelche Neuerungen eingeführt hat. Er überlegte sich seine Orchesterfarben, ja. Aber sonst? Es kam aus ihm heraus, wie es in seinen Partituren geschrieben steht. Er hat monumentale Musikbauwerke hinterlassen. Wer etwas von Musik versteht, wird an diesen Monumenten nicht achtlos vorbeigehen können. Sein Nachruhm ist fest gegründet: Mah-

ler ist gleichzeitig die Krönung der alten Musik und der erste große Prophet der neuen.

Wessling:
Irgend jemand hat Mahlers Musik eine Zitatenmusik genannt . . .

Alma Mahler:
Warum nicht? Aber Mahler zitiert niemals – und wenn er zitiert, zitiert er sich stets selbst! –, weil ihm nichts Neues eingefallen wäre. Ein so starker Erlebnistyp wie Mahler wird stets im Gestern und im Heute leben. Ein Ereignis ist so heftig mit dem anderen verknüpft – es geht eins aus dem anderen hervor –, daß auch die Elemente wandern, die das Erlebnis geschaffen haben. Das Charisma, das Mahler zuteil geworden war, wird nicht nur in einem Werk evident. Es ist gleich zu Beginn da, und es äußert sich immer wieder in wesensverwandten Artikulationen. Es hat in der Musikgeschichte Genies des Zitierens gegeben. Denken Sie an Rossini und Offenbach! So weit ist es bei Mahler nicht gegangen. Außerdem: Er zitiert nicht die Form, sondern den Inhalt. Auch das unterscheidet ihn als Erinnerungsmusiker von Rossini und Offenbach.
Ich habe einmal mit Strawinsky über dieses Zitieren bei Mahler gesprochen, und er hat mir geantwortet, daß es im Grunde nichts anderes sei als eine Weiterentwicklung der Leitmotividee bei Richard Wagner. Mahlers Motive wiederholen sich eben nicht nur innerhalb eines Werkes, sondern sie gehen in geheimnisvoller Art und Weise durch das Gesamtwerk.

Wessling:
Wodurch haben Sie Mahlers Nachruhm sichern können?

Alma Mahler:
Sie fragen mich in diesem Falle sehr direkt. Ich muß antworten: Die Sorge für den Nachruhm lag in der Tat über Jahrzehnte bei mir, wenn ich auch Bruno Walter, Mengelberg und etliche andere Mahler-Dirigenten von Weltrang zur Seite hatte. Es waren unruhige Jahr-

zehnte . . ., und wegen der Rassengesetze der Nationalsozialisten in Deutschland und Österreich fiel ein ganzer Teil der Welt aus. Der wichtigste Teil – denn Mahler war in diesem Kulturraum etwas geworden – gehörte nach Wien, München, Berlin, Hamburg . . . Ich wußte, daß ich in erster Linie bewahren mußte, bis es im Heimatraum Mahlers anders aussehen würde. Und daß es eines Tages anders aussehen würde – die Gewißheit hatte ich in mir. Mahlers Zeit würde kommen. Sie bereitete sich langsam vor. In Amerika gab es längst eine gesunde Mahler-Basis, ehe man ihn in Europa wiederentdeckte.
In Deutschland sah es so aus, daß man nach 1945 erst einmal den Anschluß an die musikalische Situation der übrigen Welt wiederfinden mußte. Die Deutschen entdeckten ihren Landsmann Hindemith, es kam eine Strawinsky-Welle . . . – dann war man allmählich soweit, das Terrain für Schönberg, Berg und Webern vorzubereiten. Man gab sich über-modern. Ich finde es höchst bemerkenswert, es noch erleben zu können, daß selbst ein Arnold Schönberg für altmodisch erklärt wird. Nun, die moderne Musik scheint sich irgendwo totzulaufen. Und da besinnt man sich auf die Werte, die konstant sind. Man fragt sich auch: Wo kommt das Neue eigentlich her, wo hat es seinen Ursprung? Und da taucht auf einmal der Koloß Mahler auf, die große Zentrifuge – wenn mir dieser Vergleich gestattet ist –, der alle Kanäle gespeist hat, aus dem Musik der Zukunft geflossen ist.
Das hat man in den zurückliegenden Jahrzehnten nicht erkannt. Welch ein Rummel um Debussy, der als der Vater aller Neuerungen galt! Überholt. Man ist auf den Eigentlichen gestoßen, auf Gustav Mahler. Ich glaube, daß sein Nachruhm gesichert ist. Seine Größe ist einwandfrei. Und damit ist mein Auftrag in dieser Welt erfüllt. Ich habe es geschafft, daß es so gekommen ist. Man hat mir geholfen; aber ich habe da sein müssen. Nun kann ich getrost abtreten, denn *er* strahlt!

ANHANG

Arbeitsbericht

Die Pläne, ein Gustav-Mahler-Buch zu schreiben, reichen bei mir bis in die fünfziger Jahre zurück. Ich traf damals häufig mit meiner Patentante Alma Maria Mahler-Werfel zusammen. Sie lud mich in ihre winzige New Yorker Zwei-Zimmer-Wohnung ein oder machte mit mir weite Ausflüge nach Santa Barbara, Hollywood oder San Francisco. Wo immer wir waren, es ging um Gustav Mahler. »Hier hat er das getan, dort jenes . . .!«

Eines Tages hatte ich Frau Alma soweit, daß sie mir für Rundfunksendungen Erinnerungen an ihren ersten Mann auf Band sprach. Das war 1958. Was dabei herauskam, genügte nicht ganz. Wir korrespondierten in der Folge eifrig, um »sendungsreife« Interviews zustande zu bringen. Wir trafen uns in Wien, dann wieder in New York, und 1962 klappte es dann endlich. Frau Alma hatte sich Berge von Spickzetteln gemacht. Sie war aufgekratzt und engagiert wie selten zuvor. Sie plapperte vor dem Mikrophon munter drauflos. Aus dem Material fertigte ich drei Sendungen an, die Ende 1962/Anfang 1963 ausgestrahlt wurden und ein lebhaftes Echo hervorriefen, denn Madame hatte manches über den Verewigten gesagt (und über andere Persönlichkeiten), was dem bisherigen Bild des »Titanen« widersprach.

1965 hörte sich Max Brod die Tonbänder an, las die Korrespondenzen mit Frau Alma durch und erklärte: »Das könnte die Grundlage für ein neues Mahler-Buch sein!« Er bat mich, ihm die Bänder abschreiben zu lassen. »Mit schrecklichster Neugier, Explosiv-Spannung und äußerster Verblüffung« – so schrieb der Weise aus Tel-Aviv – habe er das Abgetippte zur Kenntnis genommen. Und er stellte dabei fest: »Manches ist zu den früheren veröffentlichten Berichten Frau Almas geradezu konträr!«

1968, bei seinem letzten Besuch bei mir in Hamburg, meinte Max Brod: »Das muß raus. Die Mahler-Witwe war faszinierend zukunftssichtig. Es erfüllt sich alles so, wie sie es Ihnen in den Interviews gesagt hat!«

Zur Ergänzung des »neuen« Mahler-Materials übersandte er mir einige Wochen nach seinem Besuch aus Tel-Aviv Ablichtungen von 23 Briefen seines Freundes Lipiner, aus denen ich in dem vorliegenden Buch mehrfach zitiert habe.

In einem der Lipiner-Briefe (aus dem Jahre 1910) heißt es, daß Frau Alma »der Umgebung« allzusehr ihr Mahler-Bild aufdränge. »[. . .] denn was über ihn jetzt an die Öffentlichkeit dringt, ist von ihr erst einmal vorsorglich geprüft und gewendet worden.« So Lipiner.

Frau Alma und Lipiner konnten einander nicht riechen. Aber ein Körnlein Wahrheit steckt schon in den Bemerkungen des Literaten. Es steht heute außer Zweifel, daß Frau Almas Erinnerungen und Essays über Gustav Mahler zwar wesentliche Dokumente und Elemente zu einer Mahler-Analyse sind, daß man sie aber auch nicht überbewerten darf und manches abstreichen muß, was von ihr allzu rosarot und ichbezogen dargestellt wurde.

Das trifft vor allem für die Berichte über die letzten Lebensjahre des Komponisten zu, in denen Frau Alma versuchte, ihren Gatten »heiligmäßig zu umnebeln« – wie es Bruno Walter in einem Funk-Interview ausdrückte.

Walter und auch Mengelberg haben sich nicht nur in Büchern und Broschüren über Mahler ausgelassen, sondern auch in vielen Zeitungsartikeln und später in Funk-Interviews, die zum Teil in diesem Buch Berücksichtigung fanden (BBC und NBC). Gerade in den »Spontan-Interviews«, die Bruno Walter in seinen letzten Lebensjahren gewährt hat, kommt die Skepsis zum Ausdruck, die er manchen Veröffentli-

chungen Frau Almas entgegenbrachte.
Auch Max Brod war von den Aussagen, die die Komponisten-Witwe unmittelbar nach dem Ableben Mahlers veröffentlicht hatte, nicht sonderlich beeindruckt. Brod: »Darin kommt ihre Sucht zum Ausdruck, Mahler zu einem lieben Gott zu machen. Man sollte auf sie verzichten [. . .]. Sie sind nicht unehrlich, aber grenzenlos überzogen.«
1970 gelangten aus dem Nachlaß Frau Almas rund fünfzig bisher unbekannte Mahler-Briefe in New York zur Auktion. Es wurde mir gestattet, einen Teil dieser Briefe einzusehen. Nur sechs brachten Gedanken, die wirklich neu waren und der Mahler-Forschung dienlich sind. Es sind Briefe der Spätzeit, in denen sich Mahler über seine Krankheit sowie über die »Neunte« und die »Zehnte« äußert. Die betreffenden Stellen aus den heute in Santa Barbara in Kalifornien lagernden Briefen sind in diesem Buch zitiert.
Es war mir nicht genug, die Arbeiten Adornos, Schönbergs, Hans Mayers, Dieter Schnebels und Erwin Ratz' über Mahler und sein Werk eingehend zu studieren. Vielmehr knüpfte ich auch Kontakte zu den Dirigenten, Sängern und Forschern, die sich in den zurückliegenden Jahrzehnten um Mahlers Werk verdient gemacht hatten, und mit Menschen, die Mahler noch persönlich gekannt haben.
Generalmusikdirektor Prof. Robert Heger in München und Kammersänger Paul Schwarz in Hamburg gehören zu den wenigen noch lebenden Künstlern, die Gelegenheit hatten, mit dem Komponisten-Dirigenten im ersten Jahrzehnt dieses Jahrhunderts zu sprechen. Ihre Eindrücke, die sie mir auch in mehreren Briefen und Essays mitgeteilt haben, konnten in diesem Buch verarbeitet werden. Zu den Dirigenten, die sich in den vierziger und den fünfziger Jahren in Amerika für Mahlers Symphonien einsetzten, gehören Eugene Ormandy, George Szell († 1970) und Erich Leinsdorf. Auch sie wurden eifrig konsultiert und waren nicht müßig, mir in Gesprächen und Briefen ihre Meinung über Mahlers Musik zu sagen.
1971 begann ich mit der Sichtung des Materials, das ich in vielen Jahren zusammengetragen hatte, 1972 mit der Niederschrift der Biographie.
Ich habe vieles, was sich an Legendärem und Anekdotischem in den

bisherigen Mahler-Büchern eingeschlichen hatte (oder: was bewußt mit hineingenommen worden war), weggelassen und stets an entscheidenden Stellen Zeugnisse der Menschen eingefügt, die entweder an dem jeweiligen Geschehen teilhatten oder durch ihr Studium eher Zugang zu Details des Mahler-Komplexes fanden, zum Beispiel Erwin Ratz mit seiner hervorragenden Analyse der »Neunten« oder Hans Mayer mit seinem Essay über Mahlers Verhältnis zu seinen literarischen Zeitgenossen.
Die nachstehenden »Arbeitsbriefe« mögen Zeugnis davon geben, daß ich mich bemüht habe, Objektivität walten zu lassen.

Theodor W. Adorno — Frankfurt, den 1. März 1968

[. . .] und würde es Ihnen ebenfalls dringend raten, die Tondokumente Alma Mahlers mit einzubeziehen. Es ist das gleichwohl Notwendige eines neuen Mahler-Buches, zu dem Sie wohl den Ehrgeiz haben [. . .]. Ratz nicht vergessen und Schönbergs Prager Rede! [. . .] und alles so anlegen, daß Ihnen nicht der Vorwurf des Offiziellen zu machen ist. Es gibt schon Mahler-Bücher genug, denen ein solcher Vorwurf zu machen ist [. . .]. Mut haben, wegzulassen, so emphatisch auch alles dazu verlockt, in die Breite zu gehen. Nicht zuviel Draperie und Illusionen!

Max Brod — Tel-Aviv, den 22. Oktober 1968

Beigefügt die Ablichtungen der Lipiner-Briefe, die sicherlich in Hinkunft neues Licht auf Teilaspekte der Vita Mahlers gießen werden. Ich habe sie in meinem Mahler-Essay nur flüchtig benutzt, weil sie mir – aus meiner Sicht – nicht unbedingt dienlich waren. Ich muß Sie dringlich im Interesse an der Sache und der Aufdeckung aller Merkmale und Eigentümlichkeiten Mahlers bitten, die Tonbänder mit Alma Maria unbedingt der Öffentlichkeit zu übergeben. Das muß geschehen, denn alles ist von einer Eindringlichkeit und von einem Tiefgang, daß man wirklich nur staunen kann [. . .] und wie Sie das alles durch geschickte

Fragen herausgekriegt haben, denn die Dame war ja nicht leicht zu behandeln und zu nehmen [. . .] vor allem in ihren letzten Jahren, wo Alkohol und dererlei eine Rolle spielten.
Lassen Sie mich wissen, wie es mit dieser Arbeit weitergeht. Ich will Ihnen gern dort helfen, wo ich helfen kann, denn manches aus der Zeit Mahlers ist mir natürlich gegenwärtig, als wäre es erst gestern gewesen.

Professor Erich Leinsdorf New York 1972

[. . .] Man spricht heute von einer Mahler-Renaissance, als ob der Komponist vernachlässigt gewesen wäre. Solch eine Annahme ist vor allem eine ganze große Ungerechtigkeit gegenüber jenen Musikern, die während ihres Lebens die Musik Mahlers pflegten und aufführten. Bruno Walter, Otto Klemperer, Zemlinsky, Oscar Fried, Hans Rosbaud, Jascha Horenstein . . . diese Namen bilden eine unvollständige Liste jener, die seit 1911, dem Todesjahr Mahlers, seine Musik dem Publikum brachten und sich mit voller Seele dafür einsetzten [. . .]. Was die gegenwärtige Mahler-Popularität auszeichnet, sind vor allem die Schallplatten und die damit verbundene weltweite Verbreitung der Werke. Es wird schließlich alle bedeutende Musik später einmal von den Menschen verstanden [. . .] und eigentlich ist doch das, was man bei Mahler so besonders modern findet, seine heimwehartige Sucht nach dem einfachen, naiven Dasein. Züge, die besonders dem Großstadtmenschen immer bekannter werden und die auch das Werk Kafkas auszeichnen. Es scheint mir höchste Zeit für eine volle biographische Arbeit über Mahler. Sein Leben und sein Werk sind bisher nur sehr unvollkommen behandelt worden. Die sehr tiefgründigen Ausführungen Adornos sind leider in solch schwieriger Sprache, daß dies nun wieder den Kreis der Leser begrenzen muß [. . .]. Den Preis gäbe ich heute der Fünften, die mir als das glücklichste Werk erscheint [. . .]. Ich liebe das Werk so, daß mir selbst die Fragmentierung und der Mißbrauch des Adagiettos in dem Film »Tod in Venedig« nichts machen [. . .].
Mahlers Sinfonien bereiten auch heute noch enorme Schwierigkeiten

für alle Orchester. Die erstklassigen können sie mit Proben lösen, für die minder begabten bleiben die Partituren unspielbar.
Unter allen Umständen ist Mahlers Werk heute viel moderner und gegenwartsgültiger als so manches, was viel später komponiert wurde. Während Strauss ganz im Wilhelminischen steckenblieb, hat der drei Jahre Ältere mit genialer Propheten-Vorahnung die Weltkriege übersprungen und spricht als Zeitgenosse zur Generation der zweiten Hälfte des 20. Jahrhunderts [. . .].

Professor Robert Heger München, 12. Oktober 1972

[. . .] Seine Symphonien sind nicht nur Werke eines Dirigenten, der auch komponiert, sondern sind ein Schlußstein am Wunderbau der abendländischen Symphonik. Über Mahlers ausladendes symphonisches Werk darf man mit wenigen Worten nichts aussagen wollen. Erst wenn man ein Leben lang diese Werke studiert und dirigiert hat, wird die Größe der Aussage dieser Kompositionen klar. Ob die Mahler-Symphonien heute mehr oder weniger aufgeführt werden, ist ohne Bedeutung. Sie sind da, sie üben ihre Wirkung immer wieder aus und werden bestehen bleiben, solange die abendländische Musik leben wird [. . .].

Professor Leopold Stokowski New York, 3. Dezember 1971

[. . .] es ist sehr gut, wenn ein Buch über Mahler nicht zu musikologisch wird. [. . .] Es muß so gesagt werden, daß man alles erkennt und herausliest, ohne zu wissen, warum sich Thema B aus Thema A entwickelt und so weiter . . . Also: Wichtigkeit ist Biographie, nicht Werkanalyse. Deutung aus den Gegebenheiten des Daseins, alles ableiten aus dem, was er erlebt [. . .]. Das macht die Sache wichtig und verständnisvoll [. . .].

Berndt W. Wessling
Hamburg 1974

Quellenverzeichnis

I. Originalquellen

Zur Person

Bauer-Lechner, Natalie: *Erinnerungen an Gustav Mahler,* Wien 1923

Hollander, Hans: *Unbekannte Jugendbriefe Gustav Mahlers,* in: Die Musik, XX, 1928

Hollander, Hans: *Briefe,* in: Neue Zeitschrift für Musik 116, 1955

Mahler, Alma Maria (Hrsg.): *Gustav Mahlers Briefe 1879–1911,* Wien 1924

Mahler, Alma Maria: *Gustav Mahler. Erinnerungen und Briefe,* Frankfurt/Main 1949

Mahler, Alma Maria: *Mein Leben,* Berlin 1960

Mahler, Alma Maria: *Erinnerungen an Gustav Mahler,* Berlin 1971

Reich, Willi (Hrsg.): *Gustav Mahler im eigenen Wort – Im Wort der Freunde,* Zürich 1958

Zur Zeitgeschichte

Bülow, Hans von: *Briefe und Schriften* (Hrsg. Marie von Bülow), Leipzig 1896–1908

Foerster, J. Bohuslav: *Aus Mahlers Werkstatt,* in: Der Merker I/1910

Foerster, J. Bohuslav: *Der Pilger,* Prag 1955

X Hanslick, Eduard: *Musikalisches und Literarisches,* Berlin 1889

Hanslick, Eduard: *Recensionen und Essays*, Berlin 1899
Hanslick, Eduard: *Moderne Oper*, III. Teil, Berlin 1899
Henne am Rhyn, Otto: *Kulturgeschichtliche Skizzen*, Berlin 1889
Keller, Otto: *Karl Goldmark*, Leipzig 1901
Klemperer, Otto: *Meine Erinnerungen an Gustav Mahler*, Zürich 1960
Lehmann, Lilli: *Mein Weg*, Leipzig 1913
Lert, Ernst: *Otto Lohse*, Leipzig 1918
Neumann, Angelo: *Erinnerungen an Richard Wagner*, Leipzig 1907
Neumann, Angelo: *Prager Erinnerungen*, Privatdruck, Wien 1908, auszugsweise in: Freie Wiener Presse, Juli 1931
Nolthenius, H.: *Willem Mengelberg*, Baarn 1920
Sakolowski, P.: *Ernst von Schuch*, Leipzig 1901
Schwarz, H.: *Ignaz Brüll und sein Freundeskreis*, Wien 1922
Walter, Bruno: *Thema und Variationen*, Stuttgart 1947
Walter, Bruno: *Gustav Mahler*, Frankfurt/Main 1957

Herangezogen wurden ferner zum Teil unveröffentlichte Briefe von Freunden und Mäzenen Gustav Mahlers aus der Staatsbibliothek Hamburg, der Theatersammlung der Universität Hamburg, aus dem Nachlaß des Sängers Willy Birrenkoven, aus der Bibliothèque Nationale in Paris, aus der Österreichischen Nationalbibliothek, dem Archiv der Wiener Philharmoniker und der Sammlung des Autors. Frau Irmgard Scharberth, Chefdramaturgin an der Hamburgischen Staatsoper, gab freundlicherweise die Erlaubnis, ihre Arbeit *Gustav Mahlers Wirken am Hamburger Stadttheater* (Manuskript) zu benutzen. Die eingestreuten Gespräche des Autors mit der Witwe des Komponisten – seiner Patentante – sind Auszüge aus Rundfunkinterviews, die in den Jahren 1960 und 1962 in New York aufgenommen wurden.

II. Gesamtdarstellungen

Adler, Guido: *Gustav Mahler*, Wien 1916
X Blaukopf, Kurt: *Gustav Mahler oder Der Zeitgenosse der Zukunft*, Wien 1969
Cardus, Neville: *Gustav Mahler*, London 1965
Gedeon, Tibor/Miklós, Máthé: *Gustav Mahler*, Budapest 1965
Kralik, Heinrich: *Gustav Mahler*, Wien 1968
Loeser, Norbert: *Gustav Mahler*, Antwerpen 1950
Matter, Jean: *Mahler le démoniaque*, Lausanne 1959

Mengelberg, Rudolf: *Gustav Mahler,* Leipzig 1923
Mitchell, Donald: *Gustav Mahler. The early years,* London 1958
Neisser, Arthur: *Gustav Mahler,* Leipzig 1918
Ratz, Erwin: *Von Leben und Werk,* Tübingen 1966
Redlich, Hans Ferdinand: *Gustav Mahler,* in: Die Musik in Geschichte und Gegenwart, Band 8, Kassel 1960
Schreiber, Wolfgang: *Gustav Mahler in Selbstzeugnissen und Bilddokumenten,* Hamburg 1971
Sollertinskij, Iwan: *Gustav Mahler,* Moskau 1932
Specht, Richard: *Gustav Mahler,* Berlin 1913
Stefan, Paul: *Gustav Mahler,* München 1920
Vignal, Marc: *Gustav Mahler,* Paris 1966
Walter, Bruno: *Gustav Mahler,* Wien 1936
Worbs, Hans Christoph: *Gustav Mahler,* Berlin 1960

III. Essays

Die Musik, Gustav-Mahler-Heft, X, 1910/11, 2. Juni-Heft
Das Mahler-Fest – Amsterdam 1920, Wien–Leipzig 1920
Musikblätter des Anbruch, Gustav-Mahler-Heft, April 1920
Moderne Welt, Gustav-Mahler-Heft, Wien 1921
Anbruch, Gustav-Mahler-Heft, März 1930
Berl, Heinrich: *Das Judentum in der Musik – Gustav Mahler,* Stuttgart 1926
Blessinger, Karl: *Das Judentum in der Musik – Mendelssohn, Meyerbeer, Mahler,* Hahnefeld 1938
Cvetko, Dragotin: *Gustav Mahlers Saison 1881/82 in Laibach,* Kassel 1969
Gutheil-Schoder, Marie: *Gustav Mahler bei der Arbeit,* in: Der Merker III/1912
Jemnitz, Alfred: *Gustav Mahler als ungarischer Hofoperndirektor,* in: Der Auftakt, 16. Jahrgang, Prag 1936
Reich, Willi: *Ein heiteres Dokument aus der Wiener Mahler-Zeit,* Turin 1963
Schiedermair, Ludwig: *Musikalische Begegnungen,* Köln 1948
Stefan, Paul: *Das Grab in Wien,* Berlin 1913

IV. Laudationes

Adorno, Theodor W.: *Wiener Rede,* in: Gustav Mahler, Tübingen 1966

Bloch, Ernst: *Melismatische Depeschen aus fernem Hauptquartier,* in: Gustav Mahler, Tübingen 1966

Brod, Max: *Gustav Mahler – Beispiel einer deutsch-jüdischen Symbiose,* Frankfurt/Main 1961

Graf, Max: *Gustav Mahler,* Wien 1900

Křenek, Ernst: *Gustav Mahler,* in: Bruno Walter: Mahler, New York 1941

Ratz, Erwin: *Gustav Mahler. Ein Vortrag,* Wien 1954

Schönberg, Arnold: *Prager Rede 1913,* in: Gustav Mahler, Tübingen 1966

Stefan, Paul: *Gustav Mahler – Ein Bild seiner Persönlichkeit in Widmungen,* München 1910

Wellesz, Egon: *Gustav Mahler und die Wiener Oper* (Festrede, gehalten am 26. Juni 1960 in der Wiener Staatsoper), in: Neue Deutsche Rundschau, 71. Jahrgang, 1960

Wildgans, Friedrich: *Gustav Mahler – zum 35. Todestag,* in: Österreichische Musikzeitschrift, Juni 1946

V. Musiktheoretische Schriften

Allgemeine Sachfragen

Abendroth, Walter: *Vier Meister der Musik,* München 1952

Adorno, Theodor W.: *Mahler,* Frankfurt/Main 1960

Bekker, Paul: *Die Symphonie von Beethoven bis Mahler,* Berlin 1918

Newlin, Dika: *Bruckner – Mahler – Schönberg,* New York 1947

Schaefers, Anton: *Gustav Mahlers Instrumentation,* Dissertation, Bonn 1933

Schibler, Armin: *Zum Werk Gustav Mahlers,* Lindau 1955

Stein, Erwin: *Mahlers Instrumentationsretuschen,* in: Pult und Taktstock, Heft 4, 1928

Tischler, Hans: *Die Harmonik in den Werken Gustav Mahlers,* Dissertation, Wien 1937

Wellesz, Egon: *Die neue Instrumentation,* Berlin 1928

Über die Symphonien

Mahlers Symphonien, erläutert mit Notenbeispielen, in: Schlesingers Musikbibliothek, Meisterführer Nr. 10, ohne Jahresangabe

Bekker, Paul: *Gustav Mahlers Sinfonien,* Berlin 1921

Schnebel, Dieter: *Das Spätwerk als Neue Musik,* in: Gustav Mahler, Tübingen 1966

Sorabij, K. S.: *Notes on the symphonies of Mahler,* in: Around Music, London 1932

Wellesz, Egon: *The symphonies of Gustav Mahler,* in: Music Review 1940

Zu den übrigen Werken

Adorno, Theodor W.: *Zu einer imaginären Auswahl von Liedern Gustav Mahlers,* in: Impromptus, Frankfurt/Main 1968

Beaufils, Marcel: *Le Lied romantique allemand,* Paris 1956

Berg, Alban: *Über Mahlers IX. Symphonie,* in: Hans Ferdinand Redlich: Alban Berg. Versuch einer Würdigung, Wien 1957

Diether, Jack: *Mahler's Klagendes Lied, Genesis and evolution,* in: Music Review, November 1968

Hollander, Hans: *Ein unbekannter Teil von Mahlers »Klagendem Lied«,* in: Der Auftakt, 15. Jahrgang, Prag 1934

Mann, William: *»Song«,* in: Grove's Dictionary, Band 7

Mayer, Hans: *Musik und Literatur,* in: Gustav Mahler, Tübingen 1966

Ratz, Erwin: *Zum Formproblem bei Gustav Mahler. Eine Analyse des Finales der VI. Symphonie,* in: Gustav Mahler, Tübingen 1966

Ratz, Erwin: *Zum Formproblem bei Gustav Mahler. Eine Analyse des ersten Satzes der IX. Symphonie,* in: Gustav Mahler, Tübingen 1966

Rosenberg, Wolf: *Warum Mahler keine Oper schrieb. Über Wortklang und Wortsemantik bei Gustav Mahler,* in: Neues Forum, 14. Jahrgang, 1967

Specht, Richard: *Gustav Mahlers VI. Symphonie. Thematischer Führer,* Leipzig 1906

Specht, Richard: *Gustav Mahlers nachgelassene Zehnte Symphonie. Einführende Bemerkungen,* Wien–Leipzig 1924

Stephan, Rudolf: *Mahler. Vierte Symphonie G-Dur,* München 1966

Walter, Bruno: *Zu Mahlers Dritter Symphonie,* in: Der Merker I/1909

Wöss, Josef: *Das Lied von der Erde. Thematische Analyse,* Wien 1912

Werkverzeichnis

Frühwerke*

Quartett für Streicher und Klavier
Sonate für Klavier und Violine
Oper *Herzog Ernst von Schwaben*
Oper *Die Argonauten*
Oper *Rübezahl*
Nordische Symphonie, auch *Nordische Suite* genannt

Kompositionen für Gesang und Klavier

Vierzehn Lieder und Gesänge aus der Jugendzeit
(komponiert 1880 bis 1892)
Frühlingsmorgen (Richard Leander)
Erinnerung (Richard Leander)
Hans und Grete (»Des Knaben Wunderhorn«)

* Außer dem erstgenannten Opus, dessen Urschrift 1973 in den USA wiederentdeckt wurde, haben sämtliche Frühwerke als verschollen oder vernichtet zu gelten.

Serenade aus »Don Juan« (Tirso de Molina)
Phantasie aus »Don Juan« (Tirso de Molina)
Um schlimme Kinder artig zu machen (»Des Knaben Wunderhorn«)
Ich ging mit Lust (»Des Knaben Wunderhorn«)
Aus! Aus! (»Des Knaben Wunderhorn«)
Starke Einbildungskraft (»Des Knaben Wunderhorn«)
Zu Straßburg auf der Schanz' (»Des Knaben Wunderhorn«)
Ablösung im Sommer (»Des Knaben Wunderhorn«)
Scheiden und Meiden (»Des Knaben Wunderhorn«)
Nicht wiedersehen! (»Des Knaben Wunderhorn«)
Selbstgefühl (»Des Knaben Wunderhorn«)

Kompositionen für Gesang und Orchester

Lieder eines fahrenden Gesellen
(komponiert 1884 nach eigenen Dichtungen und solchen aus »Des Knaben Wunderhorn«)
Wenn mein Schatz Hochzeit macht
Ging heut' morgens übers Feld
Ich hab' ein glühend Messer
Die zwei blauen Augen

Zwölf Lieder aus »Des Knaben Wunderhorn«
(komponiert 1892 bis 1895)
Der Schildwache Nachtlied
Verlor'ne Müh'
Trost im Unglück
Wer hat dies Liedlein erdacht
Das irdische Leben
Des Antonius von Padua Fischpredigt
Rheinlegendchen
Lied des Verfolgten im Turm
Wo die schönen Trompeten blasen
Lob des hohen Verstandes
Es sungen drei Engel
Urlicht

Kindertotenlieder
(komponiert 1901 bis 1904 nach Texten Friedrich Rückerts)
Nun will die Sonn' so hell aufgeh'n
Nun seh' ich wohl, warum so dunkle Flammen
Wenn dein Mütterlein
Oft denk' ich, sie sind nur ausgegangen
In diesem Wetter

Sieben Lieder aus letzter Zeit
(komponiert 1899 bis 1903)
Revelge (»Des Knaben Wunderhorn«)
Der Tamboursg'sell (»Des Knaben Wunderhorn«)
Blicke mir nicht in die Lieder! (Rückert)
Ich atmet' einen linden Duft (Rückert)
Ich bin der Welt abhanden gekommen (Rückert)
Um Mitternacht (Rückert)
Liebst du um Schönheit (Rückert)

Kompositionen für Chor und Orchester

Das klagende Lied
(komponiert nach dem Bechstein-Märchen vom »Singenden Knöchlein« 1880, 2. Fassung: 1898, Uraufführung 1901 in Wien)
Für Sopran-, Alt-, Tenor- und Baßsolo, gemischten Chor und Orchester
Waldmärchen (fehlt in der 2. Fassung)
Der Spielmann
Hochzeitsstück

Die Symphonien

Symphonie Nr. 1 in D-Dur (Der Titan)
(komponiert 1888, Uraufführung 1889 in Budapest)

Die Sätze:
Langsam, schleppend – Im Anfang sehr gemächlich
Kräftig bewegt, doch nicht zu schnell
Feierlich und gemessen, ohne zu schleppen
Stürmisch bewegt

Symphonie Nr. 2 in c-Moll (Auferstehungs-Symphonie)
(komponiert nach Worten aus »Des Knaben Wunderhorn« sowie eigenen Dichtungen und solchen Klopstocks 1894, Uraufführung 1895 in Berlin)
Mit Sopran- und Altsolo und gemischtem Chor
Die Sätze:
Allegro maestoso
Andante moderato
In ruhig fließender Bewegung
»Urlicht« (Altsolo), Sehr feierlich, aber schlicht
Im Tempo des Scherzos, Kräftig, Langsam, Misterioso (»Auferstehn, ja, auferstehn wirst du«, Soli, Chor)

Symphonie Nr. 3 in d-Moll
(komponiert nach Worten von Friedrich Nietzsche und aus »Des Knaben Wunderhorn« 1896, Uraufführung 1902 in Krefeld)
Mit Altsolo sowie Frauen- und Knabenchor
Die Sätze:
I. Abteilung:
Kräftig, entschieden
II. Abteilung:
Tempo di Menuetto, Sehr mäßig
Comodo, Scherzando, Ohne Hast
Sehr langsam, Misterioso (»O Mensch«, Altsolo)
Lustig im Tempo und keck im Ausdruck (»Es sungen drei Engel«, Altsolo, Frauen- und Knabenchor)
Langsam, Ruhevoll, Empfunden

Symphonie Nr. 4 in G-Dur
(komponiert nach Worten aus »Des Knaben Wunderhorn« 1900, Uraufführung 1901 in München)
Mit Sopransolo
Die Sätze:
Bedächtig, Nicht eilen
In gemächlicher Bewegung, Ohne Hast
Ruhevoll
Sehr behaglich (»Wir genießen die himmlischen Freuden«, Sopransolo)

Symphonie Nr. 5 in cis-Moll
(komponiert 1902, Uraufführung 1904 in Köln)
Die Sätze:
Trauermarsch, In gemessenem Schritt, Streng, Wie ein Kondukt
Stürmisch bewegt, Mit größter Vehemenz
Scherzo, Kräftig, nicht zu schnell
Adagietto, Sehr langsam
Rondo-Finale, Allegro

Symphonie Nr. 6 in a-Moll (Tragische)
(komponiert 1904, Uraufführung 1906 in Essen)
Die Sätze:
Allegro energico, ma non troppo
Scherzo, Wuchtig
Andante moderato
Finale, Allegro moderato

Symphonie Nr. 7 in e-Moll (Lied der Nacht)
(komponiert 1905, Uraufführung 1908 in Prag)
Die Sätze:
Langsam – Allegro risoluto, ma non troppo
Nachtmusik – Allegro moderato
Scherzo – Schattenhaft, Fließend, aber nicht schnell
Nachtmusik – Andante amoroso
Rondo-Finale, Allegro ordinario

Symphonie Nr. 8 in Es-Dur (Symphonie der Tausend)
(komponiert 1906, Uraufführung 1910 in München)
Für drei Sopransoli, zwei Altsoli, Tenor-, Bariton- und Baßsolo, Knabenchor, zwei gemischte Chöre und großes Orchester
Die Sätze:
I. Teil: Hymnus »Veni creator spiritus«
II. Teil: Schlußszene aus Goethes »Faust«

Das Lied von der Erde
(komponiert nach Worten aus Hans Bethges Übertragung chinesischer Gedichte »Die chinesische Flöte« 1908, Uraufführung nach Mahlers Tod 1911 in München)
Mit Tenor- und Alt- oder Baritonsolo
Die Sätze:
Das Trinklied vom Jammer der Erde, Allegro pesante

Der Einsame im Herbst, Etwas schleichend, Ermüdet
Von der Jugend, Behaglich heiter
Von der Schönheit, Comodo dolcissimo
Der Trunkene im Frühling, Allegro
Der Abschied, Schwer

Symphonie Nr. 9 in D-Dur
(komponiert 1909, Uraufführung 1912 in Wien)
Die Sätze:
Andante comodo
Im Tempo eines gemächlichen Ländlers, etwas täppisch und sehr derb
Rondo, Burleske, Allegro assai, sehr trotzig
Adagio, Sehr langsam

Symphonie Nr. 10 in Fis-Dur
(unvollendet; ein Satz: Adagio, komponiert 1910)
Ernst Křenek bearbeitete nach den vorhandenen Skizzen zwei Sätze und führte sie 1924 auf. 1961 schuf Deryk Cooke eine vollständige Rekonstruktion der Symphonie, die jedoch von den meisten Dirigenten und Musikforschern abgelehnt wird. Aus Briefmitteilungen geht hervor, daß Mahler folgende Sätze vorgesehen hatte:
Scherzo, Schnelle Vierteln
Purgatorio, Allegretto moderato
Scherzo (?)
Finale

Zeittafel

1860	Gustav Mahler wird am 7. Juli in Kalischt (Böhmen) als Sohn des jüdischen Händlers Bernhard Baruch Mahler und seiner Ehefrau Marie geb. Hermann geboren. Er ist das zweite von zwölf Kindern der Mahlers. Im Dezember des Jahres siedelt die Familie nach Iglau über.
1866–1870	Beginnt mit sechs Jahren Klavier zu spielen. Gibt mit acht Jahren einem siebenjährigen Knaben Klavierunterricht. Autodidakt in Literatur.
1870–1875	Besucht das Gymnasium in Iglau, für kurze Zeit auch in Prag, wo er bei der Familie des Pianisten Alfred Grünfeld wohnt. Kommt mit fünfzehn Jahren nach Wien und wird Student des Konservatoriums.
1875–1878	Klavierunterricht bei Julius Epstein, Harmonielehre bei Robert Fuchs, Komposition bei Franz Theodor Krenn. Bei der Schlußproduktion erste Preise für Klavierspiel und Komposition. Wird mit einem Diplom ausgezeichnet. Studiert neben dem Konservatorium die Gymnasialfächer. Legt in Iglau das Abitur als Externer ab. Hört philosophische und historische Kollegien an der Wiener Universität. Wird mit Anton Bruckner bekannt. Befreundet sich mit Guido Adler, Hans Rott, Hugo Wolf, Fritz Löhr und den Brüdern Krzyzanowski. Verfaßt mit Rudolf Krzyzanowski den Klavierauszug zur dritten Symphonie Anton

Bruckners. Erste Kompositionen: *»Quartett für Streicher und Klavier«*, *»Sonate für Klavier und Violine«*, *»Nordische Suite«*, *»Die Argonauten«* (Oper). Beginnt mit dem *»Klagenden Lied«*, das später Opus 1 wird.

1879–1880 Kapellmeister des Sommertheaters in Bad Hall (Oberösterreich). Leitet Possen und Operetten. Herbst und Winter in Wien. Erteilt Klavierunterricht. Komponiert.

1881–1882 Kapellmeister am Stadtheater zu Laibach. Kehrt nach Wien zurück und arbeitet an der Oper *»Rübezahl«*.

1883 Am Stadtheater von Olmütz. Erste Oper: Bizets *›Carmen‹*. Kurze Zeit in Wien Dirigent einer italienischen Stagione am Carltheater.

1883–1885 Zweiter Kapellmeister am Stadttheater in Kassel. Erhält den Titel »Königlicher Musikdirektor«. Leitet gleichzeitig einen Chor in Münden. Komponiert 1883 die *»Lieder eines fahrenden Gesellen«*. Anfang der ersten Symphonie. Musik zu lebenden Bildern nach Viktor von Scheffels Versepos »Der Trompeter von Säckingen«. Dirigiert Musikfest in Kassel (Mendelssohns *›Paulus‹*) mit großem Erfolg.

1885–1886 Von Angelo Neumann an das Deutsche Theater in Prag berufen. Erster koordinierter Kapellmeister. Aufführungen von Wagner-Opern, u. a. *›Das Rheingold‹* und *›Die Walküre‹*. In einem Konzert zum erstenmal eigene Lieder.

1886–1888 Zweiter Kapellmeister am Leipziger Stadttheater. Dirigiert das »große« Repertoire, sogar den *›Ring des Nibelungen‹*. Bekanntschaft mit Webers Enkel Carl. Vollendet die *›Drei Pintos‹* von Carl Maria von Weber; Uraufführung am 20. Januar 1888.

1888–1891 Direktor der königlich-ungarischen Oper in Budapest. Aufführführung von *›Don Giovanni‹* in Anwesenheit von Johannes Brahms. Erste Aufführung außerhalb Italiens von Mascagnis *›Cavalleria rusticana‹*. Wagner-Opern. Uraufführung der ersten Symphonie am 20. November 1889.

1891–1897 Erster Kapellmeister am Stadttheater Hamburg (Direktion: Bernhard Pollini). Bekanntschaft mit Hans von Bülow. 1892 Gastspiel des Hamburger Theaters in London mit *›Fidelio‹*, *›Tristan‹* und dem *›Ring des Nibelungen‹*. Bekanntschaft mit Bruno Walter (damals noch Bruno Schlesinger). Komponiert zwölf Lieder aus »Des Knaben Wunderhorn« sowie, während der Theaterferien, die zweite und die dritte Symphonie. Übernimmt 1894, nach Bülows Tod, auch die Leitung der Philharmonischen Konzerte in Hamburg. 1894 Aufführung der ersten Symphonie in Weimar durch Richard Strauss. Am 13. Dezember 1895 Uraufführung der zweiten Symphonie in Berlin. 1897 Konzerttournee durch Rußland und Polen. Übertritt zum Katholizismus. Dirigiert am 11. Mai zum erstenmal an der Wiener Hofoper. Wird am 8. Oktober 1897 zum Direktor der Hofoper ernannt.

1898 Zweite Fassung des *»Klagenden Liedes«*.

1899 Erwirbt Grundstück in Maiernigg am Wörthersee. Dirigiert die erste und die zweite Symphonie in Frankfurt am Main und in Wien. Komponiert zwei weitere Lieder aus »Des Knaben Wunderhorn«, nämlich »Revelge« und »Der Tamboursg'sell«. Arbeitet an der vierten Symphonie (1899–1900).

1900 Reist mit den Wiener Philharmonikern nach Paris. In München wird die zweite Symphonie aufgeführt.

1901 Erkrankt schwer. Uraufführung des *»Klagenden Liedes«* in Wien und der vierten Symphonie in München. Tritt von der Leitung der philharmonischen Abonnementskonzerte in Wien zurück. Verbringt die Sommermonate in Maiernigg. Begegnet im November Alma Maria Schindler. Beginnt mit der Komposition der Rückert-Lieder (bis 1904), der fünften Symphonie (bis 1902) und der *»Kindertotenlieder«* (bis 1904).

1902 Heiratet am 9. März Alma Maria Schindler in Wien. In Krefeld wird die dritte Symphonie uraufgeführt. Tochter Maria Anna wird geboren.

1903 Konzertreisen nach Wiesbaden, Basel, Amsterdam und Lemberg. Beginnt mit der Komposition der sechsten Symphonie (bis 1904). Beginn der Zusammenarbeit mit Alfred Roller an der Hofoper.

1904 In Köln wird die fünfte Symphonie uraufgeführt. Konzerte in Mannheim, Weimar, Frankfurt, Amsterdam, Den Haag und Leipzig. Tochter Anna Justina wird geboren. Beginnt mit der Komposition der siebenten Symphonie (bis 1905).

1905 Die fünfte Symphonie wird in Straßburg, Wien und Mainz aufgeführt. Nimmt neben Strauss an der Grazer Erstaufführung von ›*Salome*‹ teil. Bekanntschaft mit Hans Pfitzner; durch Vermittlung Alma Mahlers wird dessen ›*Rose vom Liebesgarten*‹ an der Hofoper aufgeführt. Uraufführung der »*Kindertotenlieder*« in Wien.

1906 In Essen wird die sechste Symphonie uraufgeführt. Konzerttournee durch die Niederlande. Dirigiert beim Mozartfest in Salzburg die ›*Hochzeit des Figaro*‹. Beginnt mit der Komposition der achten Symphonie (bis 1907).

1907 Konzerte in Berlin, Frankfurt, Rom, Brünn, Sankt Petersburg. Pressekampagne gegen Mahler in Wien. Am 5. Juli stirbt Tochter Maria Anna. Herzkrankheit wird konstatiert. Krise an der Hofoper. Dirigiert dort am 15. Oktober zum letztenmal. Löst seinen Vertrag und beschließt, nach Amerika zu gehen. Abreise aus Wien am 9. Dezember.

1908 Dirigent an der »Met« in New York. Konzerttätigkeit in Philadelphia und Boston. Im Sommer in Europa, vorwiegend in Toblach. Uraufführung der siebenten Symphonie in Prag. Beginnt mit der Komposition der neunten Symphonie (bis 1909), nachdem er das »*Lied von der Erde*« abgeschlossen hat. Kehrt im Spätherbst in die USA zurück.

1909 Konzerte in Paris und Amsterdam. Wird von Rodin porträtiert. Im Sommer dritte Amerikareise. Bearbeitung von Bach-Suiten sowie von Symphonien Beethovens und Schumanns. Beginnt mit der Komposition der zehnten Symphonie.

1910 Im April Rückkehr nach Europa. Die zweite Symphonie wird in Paris aufgeführt. Exklusivvertrag mit der Universal-Edition in Wien. Erwirbt ein Grundstück am Semmering. Konsultiert Sigmund Freud. Uraufführung der achten Symphonie in München. Konzerte in Leipzig und Köln. Vierte Amerikareise.

1911 Dirigiert am 21. Februar sein letztes Konzert. Im April kehrt Alma Mahler mit dem Todkranken über Paris nach Wien zurück. Mahler stirbt am 18. Mai. Beisetzung auf dem Grinzinger Friedhof im Grab der Tochter Maria Anna. Am 20. November führt Bruno Walter in München das *»Lied von der Erde«* zum erstenmal auf.

1912 Uraufführung der neunten Symphonie unter Bruno Walter in Wien (26. Juni).

1924 Ernst Křenek richtet nach den von Mahler hinterlassenen Skizzen zwei Sätze der zehnten Symphonie ein und führt sie in Wien auf.

Diskographie

CBS Schallplatten GmbH

Des Knaben Wunderhorn
Christa Ludwig, Mezzosopran
Walter Berry, Bariton
New Yorker Philharmoniker
Leitung Leonard Bernstein
CBS S 72 805

Lieder eines fahrenden Gesellen
Mildred Miller, Mezzosopran
Columbia Symphony Orchestra
Leitung Bruno Walter
CBS S 72 142

Lieder und Gesänge aus der Jugendzeit
Dietrich Fischer-Dieskau, Bariton
Leonard Bernstein, Klavier
(Nicht wiedersehen! – Serenade aus »Don Juan« – Zu Straßburg auf der Schanz' – Scheiden und Meiden – Selbstgefühl – Um schlimme Kinder artig zu machen – Ablösung im Sommer.
Rückert-Lieder: Ich atmet' einen linden Duft – Blicke mir nicht in die Lieder! – Ich bin der Welt abhanden gekommen – Um Mitternacht)
CBS S 72 973

Symphonie Nr. 1 in D-Dur
Columbia Symphony Orchestra
Leitung Bruno Walter
CBS 61 116

Das klagende Lied (Gesamtaufnahme)
Adagio aus der Symphonie Nr. 10 in Fis-Dur
London Symphony Chorus and Orchestra
Leitung Pierre Boulez
CBS S 77 233

George Szell dirigiert Mahler
Symphonie Nr. 6 in a-Moll
Adagio aus der Symphonie Nr. 10 in Fis-Dur
Cleveland Orchestra
Leitung George Szell
CBS S 77 272 (Star-Interpreten-Serie)

Bruno Walter dirigiert Mahler
Symphonie Nr. 9 in D-Dur
Columbia Symphony Orchestra
Leitung Bruno Walter
CBS S 77 275 (Super-Star-Serie)

Symphonie Nr. 2 in c-Moll
Emilia Cundari, Sopran
Maureen Forrester, Alt
Westminister Chorus
New Yorker Philharmoniker
Leitung Bruno Walter
CBS S 77 266

Symphonie Nr. 8 in Es-Dur
Gwyneth Jones, Sopran
Anna Reynolds, Alt
John Mitchinson, Tenor
Daniel McIntyre, Baß
Verschiedene Chöre
London Symphony Orchestra
Leitung Leonard Bernstein
CBS S 72 491

Symphonie Nr. 9 in D-Dur
New Yorker Philharmoniker
Leitung Leonard Bernstein
CBS S 77 243

Symphonie Nr. 1 in D-Dur
Symphonie Nr. 3 in d-Moll
Symphonie Nr. 4 in G-Dur
Reri Grist, Sopran
Martha Lipton, Mezzosopran
New Yorker Philharmoniker
Leitung Leonard Bernstein
CBS S 77 403

Symphonie Nr. 5 in cis-Moll
Symphonie Nr. 6 in a-Moll
Symphonie Nr. 9 in D-Dur
Kindertotenlieder
Jennie Tourel, Mezzosopran
New Yorker Philharmoniker
Leitung Leonard Bernstein
CBS S 77 502

Symphonie Nr. 2 in c-Moll
Symphonie Nr. 7 in e-Moll
Symphonie Nr. 8 in Es-Dur
Lee Venora, Sopran
Jennie Tourel, Mezzosopran
New Yorker Philharmoniker
London Symphony Orchestra
Leitung Leonard Bernstein
CBS S 77 601

Deutsche Grammophon Gesellschaft mbH

Kindertotenlieder (vier)
Dietrich Fischer-Dieskau, Bariton

Berliner Philharmoniker
Leitung Karl Böhm
DG 138 879 Stereo

Das Lied von der Erde
Nan Merriman, Mezzosopran
Ernst Haefliger, Tenor
Concertgebouw-Orchester Amsterdam
Leitung Eugen Jochum
DG 138 865 Stereo

Symphonie Nr. 1 in D-Dur
Symphonie-Orchester des Bayerischen Rundfunks
Leitung Rafael Kubelik
DG 139 331 Stereo

Symphonie Nr. 2 in c-Moll
Edith Mathis, Sopran
Norma Procter, Alt
Chor und Symphonie-Orchester des Bayerischen Rundfunks
Leitung Rafael Kubelik
DG 2707 043 Stereo

Symphonie Nr. 3 in d-Moll
Marjorie Thomas, Mezzosopran
Damenchor des Bayerischen Rundfunks
Tölzer Knabenchor
Symphonie-Orchester des Bayerischen Rundfunks
Leitung Rafael Kubelik
DG 2707 036 Stereo

Symphonie Nr. 4 in G-Dur
Elsie Morison, Sopran
Symphonie-Orchester des Bayerischen Rundfunks
Leitung Rafael Kubelik
DG 139 339 Stereo

Symphonie Nr. 5 in cis-Moll
Lieder eines fahrenden Gesellen
Dietrich Fischer-Dieskau, Bariton
Symphonie-Orchester des Bayerischen Rundfunks

Leitung Rafael Kubelik
DG 2707 056 Stereo

Symphonie Nr. 6 in a-Moll
Adagio aus der Symphonie Nr. 10 in Fis-Dur
Symphonie-Orchester des Bayerischen Rundfunks
Leitung Rafael Kubelik
DG 2707 037 Stereo

Symphonie Nr. 7 in e-Moll
Symphonie-Orchester des Bayerischen Rundfunks
Leitung Rafael Kubelik
DG 2707 061 Stereo

Symphonie Nr. 8 in Es-Dur
Martina Arroyo, Sopran
Edith Mathis, Sopran
Julia Hamari, Mezzosopran
Norma Procter, Alt
Dietrich Fischer-Dieskau, Bariton
Symphonie-Orchester des Bayerischen Rundfunks
Leitung Rafael Kubelik
DG 2707 062 Stereo

Symphonie Nr. 9 in D-Dur
Symphonie-Orchester des Bayerischen Rundfunks
Leitung Rafael Kubelik
DG 2707 038 Stereo

Lieder
Des Antonius von Padua Fischpredigt
Zu Straßburg auf der Schanz'
Dietrich Fischer-Dieskau, Bariton
(Ein Porträt des Sängers)
Karl Engel, Klavier
DG 2705 016 Stereo

EMI – Electrola mbH

Wo die schönen Trompeten blasen
(Dietrich Fischer-Dieskau singt zeitgenössische Lieder)
1 C 063-02 241

Lieder von Gustav Mahler
Janet Baker, Mezzosopran
New Philharmonia Orchestra London
Leitung Sir John Barbirolli
1 C 065-02 122

Des Antonius von Padua Fischpredigt
Elisabeth Schwarzkopf, Sopran
(mit Elisabeth-Schwarzkopf-Programm)
New Philharmonia Orchestra London
Leitung Sir John Barbirolli
1 C 187-01 308

Kindertotenlieder
Lieder eines fahrenden Gesellen
Rückert-Lieder
Janet Baker, Mezzosopran
Hallé-Orchester
Leitung Sir John Barbirolli
1 C 063-00 347

Kindertotenlieder
Lieder eines fahrenden Gesellen
Dietrich Fischer-Dieskau, Bariton
Berliner Philharmoniker
Leitung Rudolf Kempe
1 C 063-00 898

Lieder aus »Des Knaben Wunderhorn«
Elisabeth Schwarzkopf, Sopran
Dietrich Fischer-Dieskau, Bariton
London Symphony Orchestra
Leitung George Szell
1 C 065-00 098

Lieder eines fahrenden Gesellen
Kindertotenlieder
Dietrich Fischer-Dieskau, Bariton
Philharmonia Orchestra London
Leitung Wilhelm Furtwängler
E 30916

Das Lied von der Erde
Christa Ludwig, Mezzosopran
Fritz Wunderlich, Tenor
New Philharmonia Orchestra London
Leitung Otto Klemperer
1 C 065-00 065

Das Lied von der Erde
Kerstin Thorborg, Alt
Charles Kullmann, Tenor
Wiener Philharmoniker
Leitung Bruno Walter
1 C 047-01 204 M

Symphonie Nr. 1 in D-Dur
Chicago Symphony Orchestra
Leitung Carlo Maria Giulini
1 C 063-02 183

Symphonie Nr. 2 in c-Moll
Elisabeth Schwarzkopf, Sopran
Hilde Rössl-Majdan, Mezzosopran
Philharmonia Chorus and Orchestra London
Leitung Otto Klemperer
1 C 063-00 570/71

Symphonie Nr. 4 in G-Dur
Elisabeth Schwarzkopf, Sopran
Philharmonia Orchestra London
Leitung Otto Klemperer
1 C 063-00 553

Symphonie Nr. 5 in cis-Moll
New Philharmonia Orchestra London

Leitung Sir John Barbirolli
1 C 063-01 997/98

Symphonie Nr. 6 in a-Moll
New Philharmonia Orchestra London
Leitung Sir John Barbirolli
1 C 161-01 285/86 S

Symphonie Nr. 7 in e-Moll
New Philharmonia Orchestra London
Leitung Otto Klemperer
1 C 063-01 931/32

Symphonie Nr. 9 in D-Dur
Berliner Philharmoniker
Leitung Sir John Barbirolli
1 C 161-00 237/38 S

Adagio aus der Symphonie Nr. 10 in Fis-Dur
Gewandhausorchester Leipzig
Leitung George Sebastian
SME 91 414

Electrola-Dacapo

Symphonie Nr. 9 in D-Dur
Wiener Philharmoniker
Leitung Bruno Walter
1 C 147-01 402 M

Kindertotenlieder
Kathleen Ferrier, Alt
Wiener Philharmoniker
Leitung Bruno Walter
1 C 147-01 403 M

Telefunken / Decca

Des Knaben Wunderhorn
Janet Baker, Alt
Geraint Evans, Bariton
London Philharmonic Orchestra
Leitung Wyn Morris
SXL 21 183 Decca Stereo

Des Knaben Wunderhorn
Lieder eines fahrenden Gesellen
Yvonne Minton, Alt
Chicago Symphony Orchestra
Leitung Georg Solti
SAD 22 107 Decca Stereo

Des Knaben Wunderhorn
Helen Watts, Alt
Irwin Gage, Klavier
SAT 22 515 Telefunken Stereo

Gustav Mahler spielt Klavier
enthalten in der Kassette »Welte-Mignon 1905«
SLA 25 057-T/1–5 Telefunken Stereo

Kindertotenlieder
Marilyn Horne, Mezzosopran
Royal Philharmonic Orchestra
Leitung Henry Lewis
SXL 6446 Decca Stereo

Das Lied von der Erde
Kathleen Ferrier, Alt
Julius Patzak, Tenor
Wiener Philharmoniker
Leitung Bruno Walter
KD 11 022/1–2 Decca

Das Lied von der Erde
James King, Tenor

Dietrich Fischer-Dieskau, Bariton
Wiener Philharmoniker
Leitung Leonard Bernstein
SET 331 Decca Stereo

Das Lied von der Erde
Yvonne Minton, Alt
René Kollo, Tenor
Chicago Symphony Orchestra
Leitung Georg Solti
SET 555 Decca Stereo

Symphonien Nr. 1–9
Heather Harper, Sopran
Lucia Popp, Sopran
Arleen Auger, Sopran
Sylvia Stahlmann, Sopran
Yvonne Minton, Alt
Helen Watts, Alt
René Kollo, Tenor
John Shirley-Quirk, Bariton
Martti Talvela, Baß
Ambrosian Chorus
Knaben der Wandsworth School
Wiener Sängerknaben
Chor der Wiener Staatsoper
Singverein der Gesellschaft der Musikfreunde Wien
Chor des London Symphony Orchestra
Concertgebouw-Orchester Amsterdam
London Symphony Orchestra
Chicago Symphony Orchestra
Leitung Georg Solti
SOLT 1–15 Decca Stereo

Symphonie Nr. 1 in D-Dur
Royal Philharmonic Orchestra
Leitung Erich Leinsdorf
SAD 22 124 Decca Phase 4 Stereo

Symphonie Nr. 1 in D-Dur
Philadelphia Orchestra

Leitung Eugene Ormandy
LSC 3107 RCA Stereo

Symphonie Nr. 2 in c-Moll
Heather Harper, Sopran
Helen Watts, Alt
London Symphony Orchestra
Leitung Georg Solti
SET 325/26 Decca Stereo

Symphonie Nr. 3 in d-Moll, 4. Satz
enthalten auf der LP »Der Tod in Venedig«
Lucretia West, Alt
Orchester der Accademia di Santa Cecilia, Rom
Leitung Franco Mannino
LSO 10 341 RCA Stereo

Symphonie Nr. 4 in G-Dur
Sylvia Stahlmann, Sopran
Concertgebouw-Orchester Amsterdam
Leitung Georg Solti
DK 11 511/1–2 Decca Stereo

Symphonie Nr. 5 in cis-Moll
Chicago Symphony Orchestra
Leitung Georg Solti
SAD 22 108/10 Decca Stereo

Symphonie Nr. 6 in a-Moll
Chicago Symphony Orchestra
Leitung Georg Solti
SAD 22 108/10 Decca Stereo

Symphonie Nr. 7 in e-Moll
Chicago Symphony Orchestra
Leitung Georg Solti
SET 518/19 Decca Stereo

Symphonie Nr. 8 in Es-Dur
Arleen Auger, Sopran
Lucia Popp, Sopran

Heather Harper, Sopran
Yvonne Minton, Alt
Helen Watts, Alt
René Kollo, Tenor
John Shirley-Quirk, Bariton
Martti Talvela, Baß
Chor der Wiener Staatsoper
Singverein der Gesellschaft der Musikfreunde Wien
Wiener Sängerknaben
Chicago Symphony Orchestra
Leitung Georg Solti
SET 534/35 Decca Stereo

Symphonie Nr. 9 in D-Dur
London Symphony Orchestra
Leitung Georg Solti
SET 360/61 Decca Stereo

Mahler's Greatest
u. a. 2. Satz aus der »Ersten«, 5. Satz aus der »Dritten«, 3. Satz aus der »Vierten«, 4. Satz aus der »Fünften«
Shirley Verrett, Alt
Maureen Forrester, Alt
Richard Lewis, Tenor
Boston Boychor
New England Conservatory Chorus
Boston Symphony Orchestra
Leitung Erich Leinsdorf bzw. Charles Münch
Chicago Symphony Orchestra
Leitung Fritz Reiner
VIP 4 RCA Stereo

Phonogram GmbH

Symphonien Nr. 1–4
Elly Ameling, Sopran
Aafje Heynis, Alt

Maureen Forrester, Alt
Niederländischer Rundfunkchor
Knabenchor der St.-Willibrords-Kirche Amsterdam
Concertgebouw-Orchester Amsterdam
Leitung Bernard Haitink
Philips 6711 003

Symphonien Nr. 5–9
Adagio aus der Symphonie Nr. 10 in Fis-Dur
Ileana Cotrubas, Sopran
Heather Harper, Sopran
Birgit Finnilä, Alt
William Cochran, Tenor
Hermann Prey, Bariton
Hans Sotin, Baß
Toonkunst-Chor
De Stem des Volks
Collegium Musicum Amstelodamense
Concertgebouw-Orchester Amsterdam
Leitung Bernard Haitink
Philips 6761 001

Symphonie Nr. 5 in cis-Moll
Symphonie Nr. 6 in a-Moll
Gewandhaus-Orchester Leipzig
Václav Neumann
Philips 802 807/09 AY

Lieder eines fahrenden Gesellen
Kindertotenlieder
Hermann Prey, Bariton
Concertgebouw-Orchester Amsterdam
Leitung Bernard Haitink
Philips 165 022 40 L

Personenregister